L'homme que tu as donné

Harriet T.Comstock

Writat

Cette édition parue en 2023

ISBN : 9789359949178

Publié par
Writat
email : info@writat.com

Contenu

CHAPITRE PREMIER ....- 1 -

CHAPITRE II ....- 9 -

CHAPITRE III ....- 21 -

CHAPITRE IV ....- 30 -

CHAPITRE V ....- 39 -

CHAPITRE VI ....- 51 -

CHAPITRE VII ....- 60 -

CHAPITRE VIII ....- 68 -

CHAPITRE IX ....- 76 -

CHAPITRE X ....- 85 -

CHAPITRE XI ....- 94 -

CHAPITRE XII ....- 104 -

CHAPITRE XIII ....- 116 -

CHAPITRE XIV ....- 122 -

CHAPITRE XV ....- 132 -

CHAPITRE XVI ....- 138 -

CHAPITRE XVII ....- 146 -

CHAPITRE XVIII ....- 154 -

CHAPITRE XIX ....- 163 -

CHAPITRE XX ....- 174 -

CHAPITRE XXI ....- 185 -

CHAPITRE XXII ....- 201 -

CHAPITRE XXIII ....- 213 -

CHAPITRE I

Les passagers, un par un, descendirent du train mais Truedale n'y prêta pas attention. Il était finalement le seul qui restait, mais il n'en avait pas conscience, et puis, juste au moment où l'obscurité dehors attira son attention, le train s'arrêta si brusquement qu'il faillit le faire tomber de son siège.

"Accident?" il a demandé au conducteur. « Non, sah ! Station Pomme de Pin. Je pense que l'ingénieur est presque en train d'oublier – il le fait généralement à la fin. Les traces s'arrêtent ici. Vous avez l'air au sommet de votre forme ; quelqu'un vous attend ?

« J'ai été malade. Mon médecin m'a ordonné d'aller dans les collines. Oui : quelqu'un me rencontrera. Truedale n'était pas mécontent de l'intérêt manifesté par l'homme ; il était reconnaissant.

« Eh bien, sah , si ton homme ne se présente pas – et parfois ils ne le font pas, à cause des mauvaises routes – tu peux revenir avec nous après avoir chargé le bois. J'habite sur la piste à huit kilomètres ; nous restons là toute la nuit. Vous n'avez pas l'air égal à prendre vos deux pieds debout.

L'ensemble du train, composé de trois hommes, est allé chercher du carburant pour le voyage de retour et, découragé, Truedale s'est assis dans l'obscurité et le silence pour attendre les événements.

Aucun être humain ne se matérialisa et Truedale se livra à de sombres pensées. De toute évidence , il devait retourner dans le train et prendre le train demain matin. À ce moment-là, une étincelle semblable à une étoile filante attira son attention et, à sa grande surprise, il aperçut, à moins d'une douzaine de pieds de là, un grand homme élancé, appuyé contre un arbre, dans une attitude si adhésif qu'il aurait pu être une pousse de champignon ou un brin de gui destructeur. Il n'est jamais venu à l'esprit de Truedale que ce spectateur indifférent puisse s'intéresser à lui, mais il pourrait être utilisé en cas d'urgence, alors il le salua cordialement.

"Bonjour mon ami!"

En regardant la courbe ascendante et descendante du fourneau lumineux de la pipe, Truedale conclut que l'homme hochait la tête.

"J'attends Jim White."

"Donc?" Le seul mot traversa les ténèbres sans intérêt.

« Est-ce que vous le connaissez ?

"Trieur."

« Pourriez-vous… m'emmener chez lui ?

"Je pense. C'est ce que je viens faire .

« Je… j'ai fait envoyer une malle en avant ; peut-être est-ce dans ce hangar ?

«C'est à... chez Jim. Peux-tu monter derrière moi sur la jument ? Voyager est une mauvaise chose.

Une fois sur le dos de la jument, la conversation s'éternisa, puis mourut de mort naturelle. Truedale avait l'impression de vivre un peu de romance anti-guerre alors qu'il courait derrière son guide, sa poigne cognant désagréablement contre sa jambe à mesure que le chemin devenait plus difficile.

Il était neuf heures lorsque, dans une petite clairière proche du sentier, les lumières d'une cabane brillèrent gaiement et la jument s'arrêta net et définitivement.

"J'espère que White est à la maison!" Truedale était épuisé jusqu'à l'épuisement.

"Je suis Jim White!" L'homme descendit de cheval et se tenait prêt à aider son invité.

«Bienvenue, étranger. Tout vieux Doc McPherson envoie ici son message de bienvenue.

Environ quinze jours plus tard, Conning Truedale étendit ses longues jambes vers le feu rugissant de nœuds et de pommes de pin de Jim White. C'était un feu féroce et furieux mais la nuit était vive et froide. Il n'y avait pas d'autre lumière dans la pièce que celle du feu – et aucune n'était nécessaire.

Jim était assis près de la table en train de nettoyer une arme à feu. Truedale tenait compte de lui-même. Il leva sa longue main brune vers le feu ; c'était aussi stable que celui d'une statue ! Il avait parcouru dix milles ce jour-là et se sentait exalté. La nuit apportait le sommeil, l'heure des repas – et souvent entre les moments – apportait l'appétit. Il avait fait un immense gain de santé.

"Depuis combien de temps suis-je ici, Jim?" » demanda-t-il d'une voix lente et calme.

"Viens jeudi, dans trois semaines!" Lorsque Jim était le plus laconique , il débordait souvent intérieurement d'un désir de conversation. Après un silence, Conning reprit la parole :

"Dis, Jim, y a-t-il d'autres personnes dans cette chaîne de montagnes, à part toi et moi ?"

"Pouah! juste hérissé de gens ! Devenir trop épais. C'est pourquoi je dois aller dans les bois profonds. Je déteste naturellement les gens, sauf à petites doses. Eh bien… » Ici Jim posa l'arme sur la table – « à cinq milles en arrière, sur Lone Dome, se trouve le Greyson's, et ce n'est pas à neuf milles de chez Jed Martin. Celle de Miss Lois Ann s'étend sur seize milles ; comment appelle-t-on population si les chiffres ne le prouvent pas ?

Quelque chose avait manifestement perturbé les idées d'isolement et d'indépendance de White – tout cela ressortirait plus tard. Truedale connaissait assez bien son homme à cette époque ; du moins, il le pensait. Jim reprit à nouveau son arme et Con pensa paresseusement qu'il devait rejoindre sa cabane. Il occupait une petite cabane – Dr. Propriété de McPherson à des fins de couchage.

" Tu sais," interrompit soudain Jim; « Tu me souviens d'une bavure qui se déchaîne dans un troupeau de moutons – qui se rassemblent au fur et à mesure. Les Yo'sho sont un miracle ! Le vieux Doc McPherson était comme un ombrage lorsqu'il s'est dirigé vers nous, mais il a mis plus de temps à rassembler , à cause de l'âge et des défauts naturels de sa construction. Votre corps a été arraché tout près, mais une sorte de couche flasque de cartilage et de graisse le pendait et ce n'était pas une bonne base sur laquelle construire.

Conning eut un rire ravi. Une fois que Jim White a commencé à parler de son propre gré, son discours a continué jusqu'à ce que la faim ou la lassitude le rattrapent. Ses silences avaient la même qualité : c'était la façon dont Jim commençait qui comptait.

"Quand j'ai pris le ter pour la première fois je manipule ' yo ' pour le vieux Doc McPherson, je détestais plutôt te quitter des yeux , craignant que yo ' puisse s'échapper, mais bon sang ! Vous pouvez vous débattre vous - même maintenant et... j'ai tout simplement envie de me débarrasser des bâtons.

"Les bâtons?" C'était une nouvelle expression.

"Les bois!" Jim s'est porté garant (il méprisait la stupidité qui exigeait l'interprétation d'un anglais parfaitement simple) : « des bois profonds ! Avec Burke Lawson soupçonné d' être à proximité, et mon devoir de shérif l' empêchant de me frapper au visage, j'ai étudié que ce serait une astuce tout à fait raisonnable pour cet officier de justice d'être quelque part. sinon, jusqu'à ce que Burke s'installe avec ses amis et ses ennemis, ou qu'il s'en aille, avant d'être pendu ou abattu .

Truedale tourna sa chaise et fit face à Jim.

« Savez-vous, dit-il, que vous avez mentionné plus de noms au cours des dix dernières minutes que vous n'en avez mentionnés au cours de toutes les semaines que j'ai passé ici ? Vous me donnez une crampe mentale. Eh bien, je pensais que vous et moi avions ces collines pour nous seuls ; au lieu de cela, nous sommes menacés de toutes parts, et pourtant je n'ai vu personne sur mes vagabonds. Où se gardent-ils ? Qu'a fait ce Burke Lawson pour remuer le peuple ?

« Vous ne traitez pas vos santers de vrais clochards, n'est-ce pas ? Pourquoi les gens sont aussi épais que des tiques ici, même s'ils ne cognent pas les coudes comme ils le font d'où vous jouissez. Ils ne crient pas non plus pour attirer votre attention. Mais ils sont là.

«Écoutons-en davantage sur Burke Lawson.» Truedale *l'* a saisi dans la masse bouillonnante de l'humanité dépeinte par White, comme celle qui promettait le plus de couleur et d'intérêt. « Où habite Burke ? »

« Burke ? Bon Dieu ! Burke ne vit nulle part. C'est un flotteur né. Il se promène dans un endroit et élève le diable, puis il s'envole tout naturellement. Mais il revient presque toujours. Depuis le début du piège , il y a quelque temps, il a été extrêmement rare dans ces régions ; mais il peut revenir n'importe quel jour.

« Le piège, hein ? Que dire de cela?" Sur ce, Truedale se retourna de nouveau, car Jim, ayant terminé son travail sur l'arme, avait placé l'arme sur ses piquets fixés au mur et s'était approché du feu. Il passa sa main dans ses cheveux gris et frisés jusqu'à ce qu'ils se dressent et lui donnent un aspect particulièrement hérissé. Il était sur le point de s'amuser. Il était aussi passionné de potins que n'importe quelle femme de chalet des collines, mais Jim était un artiste qui savait partager ses connaissances. Cependant, une fois qu'il a décidé de partager, il a partagé royalement.

« J'ai été plus gentil d' attendre que vous montriez un certain intérêt pour nous tous », commença-t-il, « c'est un signe évident que vous continuez . J'ai écrit la même chose au vieux Doc McPherson hier ! «Quand il commence à le remarquer », écris-je, «il est en voie de guérison.»

Conning rit de bonne humeur. "Oh! Je suis en voie de guérison, d'accord", a-t-il déclaré.

"Maintenant, en ce qui concerne cette affaire de pièges", Jim a repris l'histoire, "je vais devoir revenir en arrière et vous parler des Greyson et de Jed Martin - ils sont tous liés comme des sassages ". Pete Greyson est à la hauteur du Lone Dome. Pete venait du stock ; il n'est plus un déchet depuis longtemps, mais il peut agir comme ça ! Les ancêtres de Pete buvaient du vin et parlaient comme des seigneurs ; Pete doit toujours compter sur la rosée des montagnes et cela explique la différence dans son activité ; mais une fois qu'il est sobre, il est de qualité : c'est Pete. Pete a deux fléchettes : Marg et Nella-Rose. Le vieux Doc McPherson utilise les types « ter call » em , peu importe ce que cela signifie. Marg est un type, bien sûr et sartin , mais Nella-

Rose est un peu sans compte, c'est ce que je dis. Mais c'est la faute à tout cela, c'est Nella-Rose qui a déclenché les montagnes , d'après ce que je peux voir. Les abatteurs viennent courtiser Marg et ils lui glissent entre les doigts et Nella-Rose les attrape . Elle ne veut pas qu'ils jouent avec Marg et la tourmentent. Bon Dieu ! comment ces deux filles s'énervent. Autour de Lone Dome, on appelle Nella-Rose la doney -gal, ce qui signifie « chérie » ; elle est responsable de plus d'ennuis qu'un b'ar avec un mal de tête ou un Burke Lawson avec une larme.

Conning commençait à s'intéresser d'une manière vitale et le montra, pour le plus grand plaisir de Jim ; c'était un état dangereux pour White, il était susceptible, une fois étonné et flatté, d'en dire plus que ce qui était prudent.

"Jed Martin" - Jim eut un petit rire - " a été jeté entre les deux filles comme un maïs chaud. Il prendrait Nella-Rose assez vite si elle le voulait, mais à moins d'elle, il s'accroche à Marg pour être de toute façon proche de Nella-Rose. Et ici même, Burke Lawson se fige . Burke a deux natures , comme le vieux Satan. Marg peut jouer sur un et le mettre en colère contre n'importe quoi ; Nella-Rose peut l'enrouler autour de son doigt et le faire agir comme la Seconde Venue.

Conning a fait halte. « Qu'est-ce que la Seconde Venue ? » » demanda-t-il, les yeux pétillants.

" C'est-à-dire ? - bon comme personnage de la Bible", expliqua Jim d'une voix rauque. « Bon sang, mec ! réfléchissez vous -même. Je ne peux pas parler et expliquer ter le prochain .

"Oh! Je vois. Eh bien, continue, Jim.

« Il y a des moments de lune où je déclare que Nella-Rose, sans compte, semble tout simplement possédée ; je dois faire quelque chose et je le fais ! Il y a trois mois, samedi prochain, ou à peu près, elle s'est mis en tête de critiquer Marg à chaque instant et a laissé échapper qu'elle allait rassembler tous les gars et faire son choix ! Elle avait le visage flamboyant pour venir ici et *me dire* ça ! Bien sûr, Marg le savait, mais pas les deux plus consternés, à savoir Jed et Burke. C'est du moins ce qu'ils soupçonnaient, mais ils n'en étaient pas sûrs. Jed avait l'intention de faire sortir Burke du chemin afin qu'il puisse avoir un espace libre pour s'approcher de Nella-Rose, alors il avait pour objectif de tirer sur un pied de Burke juste assez pour le coucher - Jed est du genre lent et calculateur . et un coup sûr et tout-puissant. Il estimait que Burke ne pouvait pas gravir le Lone Dome avec un pied douloureux, alors il s'est couché pour lui, dans l'intention de dire ensuite qu'il chassait et a pris Burke pour un opossum. Eh bien, Burke a eu vent du complot ; Je pense que Marg lui a mis une puce dans l'oreille, de toute façon, il a tendu un piège juste à côté du chemin menant du sentier au Lone Dome. Bon Dieu !

Jed a planté son pied entre lui comme s'il voulait dire ter , et que fait Burke à part se promener avec Nella-Rose juste devant l'endroit où Jed a été attrapé ! En Corse, il criait quelque chose de terrible. Ils ont aidé Jed et je pense que Nella-Rose était assez innocente, mais Jed a rédigé le récit contre Burke et Burke s'est envolé pendant un moment. Il n'est pas encore revenu à la surface, pas *encore* ! Mais tant que Nella-Rose est au-dessus du sol, il reviendra naturellement.

« Et Nella-Rose, la petite sans compte ; a-t-elle remboursé Jed, le pauvre con ?

"Nella-Rose ne rembourse personne, elle ne l'est pas plus à moitié réel, quelle que soit la façon dont vous le dites. Mais voyez comment cela arrange un shérif, d' accord ? Sachant ce que je fais, je ne peux pas emprisonner non plus ces types en toute conscience . Bon Dieu ! J'aimerais adopter une loi pour mettre en cage toutes les femelles et ne les laisser sortir qu'avec une ficelle aux jambes ! » Puis White eut un rire évocateur.

"Et maintenant, Jim?"

"Les filles!" White a justement craché le mot. "Les filles!" Il y eut une pause éloquente, puis plus doucement : « Je plaisante quand vous les placez et les détestez comme il se doit, ils se lèvent et font quelque chose pour vous faire fondre comme la neige sur Lone Dome en mai. Je revenais à la petite poule blanche et à Nella-Rose. Il n'y a pas beaucoup de chance d'avoir un animal de compagnie vivant chez Greyson. Tout ce qui est bon à manger est et. Pete boit le reste. Mais une fois, Nella-Rose est venue ici par temps clair , au clair de lune , avec quelque chose sous son petit et vieux châle. 'Jim' dit-elle – en pleurant et en cajolant ' – ' Je veux que tu gardes cette poule ici pour moi. J'apporterai sa garde, mais je l'aime et je ne peux pas le voir : tué ! Cette fille ne laisse jamais couler les larmes : elles lui mouillent les yeux et les font briller. Sur ce, elle lâcha le bantam blanc le plus audacieux et répandit du maïs sur le sol ; puis elle s'est assise et a ri comme un diablotin lorsque la chose stupide a sauté vers elle et s'est effondrée sur ses genoux. Bon, j'ai gardé la petite poule impertinente, il n'y avait rien d'autre à faire, mais un jour, Marg, elle a suivi Nella-Rose et quand elle a vu ce qui se passait, elle est arrivée et a crié : " Alors ! " Vous pouvez avoir des jouets pendant que nous mourons tous de faim ! Tu peux voler ce qui nous appartient , et avec ça, elle a pris le bantam et pour que je puisse dire un juron, elle a tordu le cou de ce poulet juste pour les yeux de Nella-Rose !

"Bon dieu!" s'écria Conning ; « la jeune brute ! Et l'autre, qu'a-t-elle fait ?

« Elle m'a regardé en plaisantant – ses yeux nageaient . Nella-Rose ne parle pas beaucoup quand elle est blessée, mais elle n'oublie pas . Je te le dis , jeune homme, être shérif dans cette colonie, ce n'est pas une blague. Vous connaissez trop bien les gens et voyez mieux le bien et le mal, ce qui est bon pour une justice simple.

"Bien?" Jim se leva et s'étira, " tu ne veux pas aller à la chasse au b'ar ter-morrer ?"

"Non, Jim, mais je ferai une partie du chemin avec toi. Quand tu commences?"

« Vers deux heures du matin . »

« Alors je vais me rendre. Bonne nuit, mon vieux ! Vous m'avez offert une excellente soirée. J'ai l'impression d'être soudainement projeté dans une foule où les problèmes humains s'entrechoquent pour tout ce qu'ils valent. Vous ne pouvez pas vous échapper, vieil homme ; c'est la vérité. Tu ne peux pas t'échapper. La vie est la vie, peu importe où vous la trouvez.

"Maintenant, ne te fais pas de soucis Je me parle de perlite, prévint Jim. « Les ordres du vieux Doc McPherson étaient une conversation perlite. Lancez-vous au scrabble ! Je vais vous mettre enceinte vers deux heures environ.

Dehors, Truedale restait immobile et regardait la beauté de la nuit. La lune était pleine et inondait l'espace ouvert d'un éclat qui contrastait fortement avec les ombres noires et les contours des sommets proches et lointains.

Le silence était si intense que l'oreille, à la recherche d'un son, en souffrait. Et juste à ce moment-là, une poule ensorcelée dans le hangar de White poussa un cri étrange et Truedale sursauta. Il sourit sinistrement et pensa au petit non-comptage et à la tragédie du nain blanc. Dans la lumière brillante qui l'entourait, il lui semblait voir son visage pitoyable tel que White l'avait décrit : les yeux pleins de larmes mais jamais débordants, la misère et la haine, la solitude et l'impuissance.

Le lendemain matin, à deux heures, Jim frappa à la fenêtre de Truedale avec son arme.

« Tu viens faire une promenade ?

"Tu paries!" Con fut aussitôt réveillé et alerte. Dix minutes plus tard, fermant derrière lui les portes et les fenêtres de sa cabane, il rejoignit White sur le chemin semé de feuilles menant aux bois. Il parcourut cinq milles puis dit au revoir à son hôte.

"Ne travaillez pas trop!" sourit Jim sociablement. "J'écrirai au vieux Doc McPherson à mon retour ."

"Et quand cela sera-t-il, Jim?"

"Je ne suis pas je vais prédire . White pinça les lèvres. «Quand je reste, je reste, mais une fois que je suis parti dans les bois, je n'ai plus rien à dire . Je vais chercher du fourrage quand je jouis, et du courrier aussi, mais ce n'est pas le cas. je vais me gêner quand je prends les bâtons.

Revenant seul sur les feuilles humides de l'automne, Truedale ressentit son premier sentiment de solitude depuis son arrivée. White, réalisa-t-il soudain, représentait pour lui tout ce dont il avait besoin, mais avec White sans entrave dans les bois profonds, comment allait-il passer son temps ? Il décida de se forcer à étudier. Il avait coincé dans sa malle un volume solide, inconnu de ses amis. Il perfectionnerait sa capacité de travail – cela ne pourrait pas lui faire de mal maintenant. Il était plus fort qu'il ne l'avait jamais été dans sa vie et les perspectives à venir promettaient de plus grands gains.

Oui, il étudierait. Il écrivait aussi des lettres, de vraies lettres. Il avait négligé tout le monde , surtout Lynda Kendall. Les autres n'avaient pas d'importance, mais Lynda comptait plus que tout. Elle le ferait toujours ! Et penser à Lynda lui rappelait qu'il avait aussi, dans sa malle, la pièce sur laquelle il avait travaillé plusieurs années durant des heures qui auraient dû être consacrées au repos. Il sortirait la pièce et essaierait de lui insuffler de la vie, maintenant qu'il vivait lui-même. Lynda avait dit, la dernière fois qu'ils avaient discuté de son travail : « C'est magnifique, Con ; vous ne le minimiserez pas. C'est beau comme une chose de pierre froide aux bords rugueux. Parfois, vous devez le lisser et le polir, puis vous devez prier dessus et y croire, et je pense vraiment que cela vous récompensera. Cela ne signifie peut-être rien d'autre qu'un guide sûr vers votre objectif, mais vous en seriez reconnaissant, n'est-ce pas ? » Bien sûr, il lui en serait reconnaissant ! Pour lui, cela signifierait la vie – la vie, pas la simple existence. Il commença à espérer que Jim White resterait absent pendant un mois ; avec l'étude, le jeu et le travail personnel, le temps à venir était déjà prévu !

S'avançant sans bruit, Truedale entra dans la clairière, dépassa la cabane de White et s'approcha de la sienne avec une détermination ferme. Puis il s'arrêta net. Il était sûr d'avoir fermé portes et fenêtres – la prudence de la ville lui tenait toujours à cœur – mais maintenant les portes et les fenêtres étaient grandes ouvertes pour faire face au brillant jour d'automne et un volute de fumée provenant d'un feu récemment rallumé s'élevait joyeusement dans le clair. , air sec.

"Eh bien, je serai-!" puis Truedale se glissa tranquillement vers l'arrière de la cabine et jusqu'à une fenêtre basse et coulissante à travers laquelle il pouvait regarder sans se faire remarquer. Un regard le transperça.

CHAPITRE II

L'ameublement de la pièce était dépouillé et simple : une table en sapin, deux chaises en bois, un grand canapé confortable, une armoire avec de la vaisselle indéfinissable et un miroir de bonne taille dans l'espace entre la porte d'entrée et la fenêtre. Devant ce verre, une étrange silhouette se promenait de long en large , profitant énormément de son propre reflet remarquable. Le peignoir débraillé de Truedale pendait comme un manteau sur les épaules de l'intrus – c'étaient de jeunes épaules très droites et minces ; un vieux fez ridicule – une abomination de sa première année, conservé pour des raisons sentimentales – ornait la tête du petit étranger et ne retenait qu'en partie la masse de cheveux sombres qui ondulaient autour d'un visage malicieux.

La surprise, puis l'émerveillement, ont influencé Truedale . Lorsqu'il atteignit le stade de l'émerveillement, la pensée l'abandonna. Il a simplement regardé et a continué à se demander. A travers cette confusion, les mots lui parvinrent bientôt. Le mascarade à l'intérieur s'inclinait et raclait comiquement, et dit d'une voix basse et musicale :

« Salut, Monsieur Outlander, monsieur ! Comment ça ? J'ai vu votre fumée s'enrouler bien loin de chez vous, monsieur, et je suis venu vous rendre visite, monsieur l'Étranger.

Une autre grande révérence réduisit Truedale à une gaieté impuissante et il cria, doublant ce qu'il faisait.

L'effet de son éclat sur le jeune homme intérieur fut énorme. Elle semblait transformée en pierre. Elle regarda le visage dans la fenêtre ; elle est devenue rouge et blanche – le fez absurde pendait au-dessus de son oreille gauche. Puis elle émit ce qui semblait être un seul mot, tant la voix traînante était douce et persistante.

« Puissant ! »

Voyant qu'il n'y aurait pas d'autre concession, Truedale se ressaisit, se dirigea vers la porte d'entrée et frappa cérémonieusement. La jeune fille se tourna comme sur un pivot, mais ne prononça aucun mot.

Elle avait les yeux les plus merveilleux – innocents et suppliants ; elle n'était qu'une enfant et, même si elle avait maintenant l'air impressionnée, c'était de toute évidence une jeune indigène avant-gardiste qui méritait une bonne leçon. Truedale est déterminé à lui en offrir un !

« Si cela ne vous dérange pas, dit-il, je vais entrer et m'asseoir. »

Il le fit tandis que ses grands yeux solennels le suivaient avec vigilance.

« Et maintenant, aurez-vous la gentillesse de me dire ce que vous entendez par porter mes vêtements ?

Toujours le silence et le regard vide.

"Vous devez répondre à mes questions!" La voix de Truedale était sévère. "Je suppose que tu ne t'attendais pas à ce que je revienne si tôt?"

Les yeux profonds le confirmaient par l'affaissement des paupières.

"Et tu es entré par effraction, pourquoi ?"

Pas de réponse.

"Qui es-tu?"

En réalité, la situation devenait insupportable, alors Truedale a changé de tactique. Il jouerait avec la pauvre petite et la rassurerait.

te regarde , je vois ce que tu es. Vous n'êtes pas du tout un humain. Vous êtes l'esprit de quelque chose ou d'autre, probablement d'une de ces montagnes gaies là-bas. La Fille Blanche, je parie ! Il fallait enfiler mes vêtements pour se matérialiser sous mes yeux et il fallait utiliser ce mot des collines – pour que je puisse vous comprendre. C'est tout à fait clair maintenant et vous êtes les bienvenus dans mon—mon peignoir ; J'ose dire que, en dessous, vous êtes paré de nuages, de vapeurs et de brouillards vaporeux. Oh! viens maintenant… » Les yeux étranges se remplissaient – mais ne débordaient pas !

"J'étais juste en train de blaguer. Pardonne-moi. Pourquoi-"

Le misérable fez tombait des cheveux doux, la robe débraillée des épaules rigides, et là, vêtue d'une robe grossière filée à la maison, d'un petit châle à carreaux et d'un tablier à carreaux, se tenait là...

"C'est le non-compte", pensa Truedale . Il dit à voix haute : « Nella-Rose !

Avec l'abandon du déguisement, les années et la dignité ont été ajoutées à la jeune fille et Truedale , qui était toujours au plus mal en présence d'étranges jeunes femmes, regardait avec hébétude celle qui se trouvait maintenant devant lui.

« Peut-être, commença-t-il maladroitement , tu vas t'asseoir. Je vous en prie!" Il tira une chaise vers elle. Nella-Rose s'y enfonça et appuya sa tête baissée sur ses bras qu'elle replia sur la table. Ses épaules se soulevaient et s'abaissaient convulsivement, et Truedale , la regardant, devenait désespérément misérable.

"Je suis une bête et rien de moins!" a-t-il admis en guise d'excuses et d'excuses. "Je—j'aimerais que tu *puisses* me pardonner."

Puis lentement, la tête se releva et, à la plus grande consternation de Truedale, il vit que la joie, et non l'angoisse, avait provoqué le tremblement de ces petites épaules trompeuses.

"Oh! Je vois, tu ris ! Il essaya de s'indigner.

"Oui."

« À quoi ?

"Tout... toi !"

"Merci!" Puis, comme une réponse, quelque chose jusqu'alors inconnu et insoupçonné chez Truedale surgit et le submergea. Sa timidité et sa maladresse fondirent devant la chaleur et l'éclat de l'émotion conquérante. Il se leva et s'assit sur le coin de la table le plus proche de sa petite invitée minable, et regardant droit dans ses yeux envoûtants, il la rejoignit dans un long rire retentissant.

C'était une reddition pure et simple.

« Et maintenant, dit-il enfin, tu dois rester et manger un morceau. Je suis presque affamé. Et toi?"

La jeune fille est devenue sobre.

"J'ai... j'ai toujours faim," admit-elle doucement.

Ils rapprochèrent la table du feu crépitant, laissant les portes et les fenêtres ouvertes sur le doux et le croustillant ; l'air du matin.

"Nous ferons une fête!" » Truedale a annoncé. "Je vais me rendre dans la cabine de Jim et apporter le meilleur de lui-même."

A son retour, Nella-Rose avait posé des tasses, des soucoupes et des assiettes sur la table.

« Est-ce que vous... organisez souvent des fêtes ? elle a demandé.

« Je n'en ai jamais eu auparavant. Mais je les aurai à partir de maintenant si... si vous venez !

Truedale s'arrêta, les bras pleins de pichets et de plats de nourriture, et tint la jeune fille de ses yeux admiratifs.

« Et tu me laisses venir te voir, toi, ta sœur et ton père ? Je sais tout de toi. White a tout expliqué. Il-"

Nella-Rose s'appuya contre la table et ébaucha tranquillement et définitivement leurs relations futures.

« Non, vous ne pouvez pas venir nous voir tous. Tu ne connais pas Marg. Si elle ne découvre pas les choses, il n'y aura pas de problèmes ; quand elle découvrira des choses, il y aura beaucoup de problèmes à se préparer !

Cela fut dit avec un sérieux si comique que Truedale rit de nouveau, mais redevint instantanément dégrisé lorsqu'il se souvint de l'incident du bantam blanc que Jim avait si bien dépeint.

"Mais tu vois," répondit-il, "je ne veux pas te laisser partir après cette première fête, et ne plus jamais te revoir !"

La jeune fille haussa les épaules et apparemment écarta l'affaire. Elle s'assit et, avec un abandon charmant, commença à manger. Truedale , amusé et intéressé, reprit la parole :

"Ce serait très méchant de votre part de ne pas me laisser vous voir."

"Je pense!" Nella-Rose fronça les sourcils et grignota méditativement un peu de pain de maïs. Puis, tout à coup :

"Je viens ici!"

« Tu… tu veux dire ça ? » Truedale rougit.

"Oui. Et les grands bois, vous y marchez ?

"Je fais certainement."

« Parfois, je suis dans les grands bois. »

« Où… spécialement ? Truedale jouait à ce nouveau jeu avec l'habileté stupide du novice.

« Il y a un Hollow… où… » (Nella-Rose fit une pause) « où l'enchevêtrement de lauriers ressemble à une jungle… »

Truedale intervint : « Je le sais ! Il y a un petit ruisseau qui le traverse, et… des sentiers.

"Oui!" Nella-Rose se pencha en arrière et montra ses dents blanches de manière séduisante.

"Je… je ne devrais pas… permettre ça !" L'espace d'un instant, Truedale brisa la mince glace du plaisir qui l'attirait vers un danger inconnu et tomba sur le roc solide du conservatisme.

"Pourquoi?" Les yeux, si tendrement innocents, le regardaient avec appel. « Il y a des cinglés là-bas et… et d'autres choses ! Vous ne faites que taquiner ; tu me laisseras… te montrer le chemin ?

La fille était toute une enfant maintenant et faisait honte à Truedale de l'obliger à suivre une voie absurde que ses normes reconnaissaient mais que les siennes n'avaient jamais conçue.

"Bien sûr. Je serai heureux de vous avoir pour guide. Jim White n'a aucune idée des noix et autres choses : il va dans les bois pour tuer quelque chose ; il est là maintenant. J'ose dire qu'il y a autre chose dans les montagnes en plus… des proies ?

Nella-Rose hocha la tête.

« Asseyons-nous près du feu ! » » dit-elle soudain. "Je… je veux te dire… quelque chose, et ensuite je dois partir."

Le manque de timidité et de réserve aurait pu si facilement se transformer en audace, mais ce n'est pas le cas ! La jeune fille était comme une créature sauvage qui, ne connaissant aucune raison d'avoir peur, se délectait d'une jouissance jusqu'alors insoupçonnée. Truedale tira le canapé vers le foyer pour Nella-Rose, empila les oreillers à une extrémité puis s'assit sur la souche d'un arbre qui servait de canapé.

"Maintenant!" dit-il en gardant les yeux fixés sur son petit invité décontracté. « Qu'as-tu à me dire avant de partir ?

« C'est quelque chose qui s'est produit il y a longtemps. Vous ne rirez pas si je vous le dis ? Vous riez vraiment beaucoup.

"JE? Tu penses que je ris beaucoup ? Bon dieu! Certains pensent que je ne ris pas assez. Il avait en tête ses amis de chez lui, et d'une manière ou d'une autre, ce souvenir le stabilisa un instant.

" Peut -être qu'ils ne te connaissent pas tous aussi bien que moi." Ceci avec une conviction amusante.

"Peut-être que non." Truedale était mortellement solennel. «Mais continue, Nella-Rose. Je promets de ne pas rire maintenant.

"C'était le début de… toi!" La jeune fille tourna les yeux vers le feu : elle était étrangement sage. "Au début, quand je t'ai vu regarder par cette fenêtre, là-bas, j'ai eu vraiment peur."

La déclaration de Jim White selon laquelle Nella-Rose n'était qu'à moitié réelle semblait, à la lumière des événements actuels, n'être rien de moins qu'un simple fait.

« C'était à quoi *tu* ressemblais, là-bas, quand j'avais dix ans. Je m'étais enfui… »

« Est-ce que tu fuis toujours ? » demanda Truedale depuis les profondeurs creuses de l'irréalité.

«Je m'enfuis beaucoup intelligemment. Vous devez le faire si vous voulez voir les choses et être différent.

« Et toi… tu veux être différente, Nella-Rose ?

"Je… pourquoi, tu ne vois pas ? Je *suis* différent."

"Bien sûr. Je voulais seulement dire : est-ce que tu aimes être différent.

«Je dois aimer ça. Je suis né avec un cawl .

« Au nom du ciel, qu'est-ce que c'est ?

« Quelque chose sur vos yeux, et quand on l'enlève, vous voyez plus et plus loin que quiconque . Vous en faites partie .

Truedale s'essuya le front : la pièce devenait chaude, mais la chaleur à elle seule n'était pas responsable de ses émotions ; il était porté au-delà de ses profondeurs – au-delà de lui-même – par la fascination sauvage de la petite créature devant lui. Il n'aurait guère été surpris qu'un courant d'air la fasse sortir par la fenêtre comme un peu de brume de montagne.

"Mais il ne faut pas trop interrompre !" Elle lui tourna un visage sévère. « Cette fois-là, je me suis enfui pour voir un… train ! Un des nègres m'en a parlé, il a dit que c'était le Bogy Man. Je voulais savoir, alors je suis allé à la gare. C'est une descente très intelligente et j'ai dû dormir une nuit sous les arbres. Les étoiles n'ont-elles pas parfois l'air étoilées ?

L'interruption fit sursauter Truedale .

"C'est certainement le cas", dit-il en regardant les yeux doux et sombres avec leurs longs cils.

« Je n'avais pas peur et je ne me dépêchais pas. C'était le soir et le soleil commençait à se coucher lorsque j'arrivai à la gare. Il n'y avait personne, alors j'ai couru sur la grande route par laquelle arrive le train pour le rencontrer. Et puis » (ici, Nella-Rose joignit les mains avec enthousiasme et son souffle était court), « et puis je l'ai vu venir et venir. Le grand œil de feu brillait et le bruit puissant reniflait et j'ai pensé que c'était le vieux Maître Satan et je ne pouvais tout simplement pas bouger !

"Continue! continue!" Truedale se pencha près d'elle : elle l'avait pris dans les mailles de son charme dramatique.

« Je l'ai vu arriver et j'ai commencé à me dévorer, et je ne pouvais toujours pas bouger. Tout devenait noir et noir, à l'exception d'un grand carré avec cet œil de monstre qui fixait mon âme ! »

Le visage de la jeune fille était figé – ses yeux vides et sauvages ; tout à coup, elles s'adoucirent, et ses petites dents blanches apparurent à travers ses lèvres enfantines entrouvertes.

"Puis l'œil s'est éloigné, il y avait une obscurité dans la place carrée, et puis un visage est apparu - un visage gentil c'était - tout riant et ça - il s'éloignait de plus en plus d'un côté et j'ai gardé un- je suivais, je suivais, et puis... le grand bruit s'est précipité vers moi, et là, j'étais en sécurité et appuyé contre un arbre !

"Bon dieu!" Encore Truedale s'essuya le front.

"Depuis," se détendit Nella-Rose, "je peux fermer les yeux et il y a toujours le carré noir et parfois, pas toujours, mais parfois, des choses arrivent !"

"Le visage, Nella-Rose?"

"Non, je ne peux pas faire venir ça. Mais des choses que je veux, faire et avoir. Je pense toujours, quand je vois des choses, que je ferai un jour une grande et belle chose . Je me sens supérieur et puis… pouf ! c'est parti pour les photos et je suis juste… encore une fois petite Nella-Rose !

Un soupir comiquement lourd ramena Truedale sur terre.

"Mais le visage que vous avez vu il y a longtemps," murmura Truedale , "était-ce mon visage, à votre avis ?"

Nella-Rose fit une pause, puis doucement :

«Je… je pense que oui. Oui, je suis presque sûr que c'était ton visage. Quand je l'ai vu à cette fenêtre (elle a montré l'autre côté de la pièce), j'ai certainement pensé que mes yeux étaient fermés et que - il était venu - le bon et bon visage qui m'a sauvé ! Un sourire doux et amical entoura les lèvres de la jeune fille et elle se leva avec une rare dignité et tendit sa main fine et délicate :

"Monsieur Outlander, nous allons être voisins , n'est-ce pas ?"

« Oui, des voisins ! » Truedale lui prit la main avec un net sentiment d'étouffement, "mais pourquoi me traites-tu d'étranger ?"

"Parce que vous êtes! Vous n'êtes pas *de* nos montagnes.

"Non, j'aurais aimé l'être!"

« Souhaiter ne peut pas vous faire. Vous l'êtes… ou vous ne l'êtes pas.

Truedale remarqua le langage de la jeune fille. Aussi déformé et grossier qu'il l'était souvent, il n'a jamais été franchement analphabète. Cela l'a surpris.

« Toi… oh ! tu ne pars pas encore ! Il tendit la main, car la façon dont Nella-Rose se tournait était inquiétante. Elle semblait déjà appartenir à la cabine – à Truedale lui-même. Aucune suggestion d'étrangeté ne s'accrochait à elle. C'était comme si elle avait toujours été là mais que ses yeux étaient restés fixés.

"Je dois y aller!"

« Attends… oh ! Nella-Rose. Laisse-moi faire une partie du chemin avec toi. Je–j'ai mille choses à dire.

Mais elle était partie par la porte, dans le chemin.

Truedale se leva et la suivit jusqu'à ce que les longues ombres atteignent le bord le plus net du Lone Dome. Les chiens de White commencèrent à fouiner, suggérant une attention portée aux affaires les plus proches. Puis Truedale soupira comme s'il sortait d'un rêve. Il accomplissait les tâches que Jim avait laissées à sa tendre miséricorde : nourrir les animaux, entasser le bois. Puis il se força à faire une longue marche. Il prit son repas du soir tard et s'assit finalement à sa tâche d'écrire des lettres. Il en a écrit six à Brace Kendall et les a déchirés ; il en écrivit une à son oncle et la mit de côté pour y réfléchir lorsque l'effet de ses rêves quotidiens le laissa suffisamment sain d'esprit pour en juger. Finalement, il réussit à envoyer une note au Dr McPherson et une à Lynda Kendall.

«Je pense», ainsi disait la lettre à Lynda , que je vais désormais travailler régulièrement sur la pièce. Avec plus de sang dans mon propre corps , je peux espérer y consacrer davantage. Je vais le sortir demain et commencer la perfusion. J'aimerais que vous soyez ici ce soir, pour voir le merveilleux effet de la lune sur les brumes, mais là ! si j'en dis plus , vous devinerez peut-être où je suis. À mon retour, j'essaierai de le décrire et il faudra qu'un jour vous le voyiez. Plusieurs fois ces derniers temps, j'ai imaginé une existence ici avec son travail et de quoi subsister. Pas d'inquiétude, pas d'angoisse, et toujours une beauté immense pour vous inspirer ! Rien ne semble tout à fait réel ici.

Puis Truedale posa son stylo. Nella-Rose a écarté Lynda Kendall du champ de vision ; plus tard, il a simplement signé son nom et a laissé la note avec ça.

Quant à Nella-Rose, dès qu'elle a quitté Truedale , son esprit s'est tourné vers des questions plus graves et plus proches. Elle a vite pris conscience de quelqu'un proche . La personne, quelle qu'elle soit, semblait déterminée à rester cachée mais c'est précisément pour cette raison qu'elle faisait appel à toute la ruse et l'intelligence de la jeune fille. C'est peut-être... Burke Lawson ! A cette pensée, Nella-Rose haleta un peu. Alors, ce pourrait être Marg ; et ici les yeux sombres devenaient durs – les lèvres presque cruelles ! Elle se mit à genoux et rampa comme un véritable petit animal des champs. Restant près du sol, elle s'avança jusqu'à l'endroit où le sentier venant de Lone Dome rencontrait le sentier plus large, et là, indécise et perplexe, se tenait une grande fille blonde.

Nella-Rose se leva d'un bond, les yeux brillants.

« Marg ! Pourquoi tu me harcèles ?

"Nella-Rose, où étais-tu?"

"Qu'est-ce que ça te fait?"

« Vous avez été jusqu'à Devil-may-come Hollow ! »

"Ai-je? Laisse-moi passer, Marg. Ayez vos larves de mully , s'il vous plaît ; Je rentre à la maison."

Alors que Nella-Rose tentait de passer, Marg l'attrapa par le bras.

"Burke est de retour!" murmura-t-elle, « il se cache jusqu'au diable ! Il a été vu et vous le savez !

"Et si je le fais?" Nella-Rose n'a jamais ignoré une éventuelle évasion pour le futur.

« Vous êtes allé là-haut pour le rencontrer. Tu devrais être léché. Si vous ne le laissez pas tranquille – laissez-le et moi seuls – je retournerai Jed contre lui, je le ferai ; Je le jure!"

"Qu'est-ce qu'il... pour toi !" Nella-Rose a confronté sa sœur sans détour. Les yeux bleus – audacieux et froids qu'ils étaient – regardaient les yeux sombres, même maintenant, si doux et si séduisants qu'il était difficile d'y résister.

"Si tu le laisses tranquille, il sera tout pour moi !" Lâcha Marg. « Que veux-tu de lui, Nella- Rose ? – de lui ou de tout autre homme ? Mais si vous devez avoir une chérie, choisissez et laissez-moi passer ma journée.

L'appel brutal frappa presque brutalement les oreilles de Nella-Rose. Elle était peut-être aussi immorale que Marg, mais elle était plus discriminante.

"J'en ai vraiment marre de faire le ménage et de cuisiner pour... pour père et toi !" Marg tourna la tête vers Lone Dome. « Père est pour la plupart toujours ivre ces jours-ci et toi... qu'importe ce que je deviens ? Laissez-moi trouver un homme à moi et je serai alors humain. J'ai... tué le porc aujourd'hui ! Marg éclata soudainement et de manière insignifiante : « Je... je ne le ferai plus jamais. Nous allons d'abord mourir de faim !

"Pourquoi mon père ne l'a-t-il pas fait?" » dit doucement Nella-Rose.

"Père? Hein! il n'aurait pas pu tenir le couteau. Il est allé chercher la cruche et l'a remplie ! Non, je devais le faire, mais c'est la dernière fois. Nella-Rose, dis-moi où est caché Burke, dis-moi ! Laissez-moi libre de—de le gagner ; laissez-moi ma chance ! »

« Et alors, qui tuera le cochon ? » Nella-Rose frémit.

"Qui s'en soucie?" Marg se recula.

"Non! Trouvez-le si vous le pouvez. Fair-play : pas de faveurs ; ce que je trouve vous est ouvert ! Nella-Rose rit malicieusement et, passant devant sa sœur, courut dans le chemin.

Marg se leva et la regarda avec une rage et une haine déconcertées. Pendant un instant, elle décida presque de tenter sa chance et de chercher Burke Lawson dans le lointain Hollow. Mais la nuit venait, la nuit noire et morne des lieux bas. Marg était désespérée, mais un conservatisme primitif la retenait. Malgré tout ce qu'elle espérait gagner, elle n'affronterait pas Burke Lawson seule dans les lieux secrets de Devil-may-come Hollow ! Elle suivit donc Nella-Rose et rentra chez elle pendant que sa sœur préparait le repas du soir.

Peter Greyson, le père, était assis blotti dans un grand fauteuil près du feu. Il était arrivé à ce stade de retour à la conscience où il sentait qu'il lui incombait de s'expliquer. C'était un bel homme, du genre fringant de la cavalerie, et il portait encore des traces de gloire passée. Dans ses pires moments, il ne jurait jamais devant les dames et, dans le meilleur de ses moments, il se souvenait de ce qui leur était dû et défendait leur honneur et leur position avec ferveur

.

« Petite Nella-Rose », disait-il alors que Marg s'arrêtait devant la porte dans le noir, « pourquoi n'épouserais-tu pas Burke Lawson et ne t'installerais-tu pas ici avec moi ?

"Il ne me l'a pas demandé, père."

« Il n'est plus en mesure de choisir maintenant » — ceci entre hoquets et bâillements — « Je l'ai vu tôt ce matin ; Je connais son dos n'importe où. Je venais de rencontrer le vieux Jim White. Je pense que Burke comptait tirer sur Jim, mais mon arrivée a bouleversé ses plans. Tirer sur un shérif n'est pas une affaire sûre. Ce que Greyson avait réellement vu, c'était la retraite de Truedale après s'être séparé de Jim, mais ne connaissant pas l'existence de Truedale , il sauta à la conclusion qui, à son esprit confus, semblait probable, et en avait informé Marg à son retour.

"Je te le dis , Nella-Rose," poursuivit-il, " tu ferais mieux d'épouser Burke et de l'apprivoiser. Il n'y a rien de plus apprivoisé un homme que de lui imposer des responsabilités.

« Viens, père, laisse-moi t'aider à mettre à table. Je ne veux pas parler de Burke. Je ne crois pas qu'il soit de retour. Elle a fixé le formulaire roulant au bout de la table.

« Je te le dis , Chili , j'ai vu le dos de Burke ; tu ne penses pas que je reconnais Lawson quand je le vois, de dos ou de face ? Tu ne veux pas épouser Lawson, Nella-Rose ?

« Non, je ne l'aurais pas s'il me le demandait. Ce serait comme épouser un arbre autour duquel roule la crue. Je ne vais pas chercher et me cacher avec un homme.

« Pourquoi ne laisses- tu pas Marg l'avoir alors ? Ce serait une responsabilité très intelligente.

"Elle peut l'avoir et l'accueillir, si elle peut le trouver !" Puis, entendant sa sœur dehors, elle appela :

«Entrez, Marg. Éloignez-vous du froid et de l'obscurité. A quoi ça sert d'agir comme un petit vieux haineux ?

Marg s'affala ; il n'y avait pas d'autre mot pour décrire son air indifférent et méprisant.

"Il vient?" » demanda-t-elle en hochant la tête en direction de son père.

"Oui, il est venu", a admis Nella-Rose.

« Très bien, alors je vais lui dire quelque chose ! Elle se dirigea vers son père et se tint devant lui, le regardant fixement dans les yeux.

« Je… j'ai tué le porc aujourd'hui ; » elle parlait brusquement, lentement, comme à un enfant dense. Peter Greyson commença.

« Vous… vous… avez fait ça ? »

"Oui. Pendant que tu étais en train de te saouler, et pendant que Nella-Rose se promenait là-bas dans le Hollow, j'ai tué le porc ; mais je ne le ferai plus jamais. Cela m'a rendu malade. Je suis aussi bonne que Nella-Rose, tout aussi bonne. Si vous ne pouvez pas faire votre part, père, et qu'elle *ne veut pas* faire la sienne, ce n'est pas une raison pour que je sois gêné par un travail comme celui que j'ai fait aujourd'hui. Tu m'entends?"

« Bien sûr que je t'entends, Marg, et je suis complètement humiliée de t'avoir laissé faire. Cela—cela ne se reproduira plus. Je garderai une montre intelligente l'année prochaine. Un gentleman ne peut pas en dire plus à sa fille, n'est-ce pas ?

"Dire, c'est très bien, c'est faire." Marg était catégorique. « À partir de maintenant, je vais faire attention à moi-même. Nella-Rose et vous le saurez.

« Qu'est-ce qui t'arrive, Marg ? Peter avait l'air inquiet.

"Quelque chose qui n'est jamais arrivé auparavant", répondit Marg, gardant les yeux sur Nella-Rose. « Il y a des moments où il faut prendre sa vie à la gorge et l'étrangler jusqu'à ce qu'elle reprenne forme. Je saisis le mien maintenant.

"C'est le meurtre de ce porc!" gémit Pierre. « Cela vous a ému et je ne peux pas vous en vouloir. Tuer n'est pas pour une dame ; mais Seigneur ! quel homme tu aurais fait, Marg !

"Mais je ne le suis pas !" Marg l'interrompit d'une manière un peu extravagante : « Et d'autres choses ne sont pas à faire ni à supporter par les femmes. J'ai fini. C'est Nella-Rose et moi qui devons partager et partager de la même manière, ou… »

Mais il n'y avait plus rien à dire : la pause était éloquente. Les trois mangèrent en silence pendant quelques instants puis parlèrent de choses insignifiantes. Peter Greyson s'est couché tôt et les sœurs ont fait la vaisselle, se partageant à parts égales. Ils s'occupèrent à l'extérieur du maigre bétail et Nella-Rose se rendit enfin dans sa petite chambre sous les combles, tandis que Marg s'allongeait sur le canapé du salon.

Quand tout fut de nouveau au repos, Nella-Rose se glissa jusqu'à la fenêtre basse de sa chambre et, à genoux, regarda la scène paisible au clair de lune. Comme c'était calme et blanc et comme les hautes collines semblaient sûres et solides ! Que s'était-il passé ? Eh bien, rien ne *pouvait* arriver et pourtant… et pourtant… Alors Nella-Rose ferma les yeux et attendit. De toutes ses forces, elle a essayé de forcer le « bon et gentil visage » à se matérialiser, mais en vain. Soudain, un hibou hulula hideusement et, comme une créature coupable, la jeune fille près de la fenêtre se recoucher.

Les hiboux étaient très sages et pouvaient voir les choses dans les endroits sombres avec leurs yeux grands ouverts ! À ce moment-là, Nella-Rose n'aurait pu supporter aucune enquête sur son cœur palpitant.

CHAPITRE III

Lynda Kendall ferma son bureau et se tourna sur sa chaise avec une expression perplexe sur son beau et fort visage. D'une manière générale, elle a suivi son chemin avec courage et conviction, mais depuis la dépression nerveuse de Conning Truedale , un élément était apparu en elle qui exigeait d'être reconnu et elle n'avait pas encore appris à le contrôler et à insister pour qu'il soit soumis.

Sa vie avait été simple dans l'ensemble, mais exigeant dès son plus jeune âge l'usage constant de ses facultés. Quelle que soit l'aide qu'elle avait reçue, elle provenait de la dépendance des autres à son égard, et non de la sienne à l'égard d'eux. Elle était si forte et si douce que donner était une joie, c'était une joie aussi pour ceux qui recevaient. Qu'elle soit toujours fatiguée et aspirait à des bras forts pour la soutenir, cela n'arrivait rarement à personne , sauf peut-être à William Truedale , l'oncle invalide de Conning.

À ce stade de la carrière de Lynda, elle s'est éloignée de William Truedale comme elle ne l'avait jamais fait auparavant. Si Conning était mort, elle savait qu'elle n'aurait jamais revu le vieil homme. Elle pensait que son incapacité à comprendre Conning – son comportement rigide et insensible avec lui – avait été le principal facteur de l'effondrement physique du jeune homme. Depuis toujours, elle avait espéré et cru que son emprise sur le vieux William Truedale apporterait, en fin de compte, de bons résultats ; pour cette raison, et secrète que personne ne soupçonnait, elle maintint son cap. Elle rendait régulièrement visite au vieil homme et le rendait dépendant d'elle, même s'il ne lui permettait jamais de s'en douter. Son objectif s'était toujours concentré sur Con, qui avait d'abord fait appel à sa loyauté et à sa justice, mais plus tard à quelque chose de beaucoup plus personnel et tendre.

La journée de travail était terminée et l'atelier, dans lequel la jeune fille était assise, commençait à paraître sombre dans les coins les plus reculés où les traces de son métier encombraient les espaces sombres. Elle était décoratrice d'intérieur, mais d'un genre si original et unique que son frère la décrivait comme une « interprète spirituelle et physique ». Elle avait appris son métier, mais elle l'avait embelli et laissé se développer comme elle avait elle-même grandi et grandi.

Lynda regardait maintenant sa montre-bracelet ; il était quatre heures trente. La dernière livraison de courrier avait apporté une note courte mais inspirante de Con – selon le Dr McPherson.

« J'ai repris le dessus, Lynda ! La journée apporte appétit et force ; la nuit, dors ! Je me demande si vous savez ce que cela signifie ? Je commence à croire que je reviens au type, comme dirait McPherson, et je suis extrêmement intéressé à découvrir : quel type ? Chaque fois que je pense à étudier, j'ai une crise d'indigestion mentale. Il n'y a qu'un seul semblable pour partager ma désolation, mais je ne suis jamais seul, je ne manque jamais d'emploi. Je suis occupé jusqu'à l'épuisement à ne rien faire et à me rétablir !

Lynda sourit. " Alors il ne va pas mourir ! " murmura-t-elle ; « Cela ne sert à rien de punir oncle William plus longtemps. Je vais monter dîner avec lui !

La décision prise, et Conning pour le moment relégué à la deuxième place, Lynda se leva et sourit avec soulagement. Puis ses yeux tombèrent sur la photographie de sa mère qui se trouvait sur son bureau.

« J'y vais, chérie, confia-t-elle – ils étaient très proches, cette mère décédée et cette fille vivante et vitale –, je n'ai pas oublié.

Le passé, comme l'atmosphère de la pièce, se refermait sur la jeune fille. Elle était étrangement joyeuse et élevée ; une conscience d'approbation l'apaisa et la réconforta et elle se souvint, comme elle ne l'avait pas fait depuis plusieurs jours, de la nuit de la mort de sa mère - la nuit où elle, une fille de dix-sept ans, avait eu le fardeau de la confession de sa mère imposée à son jeune. cœur....

"Lynda, tu es là, chérie?"

C'était une question fréquente et pathétique pendant le mois de maladie. Lynda avait été convoquée de l'école. Brace était encore à ses études.

"Oui, maman, ici!"

« Vous êtes toujours… ici ! Lyn, une fois, j'ai pensé que je ne pourrais pas le supporter et que j'allais m'enfuir, dans la nuit. Alors que je passais devant ta porte, tu t'es réveillé et tu as demandé à boire de l'eau. Je l'ai donné en tremblant que vous ne remarquiez mon chapeau et mon manteau ; mais vous ne l'avez pas fait, vous avez seulement dit : « Que ferais-je si je me réveillais une nuit et que je n'avais pas de mère ? Lyn, chérie, j'y suis retournée et je suis restée !

Lynda avait pensé que l'esprit de sa mère s'égarait alors elle tapota les mains qui la cherchaient et lui murmura doucement. Puis soudainement:

« Lyn, quand j'ai épousé ton père , je pensais que je l'aimais, mais j'en ai aimé un autre ! J'ai fait de mon mieux pour vous tous ; Je n'ai jamais laissé personne savoir ; Je n'ai pas osé faire un signe, mais je veux que vous alliez bientôt chez William Truedale ! Vous n'avez pas besoin d'expliquer, partez simplement ; tu seras mon cadeau pour lui, mon dernier et unique cadeau.

Surprise et horrifiée, Lynda avait écouté, compris et vieilli pendant que sa mère parlait...

Puis vint la nuit où elle se réveilla et ne trouva pas de mère ! Elle n'a jamais été la même. Elle est retournée aux études mais a abandonné l'idée d'aller à l'université. Après avoir obtenu son diplôme, elle a fondé un foyer pour le père qu'elle comprenait désormais pour la première fois, à la lumière de ses connaissances secrètes. Toute sa vie, elle s'était interrogée sur lui. Elle se demandait pourquoi elle et Brace ne l'avaient pas aimé et honoré comme ils l'avaient fait pour leur mère. Sa faiblesse, sa superficialité avaient été dominées par l'épouse qui, ayant accepté son sort, portait fièrement son fardeau jusqu'au bout !

Brace est allé à l'université et, au cours de sa dernière année là-bas, son père est décédé ; puis, confrontés à un avenir riche en dettes mais rien d'autre, lui et Lynda ont donc mis à profit leur éducation et étaient bientôt autonomes, pleins d'espoir et de la jeune joie de vivre.

Lynda – le secret de sa mère enfoui au plus profond de son cœur loyal et tendre – a commencé peu après son retour de l'école à cultiver le vieux William Truedale , à la grande surprise et à la confusion apparente de ce gentleman grincheux. Il y avait une excuse à cette soudaine amitié, car Brace, pendant l'école préparatoire et l'université, avait noué un attachement profond et sincère pour Conning Truedale et pendant les vacances, les deux garçons et Lynda étaient beaucoup ensemble. Certes, la visite était en grande partie à sens unique, car la sombre maison de l'aîné Truedale n'offrait qu'une faible incitation à la sociabilité ; mais Lynda a réussi à se frayer un chemin dans la solitude et la morosité et finalement, pour des raisons qu'elle connaît mieux, elle est devenue la seule chose brillante dans l'existence du vieil homme.

Et ainsi les années s'étaient écoulées. Outre la détermination de Lynda à faire ses preuves comme sa mère le lui avait demandé, elle décida bientôt de mettre les choses au clair entre l'oncle et le neveu. Pour sa jeune âme ardente, animée d'ambition et de désir de justice, il était à peine moins que criminel que William Truedale , estropié et confiné sur sa chaise - car il était devenu invalide peu après le mariage de la mère de Lynda - devait mal comprendre et mal juger cruellement le neveu. qui, brillamment, mais sous une pression énorme, gagnait son chemin jusqu'à l'université avec une somme dérisoire qui rendait nécessaire un travail extérieur pour réussir. Elle ne pouvait pas tout comprendre, mais le secret de sa mère, son attachement croissant pour le vieil homme, son intérêt intense pour Conning, tout cela la maintenait dans son objectif. Elle, à elle seule, réparerait le tort et les sauverait tous vivants !

Puis vint la dépression de Conning et la possibilité de sa mort ou d'une invalidité permanente. Le choc pour tous les espoirs en or a été sévère et il a apporté amertume et ressentiment.

Quelque chose de profond et de passionné était entré dans les relations de Lynda avec Conning Truedale . Pour lui, même si personne ne s'en doutait, elle avait rompu ses fiançailles avec John Morrell – fiançailles dans lesquelles elle avait dérivé comme le font tant de filles, à l'âge où la pensée n'a qu'une petite part dans l'instinct primaire. Mais Conning n'était pas mort ; il se rétablissait, il était dans sa cachette, et alors, debout dans l'atelier sombre, Lynda embrassa la photo de sa mère et commença à fredonner un petit air joyeux.

"Je vais aller dîner avec oncle William!" dit-elle – les mots s'accordant avec la mélodie – « nous nous rattraperons ! Ça va aller." Et c'est ainsi qu'elle partit.

William Truedale vivait dans une petite rue minable et distinguée d'un quartier qui avait commencé à être à la mode mais qui avait été vaincu dans ses ambitions. Il n'a jamais perdu de son caractère, mais il a certainement perdu de son éclat . Les maisons elles-mêmes étaient bien construites et tout à fait correctes. Celui de William Truedale était le meilleur du quartier et il y avait un terrain vague de chaque côté. Le détachement lui a donné dignité et isolement.

Il fut un temps où Truedale espérait que la femme qu'il aimait choisirait et placerait les meubles et les tentures à son goût et au sien, mais lorsque cet espoir échoua et que la maladie tomba sur lui, il ordonna que seules les pièces soient mises en ordre pour son propre goût. vie restreinte. La bibliothèque du premier étage était un entrepôt de livres splendides et d'un luxe austère ; au-delà se trouvaient une salle de bain et une chambre, toutes deux parfaitement aménagées. Le long et large hall qui menait à ces appartements était aussi vide et nu qu'au moment où le charpentier et le peintre l'avaient quitté. Deux serviteurs - mari et femme - servaient William Truedale et commentaient rarement quoi que ce soit le concernant ou leurs relations avec lui. Ils avaient probablement des chambres pour eux confortablement meublées, mais au fil des années, Lynda Kendall n'était jamais entrée dans la maison, sauf dans les pièces réservées à l'usage de son vieil ami. Parfois, elle s'était demandé comment s'en sortait Con, mais rien n'avait jamais été dit à ce sujet et elle et Brace avaient été, lors de leurs visites, limitées aux pièces du rez-de-chaussée.

Lorsque Lynda fut conduite dans la bibliothèque depuis le hall extérieur et froid, c'était comme si elle trouvait le confort et le luxe au milieu de la désolation. La porte qui s'ouvrait n'avait pas réveillé l'homme près du grand feu ouvert. Il semblait perdu dans une sombre rêverie et Lynda eut le temps de remarquer, sans être remarquée, le visage tragique et déchiré par la douleur et les contours pitoyablement maigres de la silhouette étendue sur la chaise invalide et recouverte d'un tapis de renard argenté rare.

Il y avait des oiseaux dans des cages dorées près de la grande fenêtre sud —
c'étaient de petits acariens muets ; ils chantaient rarement, voire jamais, mais
ils étaient vivants ! Il y avait aussi des plantes qui poussaient luxueusement
dans des pots et des boîtes, mais pas une fleur sur l'une d'elles ! Ils existaient,
non pas joyeusement, mais de manière persistante. Un chien russe, blanc
comme neige, gisait devant le feu ; ses yeux doux et tristes étaient fixés sur
Lynda, mais il ne bougea pas et n'annonça pas l'intrusion. Un chat et deux
chatons, blancs également, roulaient comme des boules de neige sur un
coussin cramoisi près de l'âtre ; Lynda se demandait s'ils avaient déjà joué.
Seul, comme une chose morte au milieu de la nature morte, William Truedale
, impuissant – la mort se rapprochant de plus en plus de son cœur amer —
passait ses journées fatiguées.

Alors qu'elle se tenait debout, regardant et attendant, les yeux de Lynda
Kendall se sont remplis de larmes rapides. Les semaines d'absence avaient
souligné chaque détail tragique de la pièce et de l'homme. Elle lui avait
probablement terriblement manqué au cours de sa simple vie, mais il n'avait
fait aucun signe, ni appelé.

"Oncle William!"

Truedale tourna la tête et fixa sur elle ses yeux profonds et brillants.

"Oh! Alors tu as pensé mieux ? C'est tout ce qu'il a dit.

« Oui, j'ai réfléchi à mieux. Me laisseras-tu rester dîner ?

« Enlevez vos enveloppes. Là maintenant ! dressez le pouf; tant que vous
avez une colonne vertébrale, comptez sur elle. Ne vous détendez jamais si
vous pouvez l'empêcher.

Lynda rapprocha le tabouret bas recouvert de velours du canapé-fauteuil ; le
chien leva sa belle et pointue tête et se blottit contre son genou. Truedale l'a
observé – les animaux ne venaient jamais vers lui sans ordre – pourquoi sont-
ils allés voir Lynda ? Probablement pour la même raison qu'il s'accrochait à
elle, la surveillait et craignait, avec une peur nauséabonde, qu'elle ne revienne
jamais !

« Je suppose que, puisque la mort de Con n'est pas sur ma tête, tu pensais
pouvoir me pardonner, hein ?

"Eh bien, quelque chose comme ça, oncle William."

« Qu'importe ce que je fais de mon argent, ou de mon neveu ? »

Ces deux-là ne se sont jamais approchés par des lignes conventionnelles.
Leurs absences étaient des périodes pendant lesquelles ils emmagasinaient
des sujets et des questions vitales ; leurs réunions étaient une série
d'explosions explosives.

« Cela ne me regarde pas, oncle William, mais si je ne pouvais pas approuver, pourquoi… »

"Approuver! Hein! Qui es-tu pour juger, approuver ou désapprouver tes aînés ?

Il n'y avait pas de réponse à cela. Lynda avait envie de rire, mais craignait de pleurer. Les mots durs et indignés dissimulaient la joie frémissante de la voix qui l'accueillait sur tous les tons avec son soulagement et son abandon.

« J'ai beaucoup de choses à te dire, ma fille. C'est bien que vous soyez venu aujourd'hui ; sinon, il serait peut-être trop tard. Je prévois un long voyage.

Lynda commença.

"Un long voyage?" dit-elle. Au cours des dernières années, depuis que la terrible maladie avait attaqué Truedale , ses déplacements s'étaient limités à aller et revenir de la chambre à coucher et de la bibliothèque en fauteuil roulant.

"Tu... tu penses que je plaisante ?" Il y avait un humour sombre dans les yeux brûlants.

"Je ne sais pas."

« Eh bien, je vais vous le dire. Je suis assez sérieux. Pendant que j'étais exilé de vos attentions, enchaîné à ce rocher (il frappait les bras du fauteuil comme un enfant passionné), je suis arrivé à une conclusion que j'ai toujours plus ou moins envisagée. Maintenant que j'ai compris que le moment viendra sans aucun doute où vous, Con – vous tous – partirez, j'ai décidé de vous prouver à tous que je ne suis pas tout à fait aussi dépendant que vous le pensez.

« Pourquoi… que veux-tu dire, oncle William ? »

C'était une nouvelle phase et Lynda se pencha sur le chien à genoux et posa sa main sur le bras de la chaise. Elle était effrayée, excitée. Truedale vit cela et éclata d'un rire sec et sans joie.

"Oh! une chaise qui peut rouler sur toute la longueur de cette maison peut parcourir la distance que je souhaite parcourir. L'argent peut payer pour n'importe quoi, n'importe quoi ! Dieu merci, j'ai de l'argent, beaucoup. Cela signifie pouvoir, même pour quelqu'un comme moi. Le pouvoir, Lynda, le pouvoir ! Il peut grogner et désarçonner des vies ; cela peut acheter des faveurs et semer la terreur. Pensez à ce que j'aurais été sans cela toutes ces années. Pense! Eh bien, j'ai négocié avec cela ; écrasé avec; menacé et fait signe avec lui – maintenant je vais jouer avec lui ! Je vais surprendre tout le monde et organiser moi-même un gala. Je vais faire tourner les choses et ensuite je pars en voyage. C'est bizarre » (la voix ricanante se transforma en murmure), « toutes mes années de prison, j'y ai pensé et je l'ai planifié ; la réalisation semble être la partie la plus simple. Je me demande maintenant pourquoi je suis resté derrière les barreaux alors que, par un peu d'effort – un peu d'indifférence à l'égard de l'opinion – j'aurais pu élargir mon horizon. Mais bon Dieu ! Je n'ai pas perdu de temps. J'ai étudié chaque détail ; rien ne m'a échappé. Celui-là (il lui toucha la tête, une tête fine, presque noble, couverte d'une profusion de cheveux blancs), celui-là a fait un double devoir tandis que ceux-là (il montra ses jambes inutiles) ont refusé de jouer leur rôle. Même si je me sentais consciencieusement responsable, je restais fidèle à mon travail ; mais un homme a droit à un peu de liberté !

Lynda s'approcha si près que son tabouret toucha la chaise. Elle pencha sa joue sur la main ratatinée posée sur le bras. L'excitation et les plaisanteries fébriles de Truedale l'affectèrent douloureusement. Elle se reprochait amèrement de l'avoir laissé à la merci de sa solitude et de son imagination. Son intérêt, son ressentiment envers Conning s'estompèrent devant la pitoyable démonstration de sentiments exprimés dans chaque ton et chaque mot de Truedale .

Le contact de la joue chaude contre sa main remua l'homme. Ses yeux s'adoucirent, son visage se contracta et, parce que les jeunes yeux étaient cachés, il laissa son regard se poser avec révérence sur la tête baissée. Elle était la seule chose sur terre qu'il aimait – la seule chose qui transperçait sa croûte de dureté et de désespoir et le rendait humain. Puis, par surprise, il demanda :

"Lynda, quand as-tu rompu tes fiançailles avec John Morrell?"

La jeune fille sursauta, mais elle ne changea pas de position. Elle n'a jamais menti ni tergiversé à Truedale – elle pouvait garder son propre avis, mais lorsqu'elle parlait, c'était la simple vérité.

"Il y a environ six mois."

"Pourquoi ne me l'as-tu pas dit?"

"Il n'y avait rien à dire, oncle William."

"Il y avait un fait, n'est-ce pas ?"

"Oh! oui, le fait.

"Pourquoi as-tu fait ça?"

"C'est... une longue histoire." Lynda leva maintenant les yeux et sourit de ce rare sourire que seul l'homme frappé comprenait. L'appel, la confusion et le détachement l'ont marqué. Elle aspirait, impuissante, à la sympathie et à la compréhension.

« Eh bien, les longues histoires sont les bienvenues ici, mon enfant ; surtout après leur disparition. Sonne la cloche; allons Dinner. Baissez les stores et » (Trudale fit un large geste) « éteignez le stock de bétail ! Un repas matinal, une longue soirée, que pourrions-nous ajouter de mieux que quelques longues histoires ?

En faisant ce que Truedale commandait, Lynda a trouvé un certain soulagement. Ces visites ressemblaient certes à des pièces de théâtre sinistres, mais elles étaient aussi des devoirs sacrés. Celui-ci, après un laps de temps rempli d'émotions nouvelles et étranges, était un peu plus sombre que d'habitude, mais il avait l'effet d'un tonique sur les nerfs en lambeaux des deux acteurs.

La table ronde était dressée près du feu : c'était le domestique qui était présent ; l'argenterie, le verre et le linge étaient parfaits, et les plats simples étaient soigneusement choisis et préparés.

Truedale n'était jamais aussi à son aise que lorsqu'il présidait ces petits dîners. Il mangeait peu ; il choisissait les morceaux les plus rares pour son hôte ; il parlait avec légèreté, parfois délicieusement. À de tels moments, Lynda réalisait ce qu'il avait dû être avant que l'amour et la santé ne lui fassent défaut.

Ce soir-là – coupé de tout le reste, ignorant la tension des semaines passées, les longues histoires délibérément mises de côté – Truedale parla des livres qu'il avait lus ; Lynda, de son travail.

«J'ai deux magnifiques maisons à faire», dit-elle en brandissant gracieusement un morceau de nourriture. « L'une est destinée à un couple récemment devenu riche ; ils n'osent pas bouger de peur de se tromper. J'ai cet endroit du grenier à la cave. C'est une terrible responsabilité, mais c'est très amusant ! »

"Ce doit être. Dépenser l'argent des autres et le rendre comme neuf en même temps doit être un sport rare. Et l'autre contrat ?

"Oh! c'est une autre affaire. Lynda se pencha en arrière et rit. « Je donne du ton à une vieille maison. Mettre des fausses façades, un peu de rouge, combler les rides ; bref, donner à une vieille dame distraite de quoi l'intéresser. Elle ne le sait pas, mais je la laisse faire le travail et elle est très contente. Elle a une sorte de bon goût rouillé. Je le polis sans lui faire de mal. Le salon! Eh bien, oncle William, c'est une image. C'est un tendre rêve devenu réalité.

« Et vous facturez cela, espèce de pirate ? »

"Je n'ai pas à. La chère âme est si reconnaissante que je suis obligé de refuser des faveurs .

"Lynda, appelle Thomas." Truedale haussa les sourcils. « Je pense que je vais… je vais fumer. Cela peut m'aider à dormir après les longues histoires et… quand je suis seul. Il s'adonnait rarement à cela – le tabac l'excitait au lieu de l'apaiser – mais la soirée devait être aussi claire que possible !

"Lynda, appelle Thomas." Truedale haussa les sourcils. « Je pense que je vais… je vais fumer. Cela peut m'aider à dormir après les longues histoires et… quand je suis seul. Il s'adonnait rarement à cela – le tabac l'excitait au lieu de l'apaiser – mais la soirée devait être aussi claire que possible !

CHAPITRE IV

Lynda s'assit de nouveau sur son pouf – sa capacité à rester assise pendant des heures sans soutenir son dos avait toujours été l'un de ses charmes pour William Truedale . Le vieil homme la regardait maintenant ; comme elle était forte et belle ! Comme c'est dépendant et pourtant – comme c'est attrayant ! Comment elle donnait et donnait toujours – était habituée au point de rupture – et rarement comprise. Truedale l'a comprise à travers sa mère !

« Je veux te demander, Lynda, pourquoi viens-tu ici, toi du monde entier ? Je me suis souvent posé la question. »

« Je… j'aime venir en général, oncle William.»

« Mais… d'autres fois, hors du général ? Alors tu viens plus souvent. Pourquoi?"

Et maintenant Lynda tourna vers lui ses yeux clairs et sombres. Une résolution soudaine avait été prise. Elle allait le réconforter comme elle ne l'avait jamais fait auparavant, le récompenser pour les semaines passées au cours desquelles elle l'avait laissé tomber tout en épousant la cause de Con. Elle allait partager son secret avec lui !

« Juste avant que maman ne parte, oncle William, elle m'a dit… »

La main qui tenait le cigare se balançait – c'était une main très fragile et maigre.

« Je te l'ai dit… quoi ?

« Que tu l'as aimée autrefois. »

La vieille blessure faisait mal lorsqu'elle était découverte . Lynda voulait la réconforter, mais elle lui causait une douleur atroce.

« Elle... te l'a dit ? Et toi si jeune ! Pourquoi devrait-elle vous imposer un tel fardeau, elle plus que toutes les femmes ?

« Et… ma mère t'aimait, oncle William ! Elle l'a découvert trop tard et… et après cela, elle a fait de son mieux pour… pour Brace, moi et… mon père !

La pièce semblait osciller, comme tout le reste de l'univers l'était, à ce moment-là, pour William Truedale . Tout ce qui avait causé sa perte – à l'origine de son amère solitude et de son désespoir – a été abattu par les mots qui ont inondé les anciennes ténèbres d'une lumière presque terrifiante. Pendant un moment ou deux, il n'osa pas parler, il n'osa pas se fier à sa voix. Le choc avait été grand. Puis, très doucement :

« Et… et pourquoi a-t-elle… parlé en fin de compte ?

Les yeux de Lynda se remplirent de larmes.

« Parce que, balbutia-t-elle, comme elle n'aurait pas pu venir chez vous sans déshonneur , c'est elle qui m'a envoyé ! Sa confiance a été la chose la plus sacrée de ma vie et j'ai essayé de faire ce qu'elle désirait. J'ai... j'ai malheureusement échoué ces derniers temps, mais essaie de me pardonner… pour l'amour de ma mère !

« Et vous... avez... » (la voix tremblait pitoyablement malgré l'effort que Truedale faisait pour la stabiliser) « avez gardé le silence... depuis qu'elle était partie ; pourquoi ? Oh! la jeunesse est si ignorante, si cruelle ! Cela se disait plus à lui-même qu'à la jeune fille près de son genou, sur la tête baissée de laquelle reposait inconsciemment sa main ratatinée .

« C'est d'abord pour mon père que j'ai gardé le secret. Il semblait tellement frappé après… après avoir été seul. Et puis, puisque j'essayais d'être pour toi ce que ma mère voulait que je sois, cela ne semblait pas avoir beaucoup d'importance. Je voulais gagner ma place. J'ai toujours voulu te le dire, et maintenant, après ces semaines d'incompréhension, j'ai senti que tu devrais savoir qu'il y aura toujours une raison pour moi, entre toutes, de partager ta vie.

"Je vois! Je vois!" Une grande vague d'émotion montait et montait, emportant avec elle les années de misère passées. Cette connaissance, autrefois, aurait pu le sauver, mais maintenant, il était arrivé trop tard. Peu à peu, il serait capable de faire face à cette vérité stupéfiante qui lui avait été si soudainement lancée, mais pas maintenant pendant que la fille de Katherine Kendall s'agenouillait à ses côtés !

«Lynda, je ne peux pas te parler de ça. Quand vous serez plus âgé – quand la vie aura fait pour vous le meilleur ou le pire – vous comprendrez mieux qu'aujourd'hui ; mais souviens-toi de ceci : ce que tu m'as dit a profondément blessé, mais il a coupé d'un seul coup la dureté et l'amertume de mon cœur. Souviens-toi de ça !

Puis, revenant brusquement à son comportement habituel, il dit :

"Et maintenant, parle-moi de Morrell."

Lynda sursauta ; la situation la rendait perplexe. Elle avait voulu la réconforter – au lieu de cela, elle semblait avoir blessé et troublé son vieil ami.

« À propos de John Morrell ? murmura-t-elle avec une perplexité croissante ; "il n'y a pas grand chose à dire."

"Je pensais que c'était une longue histoire, Lynda."

« D'une manière ou d'une autre, cela ne semble pas long quand on s'en approche. Mais vous devez sûrement comprendre, oncle William, qu'après –

après père et mère – je serais naturellement un peu plus enthousiaste que la plupart des filles. Il ne me conviendrait jamais d'épouser le mauvais homme et, bien sûr, une fille ne le sait jamais vraiment avant d'être confrontée à la situation de près. Je n'aurais jamais dû m'engager avec John Morrell – c'était là la véritable erreur ; et ce n'est que lorsqu'il s'est senti sûr de moi que j'ai su ! Oncle William, je dois avoir ma propre vie, et John… eh bien, il voulait avoir la sienne et la mienne aussi. Je ne pouvais pas le supporter ! J'ai lutté et conquis de petits sommets, tout comme lui, tout comme Con et Brace ; nous nous sommes tous précipités ensemble. Cela ne semblait pas tout à fait juste qu'ils devraient… eh bien, arborer leurs couleurs depuis leurs sommets et que je devrais (ici Lynda rit) « me blottir sous l'étendard de John. Je ne crois pas toujours à ses standards ; Je ne l'approuve pas. Même si j'aime les hommes, je ne pense pas qu'ils soient qualifiés pour organiser, trier, réparer et diriger la vie des femmes. Si une femme pense que l'abdication justifie les gains, ce n'est pas grave. Si je m'étais vendu honorablement à John Morrell, j'aurais respecté l'accord ; Je déteste et déteste les femmes qui ne le font pas ! Je ne minimise pas la romance et les sentiments, oncle William, mais en fin de compte, le mariage habituel est une bonne affaire et la moitié des femmes se plaignent de s'y tenir - les autres jouent et, s'il y a assez d'amour, tout se passe plutôt bien. - mais je ne pouvais pas ! Vous voyez, j'avais vécu avec mon père et ma mère, j'avais ressenti le manque entre eux et j'ai vu les yeux de ma mère quand elle a lâché prise et est morte ! Non! Je veux avoir ma propre vie !

« Et vous allez renoncer à l'héritage d'une femme – maison et enfants – pour un tel caprice ? Votre mère a eu des récompenses ; n'as-tu pas peur du… futur ?

"Pas si je le respecte et ne déshonore pas le présent."

« Un homme ou une femme solitaire, un paria de l'ordinaire, est une créature de l'enfer !

Lynda secoua la tête.

"Continue!" Ordonna sévèrement Truedale . «Morrell est un bon garçon. Depuis ma prison, j'ai pris soin de m'en rendre compte. Brace m'a rendu des services pratiques en faisant office de détective avant vos fiançailles !

Lynda rougit et fronça les sourcils.

«Je n'étais pas au courant», fut-elle tout ce qu'elle dit.

« Cela n'a pas d'importance, seulement je suis heureux de pouvoir me sentir désolé pour lui et en colère contre toi. Je n'aurais jamais cru que tu pouvais être idiote, Lynda.

« J'ose dire que nous pouvons tous le faire, si nous y réfléchissons – parfois sans le faire. Bien! c'est toute l'histoire, oncle William.

« Ce n'est que la préface. Voyez-vous, Lynda, avez-vous déjà pensé qu'une femme comme vous n'arrive pas à une telle conclusion sans expérience – un contraste à prendre en compte ?

«Je… je ne sais pas ce que vous voulez dire, oncle William.»

«Je pense que oui. Je n'ai pas le droit de sonder, mais j'ai le droit de vous aider si je le peux. Vous avez fait beaucoup pour votre mère ; pouvez-vous me refuser le–l'honneur de faire quelque chose pour elle ?

"Il n'y a rien à faire."

"Voyons! En fin de compte, vous n'êtes qu'une fille ordinaire. Vous avez un peu plus de courage et d'esprit que certaines, mais votre cœur est au même endroit que celui des autres femmes et vous n'êtes pas différente dans l'ensemble. Vous voulez les choses saines et justes, tout comme elles : un foyer, des enfants et la sécurité contre les choses que les femmes redoutent. Un homme peut donner à une femme une chance de se développer au mieux ; elle devrait le reconnaître et – oui – l'apprécier.

"Sûrement!" cela sortait très doucement des lèvres maintenant masquées par deux mains froides et frissonnantes. « Une femme le reconnaît ; elle l'apprécie, mais cela ne l'exclut pas du choix.

« Un homme – bien sûr dans certaines limites et dans la limite du raisonnable – vaut un autre quand il aime une femme et la fait aimer. Vous pensiez certainement aimer Morrell. Vous n'aviez rien à gagner si vous ne le faisiez pas. Vous avez probablement gagné autant que lui.

"C'est vrai. Tout cela est tout à fait vrai.

« Puis quelque chose s'est produit ! » Truedale jeta son cigare à moitié fumé dans le feu. "Qu'est-ce que c'était, Lynda?"

« Il… n'y avait rien… vraiment… »

"Il y avait quelque chose. Il y avait… Con !

"Oh! comment… comment peux-tu ? Lynda repartit. Elle voulait dire « Comment oses-tu ? » – mais le visage tiré et torturé la retint.

"Parce que je le dois, Lynda. Parce que je le dois. Tu sais que je t'ai dit que j'avais une histoire ? Vous devez me supporter et m'écouter. Asseyez-vous à nouveau et essayez de vous rappeler : je fais ça pour votre mère ! Je le répète : il y a eu Con. Au début, vous avez pris les armes pour lui, comme Brace ; vos instincts sexuels n'ont pas été éveillés. Vous étiez tous de bons amis jusqu'à ce que vous tombiez, les yeux bandés, dans le piège que le pauvre

Morrell vous a tendu. Vous pensiez que je maltraitais Con, au mépris de ses meilleurs intérêts, en affamant son âme ! Oh! pauvre petit ignorant ; le garçon n'a jamais eu d'âme digne d'être mentionnée jusqu'à ce qu'elle se réveille, en état de légitime défense, et qu'elle repousse ses propres limites. Que saviez-vous, toi et Brace, du passé – du passé qui a été créé par Con ? Vous étiez assez libre avec votre jeune condamnation et votre loyauté déplacée, mais qu'en est-il de la justice ?

Les yeux de Lynda étaient fixés sur le visage de Truedale . Elle ne l'avait jamais vu dans cet état d'esprit et, même s'il la fascinait, il l'intimidait.

« Eh bien, ma fille, le père de Con, mon jeune frère, était aussi talentueux que Con, mais c'était un coquin. Il avait assez d'argent pour préparer sa propre destruction. Jusqu'à ce qu'il disparaisse , il m'a méprisé – il a même rejeté son propre génie. Il a épousé une femme aussi folle que lui et puis, sans aucun scrupule, il l'a jetée de côté pour mourir. Il n'avait aucun sens des responsabilités, aucune honte. Il avait un tempérament – un sacrément fou – et il a dérivé jusqu'au bout. Quand tout fut fini, j'ai amené Conning ici. Juste à ce moment-là – enfin, c'était peu après que votre mère ait épousé votre père – cette maladie rampante s'est abattue sur moi. S'il n'y avait pas eu le garçon , j'aurais tout mis fin à tout cela sur-le-champ, mais avec le fardeau qui m'était imposé, je ne pouvais pas m'en sortir. Depuis, c'est une sorte de course : cette menace monte de plus en plus haut et la construction de Con suit le rythme. J'ai juré que s'il avait du talent , il devait faire ses preuves dans la misère et non dans le luxe. Je me suis rendu la vie difficile pour m'endurcir et m'inspirer. Je n'ai jamais eu l'intention de tuer – vous devez me rendre justice. Vous seul voyez, enchaîné ici, je ne pouvais pas suivre d'assez près, et Con était fier, Dieu merci ! et il pensait qu'il avait de la haine – mais ce n'est pas le cas, sinon il serait mort de faim plutôt que d'accepter ce que je lui proposais. Dans son cœur, il me respecte, disons, dans une certaine mesure. Je l'ai vu élargir l'espace entre lui et son héritage – et cela m'a aidé à vivre ; vous l'avez vu faire un homme de lui-même et cela est devenu plus absorbant que l'opportunité de vous annexer à un homme déjà fait. Oh, j'ai tout vu et cela m'a aidé dans mon plan.

"Votre plan?" Cette question n'était qu'une faible tentative de faire face à une situation qui devenait trop vaste et trop forte. « Votre plan, quel est votre plan ? »

« Lynda, j'ai fait mon testament ! Assis à l'écart et regardant, faire cela a été la seule grande excitation de ma vie. Au fil des années, j'ai cru que je le faisais seul ; maintenant je vois que la main directrice de ta mère m'a guidé ; Je veux que vous le croyiez comme moi !

"Je—je vais essayer, oncle William." Lynda ne luttait plus contre ce qu'elle ne pouvait pas comprendre. Elle sentait que cela devait faire son chemin avec elle.

« Cette maison, disait Truedale , était destinée à ta mère. Je l'ai laissé nu et prêt à son goût et à son choix. Après... j'y vais, je veux que tu l'aménages pour elle... et pour moi ! Vous devez le faire immédiatement.

"Non! Non!" Lynda leva une main protestataire, mais Truedale lui sourit et poursuivit : « Je peux vous laisser commencer demain et ne pas attendre ! Vous devez remplir les coins dénudés – n'épargnez aucune dépense. Vous et moi serons assez imprudents ; Je veux que cet endroit soit enfin un... chez-soi.

Et maintenant, les yeux de Lynda brillaient – ses rares larmes l'aveuglaient.

« Vous avez toujours essayé indirectement, Lynda, d'assurer le plus grand bien de Con ; vous l'avez fait! Je veux lui laisser un héritage de trois mille par an. Cela lui permettra de se lâcher et de développer le talent que vous pensez avoir. J'ai veillé à ce que les deux âmes fidèles qui m'ont servi ici ne connaissent jamais le besoin. Il y aura de l'argent, et beaucoup d'argent, pour que vous puissiez réaliser mes souhaits concernant cette maison, si... eh bien... si quelque chose m'arrivait ! Une fois ces détails réglés, ma fortune, plutôt encombrante, revient au Dr. McPherson, mon vieil et précieux ami !

Lynda sursauta violemment.

« Au... au Dr McPherson ? » haleta-t-elle, chaque désir de Conning pris dans les bras.

"Là! là! ne sois pas si excitée, Lynda. Ce n'est que pour trois ans. McPherson et moi comprenons.

"Et puis?"

« Il ira à Conning... si... »

"Si quoi?" Lynda avait peur maintenant.

"S'il... t'épouse !"

"Oh! c'est au-delà de l'endurance ! Comment as-tu pu être si cruel, oncle William ? Les larmes chaudes et passionnées brûlaient le visage indigné.

« Il ne le saura pas. Les années le mettront à l'épreuve et le prouveront.

« Mais je le saurai ! Si tu as pensé qu'il valait mieux faire ça, pourquoi me l'as-tu dit ?

« Il y a eu des heures où moi-même je ne savais pas pourquoi ; Je comprends ce soir. Ta mère m'a conduit !

«Ma mère n'aurait jamais pu me faire autant de mal. Jamais!"

"Tu dois lui faire confiance, elle et moi, Lynda."

« Supposons… oh ! supposons que ce n'est pas le cas... Oh ! c'est dégradant !

« Alors la fortune sera à vous. McPherson et moi avons réglé ce problème avec le plus grand soin.

"Le mien! Le mien! Pourquoi... – et ici Lynda rejeta la tête en arrière et rit avec soulagement – « Je refuse absolument de l'accepter !

"Dans ce cas, l'argent va à des œuvres caritatives."

Un silence tomba dans la pièce. Déconcertée et en colère, Lynda n'osa pas se permettre de parler et Truedale retomba avec lassitude. Puis vint un bruit de roues dans la rue calme – un klaxon de taxi.

« Thomas n'a pas oublié de prévoir votre voyage de retour ; mais l'homme peut attendre. La nuit est douce, dit Truedale avec douceur , et vous et moi sommes riches.

Lynda ne semblait pas entendre. Ses pensées se précipitaient follement sur le chemin que lui avaient tracé les paroles de son vieil ami.

« Conning ne le saurait pas ! » elle l'a saisi et s'y est accroché ; « il serait capable d'agir de manière indépendante. Au début, cela semblait impossible. Ses connaissances ne pouvaient affecter personne d'autre qu'elle-même ! Si… – et ici Lynda respirait plus vite – « si Conning voulait suffisamment d'elle pour lui demander de partager sa vie que les trois mille dollars ont rendue possible, pourquoi alors le bonheur de lui apporter la sienne lui appartiendrait !... le sien !

Encore une fois, le côté opposé de la photo la tenait. « Mais supposons qu'il ne veuille *pas* d'elle… de cette façon ? Alors elle, son amie, celle qui, au monde, l'aimait le plus, en profiterait ; elle serait une femme riche, pour le bien de sa mère, ou bien (l'alternative la stupéfiait) elle pourrait tout laisser échapper, tout et en supporter les conséquences !

À ce stade, elle se tourna vers Truedale et demanda à nouveau pitoyablement :

"Oh! pourquoi, pourquoi as-tu fait ça ?

Il n'y avait ni colère ni rébellion dans les mots, mais un pathos qui fit fermer les yeux du vieil homme devant les supplications du visage levé. C'était la seule chose qu'il ne pouvait pas supporter.

« Le temps le prouvera, mon enfant ; le temps le prouvera. Je n'ai pas pu vous faire comprendre ; votre mère l'aurait peut-être fait, moi non. Mais le temps nous le dira. Le temps est un étrange révélateur. Toute ma vie, j'ai travaillé dans l'obscurité jusqu'à maintenant ! J'aurais dû faire davantage confiance – vous devez apprendre de moi.

« Là, ne faites pas attendre cet homme plus longtemps. Je me demande – ne le fais pas à moins que tu le veuilles ou que tu le penses bien – mais je me demande si tu pourrais m'embrasser au revoir ?

Lynda se leva et, aveuglée par les larmes, se pencha et l'embrassa – elle l'embrassa deux fois, une fois pour sa mère ! – et elle sentit qu'il comprenait. Elle n'avait jamais posé ses lèvres sur les siennes auparavant, et cela semblait être une étrange cérémonie.

Une heure plus tard, Truedale a appelé Thomas et a été conduit dans sa chambre et aidé à se coucher.

« Peut-être, dit-il à l'homme, vous feriez mieux de mettre ces gouttes sur le support. Si je n'arrive pas à dormir... Thomas sourit et obéit. Il fut un temps où il avait peur de cette petite bouteille sombre, mais plus maintenant ! Il croyait trop sincèrement à la force de caractère de son maître. Avoir le médicament à proximité pourrait, par suggestion, aider à calmer l'agitation, mais on n'y a jamais eu recours, alors Thomas sourit en se détournant avec un joyeux :

« Très bien, monsieur ; mais ce ne sera pas nécessaire, j'espère.

« Bonne nuit, Thomas. Levez le store, s'il vous plaît. C'est une nuit splendide, n'est-ce pas ? S'ils construisaient sur ce terrain arrière , je ne pourrais pas voir la lune aussi bien. Je pourrais décider d'acheter cette propriété.

Quand Thomas fut parti et qu'il fut enfin seul, Truedale poussa un profond soupir. Cela semblait soulager la contrainte dans laquelle il travaillait depuis des semaines.

Toute sa vie, la possibilité d'échapper à son esclavage avait rendu celui-ci moins insupportable. C'était comme connaître un passage secret depuis sa prison – une sortie sombre et pleine de doutes et de peurs, mais néanmoins un passage sûr vers la liberté. Dans le passé, il lui avait semblé lâche de profiter de ses connaissances – c'était comme partir avec des dettes impayées. Mais maintenant, dans la pièce lumineuse et éclairée par la lune, cela ne paraissait plus ainsi. Il avait terminé sa tâche, mis fin à ses erreurs et entendu un appel clair retentissant d'éloges et d'approbation. Rien ne pouvait le retenir !

Dans le meuble près de la fenêtre se trouvaient une photographie et quelques lettres ; Truedale se tourna vers eux et se demanda si Lynda, au lieu de son vieil ami McPherson, les trouverait ? Il aurait aimé parler, mais après tout, il ne pouvait pas attendre. Il avait définitivement décidé de faire le voyage ! Mais il parla doucement, comme à une Présence :

« Et donc… tu as joué un rôle ? Pauvre fille! comme tu l'as bien joué ! Et tu as souffert, oh ! mon Dieu – et je ne vous ai jamais rendu justice en comprenant. Et tu m'as laissé ta copine… J'ai essayé de ne pas te laisser tomber, Katherine !

Puis Truedale attrapa la bouteille. Il but une gorgée du contenu et attendit ! Bientôt, il en prit un autre et un frisson d'exaltation remua son sang paresseux. Faiblement, à tâtons, il tendit de nouveau sa main engourdie ; il était en bonne voie maintenant. Le long voyage commença au clair de lune et, chose étrange à dire, il ne faisait pas nuit et il ne semblait pas non plus seul. Cela le surprit vaguement, il s'était toujours attendu à ce que ce soit si différent !

Et peu à peu, un seul visage lui apparut – il était plus lumineux que le clair de lune. Il sourit avec compréhension – lui aussi faisait face à la grande route – il pouvait se permettre de sourire.

Une fois de plus, la main lourde et froide se dirigea vers le support à côté du lit, mais elle tomba sans nerf avant d'atteindre ce qu'elle cherchait.

L'évasion était réussie !

CHAPITRE V

Les jours passèrent et, sans entrave, Jim White resta dans les bois profonds. Après l'arrivée inquiétante mais passionnante de Nella-Rose, Truedale rebondit brusquement et, seul dans sa cabine, se résigna. Par une mise en accusation rigide, il a relégué, ou croyait avoir relégué, toute l'affaire au domaine des choses qu'il n'aurait pas dû permettre, mais qui n'avaient causé aucun mal réel. Il sortit le gros livre de philosophie et s'efforça d'étudier. Au bout de quelques heures, il recourut même à la serviette mouillée, pensant que cette suggestion pourrait l'aider, mais Nella-Rose s'interposa avec persistance et espièglerie entre ses yeux et les pages et bafoua la philosophie par la magie de sa superstition et de son charme envoûtant.

Puis Truedale a attaqué sa pièce, vicieusement et autoritairement. Cela a eu plus de succès. Il a quelque peu reconstitué son intrigue : il a laissé entrer Nella-Rose ! Contrainte et quelque peu remodelée, elle se matérialise et, même s'il s'occupe strictement d'elle, l'écriture est possible.

Ainsi passèrent le premier jour et la première nuit. Le deuxième jour, la nouvelle force de Truedale exigeait de l'exercice et des loisirs. On ne pouvait pas s'attendre à ce qu'il s'enferme jusqu'à ce que White revienne le chaperonner. Après tout, il n'était pas nécessaire d'être idiot. Il prépara donc un sac de jute avec de la nourriture et un livre ou deux, et partit en sortie, après avoir généreusement nourri le bétail et appelé les chiens après lui.

Mais Truedale n'était pas au courant de ce qui se passait chez lui. Depuis l'épisode du piège, Pine Cone Settlement était tendu et en attente. Il ne se passait pas grand-chose dans les montagnes et quand cela se produisait, on en tirait le meilleur parti. Dans un silence significatif, les amis et les ennemis de Burke Lawson se tenaient sous contrôle jusqu'à ce qu'il retourne à ses anciens repaires ; il y aurait alors des tirs considérables, pas nécessairement mortels, un ou deux raids de minuit, un chahut général et, finalement, une trêve.

Tout cela, Jim White le savait, et c'était le facteur propulseur qui l'avait envoyé dans les bois profonds. Ses sentiments étaient en contradiction avec le devoir. Aussi coupable que fût Lawson, le shérif l'aimait mieux que Martin et il avait l'intention, s'il rencontrait Burke dans «des bâtons», de l'emmener à la chasse à l'ours et de bons conseils. Il justifierait ainsi sa conscience et ses devoirs légaux. Mais White, chose étrange à dire, était aussi ignorant que Truedale d'un élément qui était entré dans des conditions. Il n'était jamais venu à l'idée de Jim d'annoncer ou d'expliquer l'arrivée de son visiteur. Pour Pine Cone, un « furriner » ne suscitait, au mieux, qu'un intérêt superficiel et, puisque Truedale était arrivé, inaperçu, la nuit, pourquoi le mentionner à une communauté qui ne pouvait avoir rien de commun avec lui ? C'est ainsi que

Greyson et quelques autres, remarquant Truedale de loin et le perdant aussitôt de vue, conclurent qu'il était Burke, de retour et caché ; et une excitation croissante mais furtive était dans l'air. Les deux factions pensaient qu'il était avec le shérif, et l'émotion était vive. Dans l'estimation finale, White aurait-il pu le savoir, il détenait lui-même une part non négligeable !

Bien-aimé et détesté, Lawson divisait la communauté pour et contre lui-même à peu près également. Il y avait ceux qui défendaient et juraient qu'ils tueraient quiconque ferait du mal au jeune hors-la-loi – il était du type jovial, casse-cou et aussi loyal envers ses amis qu'il était inflexible envers ses ennemis. D'autres ont déclaré que le desperado devait être « fini » ; le désaccord sur les pièges n'était que le dernier d'une longue liste de crimes ; il était temps de mettre un terme à celui qui refusait de se ranger dans le rang, qui appelait le shérif son ami et qui était connu pour fréquenter les agents du fisc ! C'était peut-être l'acte le plus noir qu'on puisse attribuer à un indigène.

Ainsi, tout Pine Cone était sur le chemin de la guerre et Truedale , insouciant et inconscient, prenait son air et faisait de l'exercice à ses risques et périls.

Les hommes des collines avaient maintenant des arguments clairs, depuis que Peter Greyson avait donné son témoignage, qui, soit dit en passant, devenait plus concluant d'heure en heure à mesure que l'imagination, l'ivresse et le plaisir de se sentir important grandissaient en Greyson.

"Jim m'a dit", avait confié Peter à Jed Martin, "qu'il allait rassembler un groupe depuis longtemps et rassembler Lawson."

C'était complètement faux. White n'a jamais révélé à qui que ce soit ses secrets d'affaires, encore moins Greyson pour qui il avait un profond mépris. « Mais je ne considère pas cela comme propre pour nous tous, Jed. Nous ne voulons pas que des étrangers attrapent Burke ; nous ne voulons pas qu'ils le ligotent ou lui tirent dessus ; ce que nous voulons tous, c'est forcer White à le livrer à la justice, lui donner un procès équitable, puis l'envoyer dans l'un de ces pièges de prison pour lui dévorer l'âme derrière les barreaux. Jed – il suffit de fermer les yeux et *de voir* Burke Lawson derrière les barreaux – en train de manger de la soupe dans une casserole, de boire de l'eau de prison – il suffit de rappeler cette image.

Jed s'est efforcé de le faire et cela a grandi dans son imagination.

"Nous voulons tous le suivre", a poursuivi Greyson, "nous ne voulons pas lui donner un passage gratuit vers Kingdom-Come par une corde ou par balle - nous voulons tous la prison pour Lawson, la prison!"

Comme Jed était le plus concerné, cet édit a été diffusé par Mountain Wireless.

"Attrapez-le vivant!" Amis et ennemis étaient en alerte.

« Et quand tout sera réglé et terminé, quand Burke sera piégé, dit Greyson, qu'est-ce que tu vas faire pour moi, Jed ?

Il s'agissait d'un nouveau développement surprenant.

"Je ne pensais pas que c'était ta guerre qui faisait ça : payer la fourrure !" Jed hésita. Puis Greyson sortit :

«Pas de salaire, Jed. Dieu sait que je fais mon devoir tel que je le vois. Mais étant passionné par le devoir, j'en vois plus d'un. Quand tu attrapes et mets Lawson en cage, Jed, je veux être quelque chose de plus proche de toi qu'un ami.

"Plus proche que..." haleta Jed.

"Et le devoir me pousse à t'avouer, Jed, que le bonheur d'une dame est en jeu."

Jed restait simplement bouche bée. Les visions de Nella-Rose le rendaient étourdi et sans voix.

« Le jour où tu mettras Lawson en prison, Jed, ce jour-là, je te donnerai la main de ma fille. Elle t'aime; elle a avoué ! Vous viendrez ici et partagerez tout ! À l'heure où Burke est condamné, Marg est à vous !

« Marg ! » Le mot vint dans un souffle.

"Pas un mot!" Greyson agita la main d'une manière princière – ce geste était un héritage de ses ancêtres. « Je comprends vos sentiments – j'ai vu ce qui se passe – mais naturellement, je veux que ma fille en épouse une qui soit digne d'elle. Tu auras ma Marg quand tu auras fait tes preuves ! Je t'ai mal jugé, Jed, mais cela effacera d'anciens scores.

Avec un sentiment nauséabond d'être absorbé, Jed s'enfonça dans un silence noir. Si Marg le voulait et que le vieux Greyson l'aidait, il n'y avait aucun espoir ! Le sang et le désir triompheraient à chaque fois ; tous les alpinistes l'ont reconnu !

Et ainsi les choses bouillonnaient sous une surface de calme mortel, lorsque Truedale , croyant qu'il avait bien le contrôle de lui-même, prépara son sac de jute et partit pour une longue marche. Il n'avait aucune destination particulière en tête – en fait, la douce et rêveuse journée d'automne l'endormissait jusqu'à l'inertie mentale – il se contenta de suivre son chemin, mais il se dirigea aussi directement vers la nappe de rhododendrons que s'il avait planifié depuis longtemps ses actions. Cependant, c'était en fin d'après-midi qu'il rencontra Nella-Rose.

À l'instant où il réalisa qu'il l'avait cherchée toute la journée. Ses normes sévères se sont effondrées et sont devenues de la poussière sèche. On pourrait aussi bien appliquer des normes à la lumière du soleil vacillante ou aux bagatelles tourbillonnantes de la brume des montagnes qu'à Nella-Rose. Elle le rencontra gaiement ; les chiens l'avaient découverte lors d'une de leurs aventures et l'accompagnaient désormais tranquillement.

« Je… je t'ai cherché… toute la journée ! Truedale l'a admis, avec vérité mais indiscrétion. Et puis il remarqua, comme auparavant, l'étrange impression que donnait la jeune fille d'avoir été soufflée sur les lieux. Les jolis cheveux doux reposant sur la joue dans une courbe ahurissante ; les grands yeux rêveurs et les cils noirs ; l'étroitesse de son costume défraîchi, comme enveloppé autour de son corps mince par le vent ludique qui l'avait emportée ; tous participaient à l'illusion.

«Je devais… conduire Marg à Devil-may-come Hollow. Elle y chasse maintenant ! Les dents blanches de Nella-Rose apparaissaient dans un sourire malicieux. « Nous sommes en sécurité avec Marg là-bas, qui se précipite partout. Viens, je connais un endroit ensoleillé, je veux te parler de Marg.

Son appropriation enfantine de lui acheva la capitulation de Truedale . Le manque absolu de conscience de soi a chassé le dernier reste de prudence. Ils trouvèrent l'endroit ensoleillé – c'était comme une fossette dans une colline qui avait capté la chaleur et la luminosité et les maintenait toujours à l'exclusion des ombres. Il semblait presque que la nuit ne pourrait jamais conquérir le coin.

Et pendant qu'ils se reposaient là, Nella-Rose lui fit part de la croyance des indigènes selon laquelle il était le réfugié Lawson.

"Et Marg t'abandonnerait comme... euh... ça" (Nella-Rose souffla une bagatelle imaginaire avec ses jolies lèvres pincées). « Elle m'a suivi toute la journée – elle m'a perdu dans un endroit où il fait bon se cacher – et là je l'ai laissée ! Elle le dira à Jed Martin ce soir à son retour. Marg flaire Burke pour que Jed et les siens l'attrapent – c'est sa façon et celle de Jed ! Un mépris cuisant résonnait dans la voix de la jeune fille.

"Mais pas à ta façon, je parie, Nella-Rose." Le plaisir, et non le danger, de la situation a frappé Truedale .

« Non ! Je ferais tout moi-même ! Soit je le prévenais et j'en finirais, soit je me tenais à ses côtés.

"Je ne suis pas sûr d'aimer le malentendu à mon sujet", a fait remarquer Truedale d'un ton enjoué, "ils pourraient me tirer une balle dans le dos avant de le découvrir."

« Est-ce que vous » (et ici le visage de Nella-Rose se dessina en lignes sérieuses, dangereusement douces), « pensez-vous que je vous laisserais à eux tous, s'il y avait ce danger ? Ils ne visent pas à tirer ou à enchaîner Burke ; ils pensent qu'ils vont le prendre vivant et... le faire enfermer en prison pour... pour... »

« Quoi, Nella-Rose ?

"Meurs de désir!"

"Est-ce que c'est ce qui arriverait à Burke Lawson ?"

La jeune fille hocha la tête. Puis la malice envoûtante revint dans ses yeux et elle redevint une enfant – une créature si infiniment jeune que Truedale semblait être un grand-père en comparaison.

« Ne vois-tu pas à quel point ce sera très drôle de les diriger et de les laisser suivre et puis un jour, ils se jetteront sur toi et le découvriront ! Putain de Dieu ! »

Une gaieté irresponsable balançait la jeune fille d'avant en arrière . Elle rit silencieusement jusqu'à ce que les larmes coulent dans ses yeux clairs. Truedale capta son humeur et rit avec elle. L'image qu'elle décrivait de la jalousie, de la méchanceté et de la stupidité sur une mauvaise voie était très drôle, mais soudain il s'arrêta et dit sérieusement :

« Mais en attendant, ce Burke Lawson pourrait revenir ; vous pourriez le tuer avec vos farces.

Nella-Rose secoua la tête. "Je le saurais!" » déclara-t-elle avec assurance. « Je sais tout ce qui se passe dans les collines. Burke me le ferait savoir... d'abord !

"C'est comme un mélodrame", murmura Truedale à moitié pour lui-même. Par un tour de fantaisie , il semblait regarder comme Brace Kendall aurait pu l'avoir fait. Cette pensée le mit aux abois. Que ferait le bon vieux Brace dans la situation actuelle ?

« Qu'est-ce que le mélodrame ? » Nella-Rose ne laissait jamais échapper un nouveau mot ou une nouvelle suggestion. Elle était aussi vive que dramatique et espiègle.

"Ce serait difficile de vous faire comprendre, mais voyez ici" - Truedale lui tendit le sac de jute - " Je parie que vous avez faim!" Il a délibérément éloigné Brace de ses pensées.

"Je pense que oui." Les beaux yeux étaient fixés sur la main qui apportait les meilleurs morceaux de la nourriture préparée tôt ce matin-là. En lui déposant le petit festin, Truedale reconnut que, d'une manière vague, il avait réservé les morceaux pour Nella-Rose alors même qu'il s'était nourri, plus tôt, de plats plus grossiers.

« Je ne sais pas si je te donnerais une aile de poulet ! » dit-il d'un ton ludique. « Vous avez l'air d'être sur le point de vous envoler, mais malheureusement, j'ai mangé les deux jambes !

"Oh! s'il vous plaît" - Nella-Rose tendit la main à travers l'espace étroit qui les séparait, elle suppliait joliment - " J'admire naturellement les ailes !

« Je parie que oui ! Eh bien, mangez beaucoup de pain avec eux. Et vois, Nella-Rose, pendant que tu manges , je vais te lire une histoire. C'est le genre de chose que nous appelons mélodrame.

"Oh!" Ceci par le grignotage délicat de l'aile tant convoitée. "J'aime vraiment les histoires."

"Tais-toi maintenant!" » commanda Truedale et il commença le récit fougueux d'amour et de grande aventure qu'il savait, comme les friandises, qu'il avait apporté à Nella-Rose !

Le chaud soleil d'automne tomba sur eux pendant une heure entière, puis il changea et la fraîcheur de la soirée qui approchait avertit le lecteur de la fuite du temps. Il s'arrêta brusquement pour constater que sa compagne avait depuis longtemps oublié sa faim et sa nourriture. Elle se penchait sur les débris , absorbée et tendue. Ses mains étaient serrées – c'étaient de petites mains froides – et ses grands yeux étaient tendus et remplis d'émerveillement.

"Est-ce tout?" » demanda-t-elle d'une voix rauque.

"Eh bien, non, mon enfant, il y a plus."

"Continue!"

"C'est trop tard! Nous devons revenir.

« Je… je dois connaître le reste ! Eh bien, ne voyez-vous pas, vous savez comment cela se passe ; Je ne sais pas!"

"Dois-je te dire?"

"Non non. Je le veux ici, avec le soleil chaud, les pins et toi–toi qui rends cela réel.

« Je ne comprends pas, Nella-Rose ! Mais à mesure qu'il parlait, Truedale commença à comprendre et cela lui procura un moment de malaise. Il savait ce qu'il devait faire, mais il savait qu'il ne le ferait pas ! « Nous devrons revenir et entendre le reste », a-t-il déclaré.

"Oui? Pourquoi » – et ici les yeux sombres prirent le regard d'une femme, le regard qui avertissait et attirait l'homme près d'elle – « Je ne savais pas que cela se produisait jamais comme ça – vraiment.

« Quoi, Nella-Rose ?

"Pourquoi l'amour. Ils le savaient tous et l'ont pris. C'était comme si c'était quelque chose en soi. Ce n'est pas le genre de choses que nous avons tous. Est-ce que ça vient seulement de cette façon... euh... en mel – melerdrammer ?

« Non, petite fille. Cela se produit ainsi dans la vraie vie, lorsque les cœurs sont assez grands et assez forts pour le supporter. Truedale observa l'effet de ses paroles sur le jeune visage étrange devant lui. Ils se sont frayés un chemin à travers son ignorance et son désir inexpérimenté d'amour et d'admiration. C'était un moment périlleux, car la conscience, de la part de Truedale , semblait droguée et endormie et Nella-Rose s'éveillait à ce qu'elle n'avait jamais connu auparavant. Finis, pour elle, les caprices et les méfaits ; elle semblait sur le point de voir et d'entendre quelque chose de merveilleux qui lui échappait mais qui l'intéressait.

Et après ce premier jour, ils se retrouvèrent souvent. «Cela s'est passé l'un sur l'autre», c'est ainsi que Truedale l'a dit. Cela semblait très naturel. Les endroits pittoresques les ont tous deux séduits. Il y avait aussi de la lecture, des morceaux soigneusement sélectionnés. C'était extrêmement intéressant de conduire un esprit non entraîné dans des labyrinthes déroutants, de voir la surprise, l'émerveillement et la perplexité se fondre en compréhension et en plaisir. Truedale éprouva la satisfaction de constater que, pour la première fois de sa vie, il était une grande puissance. Cette pensée lui fit un peu tourner le cerveau, mais elle le rendit également très humble.

Peu à peu, ses doutes et ses introspections se sont précisés ; il vivait au jour le jour, heure par heure ; pendant que Jim White tardait, Nella-Rose restait ; et le passé – le passé de Truedale – disparut presque de la vue. Il pouvait à peine réaliser, en y repensant par la suite, où et comment il avait décidé de se détacher de son passé, et de tout ce que cela signifiait, et d'accepter un avenir presque ridiculement différent de tout ce qu'il avait envisagé.

Un jour, on fit allusion à Burke Lawson et, au lieu de laisser passer cela comme auparavant, il demanda soudain à Nella-Rose :

« Qu'est-ce qu'il est pour toi ?

La jeune fille rougit et se détourna.

" Burke ?... oh, Burke n'est... rien... maintenant ! "

« Est-ce qu'il a déjà… quelque chose ?

« Je pense que non ; Je *sais que* ce n'était pas le cas !

Puis, comme un éclair, Truedale crut comprendre ce qui s'était passé. Cette fille simple signifiait plus pour lui que toute autre chose – plus que le passé et ce qu'il contenait ! Un homme plus bas n'aurait pas été grandement troublé par cette connaissance ; un homme avec plus d'expérience et d'expérience l'aurait compris et aurait su que c'était une phase qui devait être traitée avec sévérité et sans compromis, mais que ce n'était qu'une phase et qu'en tant que telle, elle était vouée à passer. Pas si Truedale . Il était ému jusqu'aux racines de son être ; chaque expérience était pour lui un fait concret et, par conséquent, capital. Afin de garder pures les émotions qui l'ont parfois envahi, il doit renoncer à tout ce qui le séparait de Nella-Rose et reconstruire sa vie ; ou… il doit *la laisser* partir !

Une fois que Truedale a commencé à raisonner, une fois qu'il a vu la dépendance de Nella-Rose à son égard – sa confiance et son bonheur – il a capitulé et a permis à son imagination d'imaginer et de colorer le temps à venir. Il refusa de jeter un regard en arrière.

Bien entendu, tout cela ne s'est pas fait sans luttes et sans appréhensions ; mais il ne voyait aucun moyen de conserver ce qui était autrefois cher, sans déshonorer ce qui lui était maintenant plus cher ; et lui... lâche-toi !

Ceci déterminé, il commença avec acharnement à se préparer au changement. Jour après jour, il observait Nella-Rose avec un intérêt nouveau et clairvoyant – pas toujours avec des yeux aveuglés par l'amour et la passion. Il sentait qu'elle pourrait, grâce à son dévouement et à son entraînement, devenir une femme rarement douce et fine. Il n'a pas toujours été idiot dans sa folie ; il était parfois merveilleusement clairvoyant. Il avait l'intention de rentrer chez lui, une fois sa santé rétablie, et de prendre les Kendall dans sa confiance ; mais la pensée de Lynda lui faisait passer un mauvais moment de temps en temps. Il ne pouvait pas facilement la retirer des souvenirs les plus sacrés de sa vie, mais peu à peu il en vint à croire que ses relations avec lui étaient – avaient toujours été – platoniques ; et qu'elle, dans le nouveau projet, jouerait un rôle non négligeable dans sa vie et celle de Nella-Rose.

Il y aurait des années d'abnégation et de travail et puis, peu à peu, le succès serait atteint. Il emporterait son travail terminé, et en cela il inclurait Nella-Rose, de retour dans ses anciens repaires et prouverait sa sagesse et sa bonne fortune. En bref, Truedale était fou d'amour, prêt à tout jeter aux vents impitoyables de la passion. Il a aveuglément appelé les choses par de mauvais noms et s'est dirigé droit vers les rochers.

Il avait de bonnes intentions, comme Dieu le savait ; en fait, tous les éléments religieux, jusqu'alors insoupçonnés chez lui, reprenaient désormais le dessus. Les conventions étaient absurdes lorsqu'elles étaient appliquées aux conditions présentes, mais, une fois qu'on avait accepté l'inévitable, la voie était divinement radieuse. Il avait l'intention de payer le prix de ce à quoi il aspirait. Il n'avait pas d'autre intention.

Maintenant qu'il était résigné à abandonner le passé, il pouvait se permettre de se délecter des joies du présent avec un joyeux sens des responsabilités pour l'avenir.

À présent, sa démarche semblait si naturelle qu'il se demandait s'il l'avait jamais remise en question. De plus en plus d'hommes dotés d'une vision – et Truedale croyait fermement qu'il avait la vision – reconnaissaient l'absurdité des vieux idéaux.

Le retour au sol signifiait plus que le physique ; cela signifiait revenir au primitif, au simple, au réel. Les exigences artificielles de la société doivent être rejetées si l'on veut établir une moralité nouvelle et plus élevée.

Si Truedale, dans cet état d'esprit, avait vu un jour le véritable danger, tout aurait pu aller pour le mieux ; mais il était sorti de son orbite.

À ce stade, Nella-Rose intriguait sa famille au point de garder son père incroyablement sobre et de conduire Marg au bord de l'épuisement nerveux.

La jeune fille avait, pour reprendre les mots de Greyson, « grandi du jour au lendemain ». Elle était éblouissante et rappelait un passé qui avait profondément marqué le cœur du père.

Il fut un temps où Peter Greyson, un simple garçon, certes – et avant que la guerre cruelle ne détruise la fortune de sa famille – avait été entouré de femmes comme Nella-Rose le suggérait maintenant. Des femmes aux yeux dansants et aux mains douces et blanches. Des femmes nées et élevées pour l'amour et l'hommage, qui réclamaient leurs privilèges avec charme et beauté. Il y avait eu une femme fascinante, une grand-tante de Nella-Rose, qui avait mis en péril l' honneur familial en prenant haut la main son héritage de culte. Au mépris des droits d'autrui, elle s'est enfuie hardiment avec l'homme de son choix et a laissé la reconstruction de sa réputation à ses amis et parents qui se sont immédiatement levés à l'action et ont menti, comme des dames et des messieurs, quand la vérité était impossible. Finalement, ils ont tellement atténué et peaufiné l'action de la petite grande route sociale qu'ils l'ont transmise dans l'histoire familiale avec un écusson seulement ombragé, plutôt que souillé.

Nella-Rose, maintenant que son père y réfléchissait, ressemblait dangereusement à sa pittoresque aïeule ! Cette pensée a éloigné Peter de l'alambic, dans les bois, pendant plusieurs jours. Lui, pauvre garçon, était aussi prêt que n'importe quel homme de sa lignée à protéger les femmes, surtout la sienne, mais il était maintenant profondément perplexe.

Était-ce Burke Lawson qui, depuis sa cachette, jetait un glamour sur Nella-Rose ?

Puis Peter est devenu laid. La protection des femmes est une chose ; débarrasser la communauté d'un hors-la-loi en était une autre. Les hommes savaient comment gérer de telles questions et Greyson se considérait comme un homme.

« Nella-Rose », dit-il un jour en fumant pensivement et en écoutant sa plus jeune fille chanter un hymne au camp meeting d'une petite voix particulièrement douce, « quand mon bateau arrivera, chérie, je vais t'acheter une harpe. . Un en or.

« J'aimerais mieux avoir une robe rose, mon père, et un vrai chapeau ; Je déteste naturellement les bonnets solaires ! Je préférerais une plume sur mon chapeau : les fleurs se fanent très facilement.

« Mais la harpe est extrêmement élégante, Nella-Rose. Il fut un temps où vos... tantes et... et grands-mères se mettaient à la harpe comme si c'était leur nourriture quotidienne. N'oublie jamais ça, Nella-Rose. Les harpes dans les familles signifient *du sang* , et le sang ne coule pas si vous y faites attention.

Nella-Rose riait, mais Marg, dans le lavoir au-delà, écoutait et… détestait !

Personne ne *la liait* aux harpes ou au sang, mais elle détenait, dans son cœur et son âme maussades, les véritables éléments de tout ce qui avait contribué à la création des meilleurs Greysons . Et à mesure que l'hiver avançait, Marg, épuisée d'esprit et de corps, se retrouva confrontée à la dure réalité. L'automne était terminé, même si les heures langoureuses le démentaient. Elle doit se préparer. Elle a donc rassemblé ses forces : ses produits du jardin qui pouvaient être échangés contre des produits de première nécessité ; le porc; la laine ; tout, tout ce qui pouvait être épargné, il fallait qu'elle le mette en circulation. Elle compta donc trois douzaines d'œufs et pesa dix livres de porc et appela Nella-Rose, qui la rendait folle en chantant et en s'ébattant devant la porte de la cuisine.

« Toi… Nella-Rose ! elle a appelé, "tu es complètement fou ?"

Nella-Rose devint aussitôt sage et se présenta à la porte.

"Est-ce que je le regarde?" » dit-elle en tournant son merveilleux petit visage pour l'inspecter. Quelque chose dans les mots et dans la beauté attirante fit frémir Marg. Si le bonheur et la justice avaient été accordés à Marg Greyson, elle aurait été la plus tendre des sœurs de Nella-Rose. Plusieurs années les séparaient ; la plus jeune empiétait sur les droits décroissants de la plus âgée. La lutte entre eux était aussi vieille que la vie elle-même, mais elle ne pouvait pas tuer complètement ce qui aurait dû exister ardemment.

« Vous devez emporter ces choses » (Marg tendit le panier) « jusqu'au Centre du commerce, et vous pourrez récupérer les petites choses comme le poivre, le sel et le sucre. Dites à Cal Merrivale d'aller chercher le reste et de négocier ce que j'ai préparé ici, lorsqu'il passera. Si vous commencez maintenant, vous pourrez revenir au coucher du soleil.

À la surprise de Marg, Nella-Rose n'a émis aucune protestation contre la marche de sept milles, ni contre la lourde charge. Elle a rapidement tiré sa casquette dans le bon angle sur sa tête et a saisi le panier.

" Tu ne vas pas manger d'abord ? " demanda Marg.

"Non. Mettez-en une bouchée; Au fait, je vais le manger.

Comme le Centre était dans la direction opposée au Hollow, et que sept milles à l'aller et sept milles à l'arrivée maîtriseraient les esprits et l'énergie même de Nella-Rose, Marg était perplexe. Cependant, elle préparait à manger, la mettait dans le panier et allait même jusqu'à épingler le châle de sa sœur sous son menton. Puis elle regarda la silhouette mince et droite s'éloigner, toujours perplexe mais en paix pour la journée, au moins.

Nella-Rose, cependant, préparait une attaque contre Truedale tout à fait inhabituelle. Par un consentement tacite, lui et elle avaient convenu que leurs réunions se dérouleraient en plein air. Jim White pourrait revenir à tout moment et aucun d'eux ne voulait au début l'inclure dans le drame ahurissant de leur vie. Pour différentes raisons, ils savaient que la froide compréhension du devoir de Jim briserait la sécurité sacrée qui était la leur. Truedale avait l'intention de tout confier à White à son retour – il comptait compter sur lui pour reconstruire sa vie ; mais il savait que rien ne pouvait être plus fatal à l'avenir qu'un conflit actuel avec les idées strictes de conduite du shérif. Quant à Nella-Rose, elle avait des raisons de craindre le pouvoir de White en tant que haineux pour les femmes et défenseur de l'ordre public. Elle a simplement éliminé Jim et, pour ce faire, elle doit le garder dans le noir.

Tôt ce matin-là, elle avait regardé, comme elle le faisait chaque jour, depuis la colline derrière la maison et elle n'avait vu qu'une fine volute de fumée venant de la clairière ! Si Blanc n'était pas revenu la veille, il y aurait de fortes chances qu'il en profite une autre journée ! Nella-Rose se demandait souvent pourquoi les autres ne remarquaient pas la fumée révélatrice, un indice qui jouait souvent un rôle essentiel dans l'actualité des collines. Ce n'est que parce que ses pensées étaient concentrées sur le Hollow et sur l'absence de White que Truedale était en sécurité dans son intimité.

« Je me précipiterai très vite vers le Centre, conclut Nella-Rose après avoir échappé au regard troublé de Marg, puis je cacherai les choses près de la grande route et j'irai dans sa cabane. Je vais… je vais lui faire une surprise !

Truedale lui avait dit la veille, dans un moment de prudence, qu'il lui faudrait travailler dur pendant un certain temps pour préparer le retour de White. Le fait était qu'il en était maintenant arrivé à ce point de son histoire où il désirait

Jim comme il aurait pu désirer la sécurité sur une mer agitée. Avec Jim de retour et pleinement informé, tout serait en sécurité.

"Je vais lui surprendre!" murmura Nella-Rose, les fossettes en plein jeu aux commissures de sa bouche ; « Le vieux Jim White ne peut pas m'éloigner. Je ferai attention, c'est juste pour une minute ; Je serai de retour au coucher du soleil ; ce sera seulement pour dire 'comment ça ?'

Quelque chose opposait la jeune fille tandis qu'elle poursuivait sa course – quelque chose d'assez nouveau et d'incontrôlé. Jusqu'alors, aucune autre loi que celle des terres sauvages n'était entrée dans ses calculs. Obtenir ce qu'elle pouvait de bonheur et de vie – faire le moins d'histoires possible – tel avait été son code ; mais maintenant, la même retenue qui avait retenu Marg d'aller au Hollow il y a quelque temps, quand elle pensait que, avec la nuit, Burke Lawson pourrait révéler où il se trouvait, retenait Nella-Rose ! L'argument était si insistant qu'il a mis la jeune fille en colère. "Pourquoi? Pourquoi?" ses aspirations et ses désirs pleuraient. "Parce que! Parce que!" fut la réponse sévère, et la *femme* de Nella-Rose frémit, palpita et trembla, tandis que l'esprit de jeune fille plaidait pour l'excitation de joie et de douceur qui rendait radieuses et pleines de sens les sombres étendues de son étroite existence.

Elle continua avec obstination. Les fossettes ont disparu ; la bouche tomba dans les lignes pathétiques et tombantes qui, peu à peu, à moins que quelque chose ne sauve Nella-Rose, deviendraient permanentes et la marqueraient comme une femme des collines – une femme à qui les visions de l'âme étaient refusées.

CHAPITRE VI

La sagesse avait presque vaincu la folie de Nella-Rose lorsqu'elle arriva en vue du magasin de Calvin Merrivale . Mais – qui sait ? – peut-être que l'histoire de la jeune fille était écrite depuis longtemps et qu'elle n'était pas entièrement libre. Quoi qu'il en soit, elle s'est arrêtée, sans aucune raison à sa connaissance, et a soigneusement pris une douzaine d'œufs du panier et les a cachés sous des buissons au bord de la route ! Cela fait, elle avança avec tant de légèreté et de légèreté qu'on aurait pu croire que son fardeau était considérablement allégé. Elle apparut devant Calvin Merrivale , à l'heure actuelle, comme une apparition rafraîchissante d'un poste vacant. Il était midi et Merrivale somnolait sur une chaise près du poêle rouillé, dans lequel brûlait déjà un feu préparé contre le froid du soir.

« Comment ça va, Monsieur Merrivale ? Calvin se leva d'un bond.

"Si ce n'est pas le cas la p'tite Nella-Rose. Comment allez-vous ?

«Très intelligent. Je vous ai apporté trois douzaines d'œufs et dix livres de porc. Nella-Rose a failli dire po'k – pas tout à fait ! « Et tu dois être très généreux avec moi quand tu pèseras… laisse-moi voir !… oh, oui, du poivre, du sel et du sucre.

« Je vais en ajouter un peu plus dans la balance, Nella -Rose, en fonction de vos manières de profiter . Mais je n'arrive pas à comprendre » - il comptait les œufs - « tu as dit trois douzaines d'aigs ?

"Trois douzaines et dix livres de porc!" Ceci très fermement.

Merrivale comptait à nouveau et, ce faisant, Nella-Rose se souvenait ! Le rouge lui monta au visage, les larmes lui montèrent aux yeux honteux.

"Arrêt!" dit-elle doucement en s'approchant du vieil homme. "J'ai oublié. J'en ai retiré une douzaine !

Merrivale se leva et la regarda puis, ce qu'il crut comprendre, vint à son secours.

" Pour qui , Nella-Rose, pour qui ?"

Il n'y a eu aucune réponse à cela.

« Tu n'as pas besoin d'avoir peur d'ouvrir ton esprit à moi, Nella-Rose. Garder le stock est d'une grande aide pour acquérir une connaissance globale des choses. Les gens viennent naturellement ici et parlent et plaisantent naturellement . J'écoute, et entre Jim White, le shérif, et le vieux Merrivale , il n'y a pas grand-chose à choisir , par jugement . je parle . Je sais que White est en train de planifier une arrestation de Burke Lawson par derrière, car c'est la guerre. Je ne le préviens pas de mon temps, petite Nella-Rose. Quand nous avions un compte à rendre En arrivant , nous sommes naturellement sortis et avons tiré sur notre homme ; mais ces canailles démolies comme Jed Martin et ses semblables les piègent et les envoient dans un enfer pire . La nuit de Las » – et ici Merrivale se pencha près de Nella-Rose – « mon poulailler a été complètement détruit et un sac de pommes de terre a été soulevé. je ne suis pas je ne fais pas de cri. Je n'ai pas oublié l'année de la fièvre et... et... eh bien, vous savez qui... a pris soin de moi jour et nuit jusqu'à ce que je voie des visages et que je les connaisse ! Qu'est-ce que ça fait d' une poule de deux et d'un sac de patates quand on s'aligne contre cette période de fièvre ? Je te le dis , Nella-Rose, si *tu dis que la guerre est* de trois douzaines d'Aigs , que *la guerre est* de trois douzaines d'Aigs , et "nous négocierons en conséquence !"

Et maintenant, les fossettes apparaissaient lentement sur le visage soulagé.

"Je vais—je vous en apporterai bientôt une douzaine supplémentaire, Monsieur Merrivale ."

«Je ne vais pas faire bouger mon âme à ce sujet, Nella-Rose. Aigs est aigs , mais le nater humain est le nater humain ; et « garder un magasin » élargit votre vision. Maintenant, fais attention, petite fille, et ne prends pas trop de choses pour acquises. Quand une arme part, vous l'entendez ; mais quand les mouffettes traînent, vous ne recevez aucun signe, à moins que ce ne soit une odeur ! »

Nella-Rose a pris ses paquets, lui a souri et a continué son chemin. Elle déjeuna près des buissons où les œufs étaient cachés, puis déposa dans l'abri sûr les paquets que Merrivale avait si généreusement pesés, elle mit les œufs dans le panier rempli de feuilles d'automne et tourna dans le sentier qui s'éloignait du grande route.

À travers les arbres nus, le ciel clair brillait comme un bouclier de métal bleu-gris. C'était un ciel ouvert pour que la tempête puisse venir et passer sans contrôle. L'immobilité et le calme mêmes étaient des avertissements d'une perturbation imminente. La nature écoutait et attendait la fin de l'automne et l'arrivée des gelées.

Il n'y avait que trois kilomètres entre le Centre et la clairière de White et l'après-midi était jeune lorsque Nella-Rose s'arrêta au pied de la dernière montée et reprit souffle et courage. Il y avait un enchevêtrement de rhododendrons à la lisière du bois et soudain les yeux de la jeune fille se fixèrent dessus et son cœur battait à tout rompre. Quelque chose de vivant était accroupi là, même si seul un sens exercé aurait pu le détecter ! Ils attendaient : la créature cachée et la jeune fille frémissante ! Puis deux yeux avides et méfiants brillèrent entre les feuilles mortes des buissons ; Ensuite, un visage sombre et maigre apparut : c'était celui de Burke Lawson ! Nella-

Rose serra plus fort son panier, c'était tout. Au bout d'un moment, elle parla doucement, mais clairement :

"Je suis seul. Tu es en sécurité. Depuis combien de temps es-tu revenu ?

« Mor'n deux semaines ! »

Nella-Rose commença. Ils le savaient depuis toujours, et pendant qu'elle jouait avec Marg, la chasse aurait pu à tout moment devenir extrêmement sérieuse.

« Plus de deux semaines », répéta Lawson.

"Où?" La voix de la jeune fille était dure et froide.

« Dans le Holler. Miss Lois Ann a aidé, mais Seigneur ! vous ne pouvez pas manger une vieille femme sans défense hors de chez vous. La nuit dernière-"

"Oui oui; Je sais. Et oh, Burke, Monsieur Merrivale n'a pas oublié la fièvre et votre bonté. Il ne vous abandonnera pas.

« Il n'en aura pas besoin. Je suis en sécurité, sauf pour la nourriture. Il y a un vieux trou, au fond d'un alambic désert, je peux même avoir un peu de feu. Le diable lui-même ne pouvait pas me trouver. Au bout d'un moment , je vais...

"Où? Où, Burke ?

« Nella-Rose, veux-tu venir avec moi ? C'est toi qui m'as ramené : je devais venir. Si vous voulez… oh ! mon dony -gal… »

"Arrêt! arrête, Burke. Quelqu'un pourrait être proche . Non non; Je ne pouvais pas quitter les collines, j'en mourrais de désir, tu le sais !

« Si je les défiais tous, pourrais-tu me prendre, Nella-Rose ? Je tenterais ma chance avec toi ! Nuit et jour, tu me tires et tires sur le cœur, Nella-Rose.

La peur et une compréhension plus profonde ont conduit Nella-Rose sur la mauvaise voie.

« Quand vous osez sortir – quand ils vous laissent tous rester dehors – alors demandez-moi encore, Burke Lawson. Je ne vais pas faire l'amour avec quelqu'un qui n'ose pas montrer sa tête.

Son seul désir était de faire partir Lawson ; elle doit être libre !

"Nella-Rose, je vais m'en sortir."

"Non! Non!" » la jeune fille haleta : « Ils ne veulent pas te tirer dessus, Burke ; Jed Martin est pour vous mettre en prison !

"Bon Dieu, le lâche sournois."

« Et Jim White est parti lever un groupe, il veut faire preuve de fair-play. Attendez que Jim revienne ; alors abandonnez-vous.

« Et puis… alors, Nella-Rose ?

Le visage jeune et vif parmi les feuilles mortes brillait d'une lumière qui faisait jaillir le sang du cœur de Nella-Rose.

« Voyez, » dit-elle sans conséquence , « j'ai » (elle les compta), « j'ai une douzaine d'œufs ; donnez-les à Miss Lois Ann !

« Laisse-moi te toucher, Nella-Rose ! Laisse-moi juste toucher ta petite main.

"Attendez que Jim White revienne!"

Puis, parce qu'un lapin s'est précipité hors de son abri, Burke Lawson s'est enfoncé dans le sien, et Nella-Rose, en toute hâte, s'est mise en route et est partie ! Un instant plus tard, Lawson regarda à nouveau et essaya de décider dans quelle direction elle allait, mais son esprit était confus. Il rit donc de son rire facile et intrépide et mit dans son chapeau les œufs laissés par Nella-Rose. Puis, rampant et avançant, il revint sur ses pas jusqu'à ce trou du Hollow où il savait qu'il était aussi en sécurité que s'il était dans sa tombe.

Avec distance et réconfort à ses côtés, Nella-Rose s'arrêta pour reprendre son souffle. Elle avait été complètement effrayée. Ses beaux projets, insoupçonnés de tout le monde, avaient été menacés par un danger inespéré. Elle n'avait jamais envisagé Burke Lawson comme une complication. Elle vivait au jour le jour, heure après heure. Elle avait accepté Jim White comme une menace – mais Burke jamais ! Elle n'était plus la fille que Lawson avait connue, mais comment pouvait-elle espérer lui faire comprendre cela ? Sa nature tendre et amoureuse avait, dans le passé, accepté le meilleur que les montagnes offraient – et Burke avait été le meilleur. Elle avait joué avec lui – taquiné Marg avec lui – s'était délectée de l'excitation, mais *maintenant* ? Eh bien, la cécité avait été arrachée de ses yeux, les chaînes de ses pieds avaient été arrachées. Personne, rien, ne pouvait la retenir ! Elle ne doit pas être à nouveau escroquée et emprisonnée !

Oui, c'était bien ça : emprisonnée au moment même où elle avait appris à se servir de ses ailes !

Debout dans l'enchevêtrement des sous-bois, Nella-Rose serrait ses petites mains et levait de grands yeux vers le ciel.

« Il me semble, » haletait-elle – et à ce moment-là tout son mysticisme indompté l'emportait – « comme si je marchais le long des voies ferrées dans le noir et que quelque chose arrive – quelque chose comme ce train il y a longtemps !

Puis elle ferma les yeux et son visage levé s'adoucit et frémit. Derrière les paupières tombantes, elle vit— Truedale ! Il matérialisait très clairement son imagination excitée. C'était la première fois qu'elle était capable de lui commander de cette façon.

"Je vais vers lui!" Les mots ressemblaient plus à une prière passionnée qu'à une affirmation. "Je vais suivre comme j'ai suivi il y a longtemps !" Elle saisit le panier et s'enfuit.

Et pendant que cela se produisait, Truedale , dans sa cabane, travaillait comme il n'avait pas travaillé depuis des années. Il avait brûlé tous ses ponts et avant-postes éloignés ; il attendait White et ses plans étaient terminés. Il avait l'intention de tout confier à son unique ami – car tel Jim semblait dans le présent brumeux et désolé – puis il épouserait Nella-Rose de plain-pied ; il doit y avoir un ministre quelque part ! Après cela? Eh bien, après cela, Truedale a saisi son manuscrit et s'est mis au travail comme quelqu'un d'inspiré.

Lynda Kendall n'aurait jamais connu la pièce sous sa forme actuelle. L'idéal de Truedale a toujours été de représenter une femme libre, une super-femme ; celui qui avait évolué vers la liberté des chaînes brisées. Il avait désormais une héroïne libre, dans la mesure où elle n'avait jamais été asservie. Si quelqu'un de plus grand que lui avait mis une âme dans une statue, Truedale croyait qu'il pourrait réveiller une enfant de la nature et lui montrer sa belle âme. Il avait esquissé, il y a quelque temps, une Galatée sylvestre ; et maintenant, alors qu'il était assis dans la pièce immobile, le cadre prenait forme et substance ; cela respirait et l'émuait divinement. Lui et lui étaient seuls dans l'univers ; ils devaient commencer le monde - lui et -

À ce moment-là, le messager annonçant le prochain changement de temps entra par une fenêtre baissée. C'était une petite brise intelligente qui envoyait avec désinvolture les cendres voler sur le foyer et plusieurs feuilles de papier répandues dans la pièce. Truedale se précipita pour récupérer ses trésors ; il en attrapa quatre ou cinq, mais l'un d'eux lui échappa et flotta vers la porte qui était entrouverte.

"Ouf!" » s'écria-t-il, « c'était une échappée belle », et il commença à trier et à disposer les draps sur la table.

« Soixante, soixante et un, soixante-deux. Maintenant, où est ce soixante-trois ?

Un léger contact sur son bras le fit se relever, tous les nerfs frémissant.

"C'est ici! Il me semblait qu'il était venu à ma rencontre.

"Nella-Rose!"

La jeune fille hocha la tête en lui tendant le papier.

« Alors tu es venu ? Pourquoi as-tu?"

Les fossettes entraient en jeu et Truedale les regardait tandis que de nombreuses émotions l'écorchaient ; mais peu à peu sa faiblesse disparut et il fut capable d'adopter une attitude extrêmement sévère mais bienveillante. Il avait l'intention de redresser l'enfant ; il avait l'intention de ne voir *que* l'*enfant* en elle jusqu'au retour de White ; il ignorerait l'appel dangereusement doux de la femme à ses sens jusqu'au moment où il pourrait, en toute sécurité, les laisser à nouveau prendre part à leurs relations les uns avec les autres.

Mais alors même qu'il arrivait à cette sage conclusion, il remarquait, comme souvent auparavant, la couleur et la qualité fascinantes des cheveux de Nella-Rose. Il faisait à la fois sombre et clair. Si la fumée était remplie de soleil , elle ressemblerait à la masse de vrilles plus ou moins desserrées qui couronnaient la jolie tête de la jeune fille. La ferme résolution commença à fondre devant la douceur et l'audace de la jeune fille, mais Truedale livra une dernière lutte ; il a pensé au fidèle et vrai Brace Kendall ! Et, et c'est tout à l'honneur de Brace Kendall, la voie que Conning s'est efforcé de suivre était judicieuse.

« Tu vois, Nella-Rose, tu ne devrais pas venir ici seule !

"Pourquoi? N'es-tu pas content de me voir ?

"Bien sûr. Mais pourquoi es-tu venu ? C'était risqué. Truedale le reconnut immédiatement.

« Juste pour dire – « comment-de » ! Vous avez certainement l'air scrogogy .

Truedale éclata de rire . La capacité de Nella-Rose à faire ressortir sa nature plus heureuse et plus joyeuse était l'un de ses charmes attachants.

"Tu n'es pas venue juste pour ça, Nella-Rose !" Ceci avec une sévère désapprobation.

"Enlève cette tête de scroogy , alors je te dirai pourquoi je suis venu."

"Très bien!" Truedale sourit faiblement. "Pourquoi?"

« J'ai vraiment faim. Je… je veux une fête.

Bien sûr, cela ne suffirait jamais. White, ou l'un des pillards du sang et du tonnerre, pourrait apparaître.

"Tu dois y aller, Nella-Rose."

"Non" - ici elle s'assit fermement et défit son ridicule châle à carreaux - " pas avant que tu m'en donnes une bouchée. " Juste une petite bouchée, je meurs de faim ! »

À ces mots, Truedale éclata de rire et se dirigea précipitamment vers son placard. La fille doit manger et... *partir*. Machinalement, il se mit à placer de la nourriture sur la table. Puis il s'assit en face de Nella-Rose tandis qu'elle mangeait avec un franc plaisir les restes de son propre repas de midi. Il ne pouvait que constater, comme il le faisait souvent, la délicatesse avec laquelle elle accomplissait cette tâche. D'autres femmes, comme Truedale s'en souvenait, n'étaient pas prévenantes lorsqu'elles attaquaient la nourriture ; mais cette fille fit une gracieuse petite cérémonie de l'affaire. Elle plaça devant elle les petits plats en ordre ; elle se tenait légèrement sur le bord de la chaise et grignotait – il n'y avait pas d'autre mot – comme le ferait un petit tamia joyeux, les morceaux qu'elle portait gracieusement à sa bouche. Elle avait vraiment faim et consacra pendant quelques minutes son attention à ce qui se passait.

Puis, tout à coup, Nella-Rose a fait quelque chose qui a brisé le dernier morceau de maîtrise de soi associé à la fidèle Kendall et à son bon exemple. Elle leva un peu de nourriture sur sa fourchette et la tendit à Truedale , ses jolis yeux regardant avec nostalgie les siens.

"S'il te plaît! Je me sens tellement désagréable de manger seule. Je veux partager! S'il te plaît, fais la fête avec moi !

Truedale a essayé de dire : « J'ai dîné il y a une heure » ; au lieu de cela, il se pencha sur ses bras croisés et murmura, comme s'il ne le voulait pas :

"Je je t'aime!"

Nella-Rose laissa tomber la fourchette et se pencha en arrière. Ses paupières tombèrent sur ses yeux écarquillés et le sourire disparut de ses lèvres.

« Appartenez-vous à quelqu'un d'autre… à Nella-Rose ?

« Non… oh ! Non." C'est comme un cri de peur.

— Mais d'autres, on vous l'a sûrement dit, d'amour. Savez-vous ce que signifie l'amour ?

"Oui."

"Comment?"

Et maintenant, elle le regardait. Ses yeux étaient sombres, son visage d'une pâleur mortelle ; ses lèvres étaient si rouges qu'elles semblaient être la seule trace de couleur dans la blancheur .

"Comment puis-je savoir? Pourquoi parce que rien d'autre n'a d'importance. On dirait que j'y suis venu toute ma vie – et maintenant, il dit simplement : « Me voici, Nella-Rose, ici » !

« Moi aussi, j'y suis venu toute ma vie, petite fille. Je ne savais pas, j'étais conduit. Je me suis rebellé parce que je ne savais pas ; mais rien d'autre *n'a* d'importance, quand… l'amour vous gagne !

"Non. Rien n'a d'importance." La voix de la jeune fille était ravie et rêveuse. Truedale passa ses mains sur l'espace qui les séparait et saisit les siennes.

« Tu seras… à moi, Nella-Rose ?

"On dirait que je dois l'être!"

"Oui. N'est-ce pas ? Est-ce que… tu dois comprendre, chérie ? Je veux vivre le reste de ma vie ici dans les collines – vos collines. Vous avez dit un jour que l'un était des collines ou l'autre ne l'était pas ; vont-ils me laisser rester ?

"Oui" - presque violemment - " mais… mais vos parents, là-bas, vous laisseront-ils rester ? "

«Je n'ai personne, Nella-Rose. Je suis seul et pauvre – du moins je l'étais jusqu'à ce que je te trouve ! Les collines m'ont tout donné ; Je veux bien les servir en retour. Je te veux pour ma femme, Nella-Rose ; nous nous installerons – quelque part – cela n'a pas d'importance ; ce sera un refuge pour notre amour et… » Il s'arrêta net. La réalité et les conventions lancèrent un dernier vain appel. « Je ne veux plus jamais que tu sois hors de ma vue. Tu es à moi et rien ne pourrait changer les choses – mais (et cela arriva rapidement, désespérément) – il doit y avoir un ministre quelque part – allons vers lui ! Ne nous laissons pas perdre une autre journée précieuse. Lorsqu'il vous fait mienne par son autorité, Truedale allait dire un jargon ridicule mais il l'a modifié en son autorité, personne dans le monde de Dieu ne peut vous prendre. Viens, viens *maintenant* , chérie !

Dans un instant, il l'aurait prise dans ses bras, mais elle le retint.

«J'ai très peur du vieux Jim White!» dit-elle.

Truedale rit, mais ces mots le ramenèrent à la raison.

« Alors tu dois y aller, chérie, jusqu'au retour de White. Après lui avoir expliqué, je viendrai te chercher, mais laisse-moi d'abord te tenir — alors ! et je t'embrasse… alors ! C'est pourquoi… tu dois partir, mon amour !

Elle était dans ses bras, son visage levé pressé contre le sien. Elle frissonna, mais s'accrocha à lui pendant un moment et deux larmes coulèrent sur ses joues – les premières qu'il ait jamais vues échapper à son contrôle. Il les embrassa.

"A quoi penses-tu, Nella-Rose?"

"Pensée? Je ne réfléchis pas ; Je suis heureux!"

"Mon chéri!" Encore Truedale pressa ses lèvres contre les siennes.

"Nous-tous nous appelle chérie - ' doney -gal'!"

« Mon… mon dony -gal, alors ! »

« Et… » – les mots étaient étouffés, car Truedale la tenait immobile – « et je verrai toujours ton visage, maintenant. C'est arrivé aujourd'hui comme c'était arrivé il y a longtemps. Cela viendra toujours et me rendra heureux.

Truedale la souleva de sa poitrine et la tint à bout de bras. Il la regarda profondément dans les yeux, essayant de percer son ignorance et son enfantillage pour trouver la femme insaisissable qui pourrait répondre et assumer sa part dans ce qui l'attendait auparavant. Longtemps ils se regardèrent – puis la lumière sur le visage de Nella-Rose frémit – sa bouche s'abaissa.

«J'y vais maintenant», dit-elle, «j'y vais jusqu'à ce que Jim White revienne.»

« Attends… mon… »

Mais la jeune fille lui avait échappé ; elle s'enfonçait dans la grisaille brumeuse et menaçante qui s'était refermée sur eux tandis que l'amour les avait emportés au-delà de leurs profondeurs. Puis la pluie commença à tomber – de fortes gouttes d'avertissement. Le vent aussi se levait d'un air maussade comme un monstre sorti de son sommeil et rassemblant lentement de la puissance pour évacuer sa rage.

Nella-Rose s'enfuit sans s'en rendre compte dans cette tempête qui s'assombrissait. Elle n'était pas elle-même – ni la fille des bois, connaisseuse des montagnes ; elle était ensorcelée et à moitié folle d'émotions déroutantes qui, à un moment donné, l'effrayaient, et le lendemain, la portaient plus près du spirituel qu'elle ne l'avait jamais été.

CHAPITRE VII

Seul dans sa cabine, Truedale éprouvait une sorte de terreur sans fondement qui le mettait en colère. La tempête ne pouvait pas en expliquer la cause : il avait là l'avantage de l'ignorance ! Certes, sa dernière demi-heure ne pouvait être responsable de ses sensations. Il en justifiait chaque minute par des termes aussi vieux que les désirs de l'homme et son ressentiment face aux restrictions. « Nos vies nous appartiennent ! » murmura-t-il en se mettant au travail pour faire du feu et allumer la lampe. "Ils se rallieront tous à ma façon de voir les choses quand je l'aurai réparée et leur aura ramenée !"

Pourtant, ces disputes n'apportèrent aucune paix, et Truedale se retrouva de plus en plus nombreux à se fier aux opinions de Jim White. En cette heure troublée, le shérif se tenait comme un poteau indicateur accidenté sur le chemin. Un doigt inébranlable pointait vers le passé ; l'autre : vers l'avenir.

"Bien! J'ai choisi », pensa Truedale ; "c'est la nouvelle façon de faire et... Dieu merci !" Mais il sentait que l'avenir pouvait être rendu possible ou misérable par la faveur ou la désapprobation de Jim.

Ayant décidé de suivre le conseil de White, Truedale pria mentalement pour son retour, et ce, immédiatement. Le fait était que Truedale était drogué et il lui restait juste assez de bon sens pour le savoir ! Il se rendait vaguement compte que la demi-heure avec Nella-Rose avait été une époque dangereuse de sa vie. Il était en sécurité, Dieu merci ! mais il n'osait pas se faire confiance en ce moment sans une volonté plus forte pour le guider !

Pendant qu'il s'occupait à nourrir les animaux, à préparer et à ranger son propre repas du soir, il se calmait. La tempête gagnait en fureur – et il en était reconnaissant ! Il était à l'abri d'une éventuelle tentation ; il lui était même facile de penser à Kendall et à Lynda, mais il éliminait complètement son oncle de son esprit. Entre lui et le vieux William Truedale, le gouffre semblait devenu infranchissable !

Et tandis que Truedale sombrait dans un calme mental dangereux, Nella-Rose se frayait un chemin dans les dents de la tempête et riait et bavardait comme une petite nymphe folle et perdue. Le vent et la pluie l'excitaient toujours et la fureur des éléments, gagnant en force à chaque minute, ne l'alarmait pas tandis que le souvenir de sa grande expérience dominait sur elle. Elle écarta ses cheveux de ses yeux écarquillés et vagues. Elle ne savait pas où passer la nuit – cela n'avait pas beaucoup d'importance ; demain, elle retournerait à Truedale , ou il viendrait la voir. Finalement, elle décida de chercher refuge auprès de la vieille Lois Ann, à Devil-may-come Hollow, et se tourna dans cette direction.

Il était alors huit heures et Truedale , avec ses livres et ses papiers sur la table devant lui, déclara : « Je vais tout à fait bien maintenant », et se mit au travail sur le manuscrit qui l'avait absorbé plus tôt.

Au fur et à mesure que le temps passait , il parvint à visualiser la pièce ; *il* était assis dans le public – il voyait les scènes changeantes et le point culminant tendu. Il commença même à spéculer sur l'étoile particulière qui serait adaptée au rôle principal. Sa seule extravagance, dans le passé, avait été des places à prix réduit dans les meilleurs théâtres.

Truedale s'est rendu compte tout à coup qu'il était fatigué – mortellement fatigué. La sueur lui coulait au front ; il souffrait à cause des crampes musculaires. Puis il regarda sa montre ; il était onze heures ! Le calme extérieur témoignait d'une pause maussade dans la tempête. Un goutte-à-goutte déterminé provenant du toit et des arbres était comme le tic-tac d'une énorme horloge qui s'arrête, mais bon pour un certain temps. Le feu s'était éteint, aucune trace de rouge n'apparaissait dans les cendres, mais la pièce était toujours chaude. Truedale décida de se coucher sans et, parvenu à cette conclusion, il pencha la tête sur ses bras croisés et s'endormit profondément.

Soudain, il s'est réveillé. La pièce était froide et sombre ! La lampe s'était éteinte et l'orage hurlait de nouveau lors de sa deuxième attaque. Glacé et obsédé par un inquiétant sentiment de danger, Truedale attendait... il ne savait pas quoi ! À ce moment-là, quelque chose se pressa contre sa jambe et il baissa la main, pensant qu'un des chiens était accroupi tout près, mais un « ch ! » murmura. contractez chaque muscle.

"Nella-Rose?"

« Oui… mais, oh ! sois encore puissant. Ils pourraient être là d'une minute à l'autre.

"Ils? OMS?"

"Tous. Jed Martin, mon père et les autres… ceux qui sont amis de… de… »

"Qui, Nella-Rose?"

« Burke Lawson ! Il est de retour – et ils pensent – oh ! ils croient qu'ils sont sur ses traces... ici ! Je... j'essayais de m'enfuir mais les ruisseaux étaient gonflés et les grands arbres se courbaient et... et je me suis caché derrière un rocher et... j'ai entendu !

« C'était d'abord Jed et son père; ils ont dit qu'ils allaient tirer – ils avaient renoncé à attraper Burke vivant ! Ensuite, ils sont allés en amont et les... les autres sont venus... les amis, et ils ont dit que Burke était là et qu'ils avaient l'intention d'arriver ici avant Jed et... et de tuer de leur côté. Je... je pensais que c'était amusant quand ils avaient tous l'intention de prendre Burke vivant, mais maintenant… oh ! maintenant, tu ne vois pas ? — ils tireront et s'en rendront compte après ! Ils peuvent arriver d'une minute à l'autre ! J'ai éteint la lumière. Viens, nous devons quitter la cabane vide, comme si tu étais parti, et nous cacher !

Les murmures haletants s'arrêtèrent et Truedale reprit ses esprits face à ce danger réel.

« Mais toi… tu ne dois pas être ici, Nella-Rose !

Tous les nerfs étaient désormais en alerte. «C'est une pure folie. Grand ciel ! qu'est-ce que je vais faire de toi ?

La gravité de la situation l'a accablé.

" Chut ! " L'avertissement a été provoqué par l'agitation des chiens à l'extérieur. Leurs oreilles rapides pressentaient le danger ou… l'arrivée de leur maître ! L'une ou l'autre possibilité était tout aussi alarmante.

"Oh! tu ne comprends pas », plaidait Nella-Rose en lui tenant le genou. « S'ils vous voient tous, ils vous feront tuer à l'instant même. Burke est le seul dans leur esprit – ils ne savent même pas que vous vivez ; ils sont trop bourrés de Burke, et s'ils me voyaient… eh bien… ils te tueraient de toute façon.

"Mais que puis-je faire de toi?" Cette seule pensée a influencé Truedale .

Alors Nella-Rose se leva et se plaça près de lui.

"Je suis à vous! Je me suis donné à toi. Tu… tu me voulais. Es-tu désolé?"

La simple fierté et la dignité allèrent droit au cœur de Truedale .

"C'est parce que je te veux tant, petite fille, qu'il faut que je te sauve."

D'une manière ou d'une autre, Nella-Rose semblait avoir perdu sa peur des pillards qui arrivaient ; elle parlait délibérément et à voix basse :

« Sauve- moi ?… de quoi ?

Il n'y avait pas de mots pour lui faire comprendre ce qu'il voulait dire. Truedale avait presque honte de garder cela en tête. Ils s'appartenaient inévitablement l'un à l'autre ; pourquoi devraient-ils s'interroger ?

« Je… je ne m'en irai plus… !

"Ma chérie, tu dois le faire."

"Où?"

Ce mot le ramena à la raison – où, en effet ? Avec les bois sombres remplis d'hommes armés prêts à tirer sur n'importe quel objet en mouvement à forme humaine, il ne pouvait pas la laisser partir ! Cette conclusion atteinte, et toutes les ancres coupées, le danger et la nécessité du moment l'ont réclamé.

"Oui; tu es à moi!" murmura-t-il en la rapprochant de lui. « Qu'importe autre chose que notre sécurité ce soir ? Demain; eh bien, demain…

" Chut ! "

Aucune oreille autre qu'entraînée aux secrets des lieux immobiles n'aurait pu déceler un son.

"Ils arrivent! Oui, pas beaucoup, c'est Jed ! Viens! Pendant que tu dormais, j'ai emporté pas mal de choses jusqu'à la nappe de rhododendrons à l'arrière de la maison ! Tu vois, pousse la chaise, laisse la porte ouverte comme si tu étais parti avant la tempête.

Rapidement et silencieusement, Nella-Rose a adapté l'action à la parole. Truedale la regardait comme si elle était ensorcelée. "Maintenant!" Elle lui prit la main et la minute suivante, ils se retrouvèrent sur les feuilles mouillées et détrempées ; l'instant d'après, ils étaient accroupis sous les buissons où même la forte pluie n'avait pas pénétré. À demi consciemment, Truedale reconnut certains de ses biens à proximité : ses vêtements, deux ou trois livres et, oui, c'était son manuscrit ! Le rouleau blanc était en sécurité ! Comment elle a dû travailler pendant qu'il dormait.

Une seule fois, elle parla jusqu'à ce que le danger soit passé. Blottie dans ses bras, la tête sur son épaule, elle souffla :

"S'ils tirent tous, nous mourrons ensemble !"

L'irréalité de la chose pesa peu à peu sur les nerfs tendus de Truedale . Si quelque chose devait arriver , il voulait que cela arrive ! Dans une demi-heure, il comptait mettre un terme à cette farce, ramener ses affaires dans la cabane et ramener Nella-Rose chez elle. C'était un cauchemar, rien de moins !

" Chut ! " et puis l'attente fut terminée. Deux silhouettes sombres, armes prêtes, ont volé dans les bois derrière la cabane de White. Où étaient les chiens ? Pourquoi n'ont-ils pas parlé ? Mais les chiens étaient dressés pour être aussi silencieux que les hommes. Ils faisaient tous partie intégrante de l'anarchie secrète des collines. Dans la pénombre, Truedale regarda les formes sombres entrer dans la cabine non verrouillée de Jim et en ressortir, visiblement convaincu que la proie n'était pas là - n'avait pas été là ! Puis, aussi furtifs que des Indiens, ils se dirigèrent vers l'autre cabane, l' ancien refuge de Truedale . Ils se tenaient dans les buissons et à la lisière des bois ; ils ressemblaient à des animaux rampants jusqu'à ce qu'ils atteignent la cabane ; puis, debout et rapprochés, ils franchirent l'embrasure de la porte. La cachette de Truedale et de son compagnon était si proche qu'ils purent entendre les jurons des chasseurs lorsqu'ils se rendirent compte que leur proie s'était échappée.

"Il est là, d'accord !" C'est Jed Martin qui a pris la parole.

« Je pense qu'il a compris, » dit Peter Greyson d'une voix traînante, « il travaille pour Jim White. Le blanc n'est pas il y a plus de quinze milles en arrière ; nous pouvons lui couper la parole, Jed, avant qu'il ne se mette en sécurité, la mouffette !

Puis les deux sortirent de la cabine et s'éloignèrent hardiment.

"Les autres!" murmura Truedale . Vont-ils venir ?

"Attendez!"

Il y eut du bruit, du piétinement, mais apparemment les nouveaux arrivants ne virent pas Martin et Greyson. Il y eut un crépitement des sous-bois par des pieds qui n'avaient plus besoin de prudence, puis un autre espace de silence avant que la sécurité ne soit assurée pour les deux dans les buissons.

Enfin _ Truedale a osé parler.

"Nella-Rose!" Il regarda le visage sur sa poitrine. Elle dormait — profondément, épuisée !

Truedale a changé de position. Il était à l'étroit et endolori ; Pourtant, la respiration régulière ne s'est pas interrompue. Il l'allongea doucement et lui enfila un épais manteau – celui qu'elle avait emporté plus tôt depuis la cabine pour tenter de le sauver. Il rentra à la maison et se mit au travail d'un air sombre. Il alluma d'abord un feu ; puis il redressa les chaises et mit un peu d'ordre dans le chaos. Il n'avait plus peur d'aucun homme sur la terre de Dieu ; même Jim White a été relégué au rang des non-essentiels. Truedale n'était qu'une créature primitive prenant soin des siens ! Il n'y avait désormais plus de retour en arrière, plus d'attente pour les conventions. Quand il se fut préparé, il sortit apporter le sien chez elle !

La nuit maussade et détrempée, avec ses accès de fureur et ses périodes de calme, s'était apparemment transformée en une pluie battante et pragmatique. Les indigènes savaient comment estimer un tel temps. À la lumière du jour, les ruisseaux seraient des rivières déchaînées au cours desquelles les arbres et les animaux seraient impitoyablement transportés vers les basses terres. Les routes seraient détruites et les êtres humains chercheraient refuge partout où ils pourraient le trouver.

Mais Truedale n'a pas eu à s'inquiéter de cette connaissance. Il se concentrait maintenant sur les conditions actuelles et sombrement acceptées telles qu'elles étaient. Tout pouvoir ou toute inclination à la lutte était passé ; l'héritage de faiblesse que le vieux William Truedale avait redouté et contre lequel Conning lui-même avait tant lutté dans sa jeunesse stérile, s'affirmait et se préparait à accepter sans poser de questions ce que le présent lui offrait.

À ce moment-là, Truedale se croyait l'arbitre de son propre destin et de celui de Nella-Rose. Les conditions l'avaient contraint à ce poste et il était prêt à assumer ses responsabilités. Il n'y avait pas d'alternative ; il doit accepter les choses telles qu'elles étaient et les sécuriser plus tard. Pour lui, les détails de la convention n'avaient pas d'importance. Il les avait toujours méprisés. Dans sa jeunesse anarchique spirituelle , il les avait ouvertement bafoués ; ils ne réclamaient plus son attention désormais, sauf en ce qui concernait Nella-Rose. Les apparences étaient contre lui et elle, mais seuls les imbéciles permettraient que cela les intimide. Lui, Truedale , estimait qu'aucune loi humaine n'était nécessaire pour le maintenir dans la voie qu'il avait choisie, à l'époque où il avait décidé d'abandonner le passé et de jeter sa fortune dans le nouveau. Jamais de sa vie Conning Truedale n'a été plus sincère ni, croyait-il, plus sage qu'il ne l'était à ce moment-là. Et juste à ce moment-là, Nella-Rose apparut, descendant le chemin détrempé par la pluie, comme un petit fantôme dans l'aube sombre et grise. Elle portait toujours le lourd manteau qu'il avait mis sur elle, et ses yeux étaient rêveurs et vagues.

Truedale s'avança vers elle et la prit dans ses bras.

« Ma chérie, murmura-t-il, peux-tu m'accompagner maintenant, tout de suite, chez le ministre ? Ce doit être maintenant, chérie, maintenant ! »

Elle le regardait comme une enfant essayant de comprendre son humeur.

"Oh!" dit-elle à l'instant : « J'ai presque oublié. Le ministre est allé enterrer dans les collines ; il sera parti longtemps. Bill Trim, qui porte toutes les nouvelles, me l'a dit aujourd'hui.

« Où est-il, Nella-Rose ? Quelque chose semblait se serrer dans le cœur de Truedale .

« Nous ne le savons pas tous ; il l'a laissé écrit sur sa porte.

« Où est-il une autre ministre, Nella-Rose ?

"Il n'y en a pas d'autre."

« C'est absurde – bien sûr, il y en a un autre. Nous devons commencer immédiatement et le trouver.

"Écouter!" Le visage sur la poitrine de Truedale était relevé. "Vous entendez cela?"

"Oui. Qu'est-ce que c'est?" Truedale était alarmé.

« Cela veut dire que les petits ruisseaux sont des rivières ; cela signifie que les sentiers sont pleins de rochers et d'arbres ; cela signifie (les mots se transformèrent en un murmure craintif) cela signifie que nous devons nous *battre* pour ce que nous voulons tous garder.

"Bon dieu! Nella-Rose, mais où puis-je t'emmener ?

"Il n'y a pas de place, mais ici."

Il sembla qu'un silence dura une heure pendant que Truedale faisait face à cette nouvelle phase et arrivait à sa conclusion désespérée.

Si quelqu'un lui avait alors suggéré que sa décision était une décision de faiblesse ou de mal immémorial, il aurait ressenti cette pensée avec le mépris le plus amer. Sans le savoir, il était tenté par le diable en lui et il tomba ; il n'avait qu'à se tourner vers lui-même pour se sauver de ses impulsions erronées, et le meilleur de lui-même, non préparé, était drogué par l'appel irrésistible que Nella-Rose faisait à ses sens.

Debout avec la jeune fille dans ses bras ; écouter le danger imminent qui, il s'en rendit enfin compte, pourrait les détruire, lui et elle, à tout moment ; privés de tout le monde, de tout ce qui aurait pu les retenir aux anciens idéaux ; Truedale n'a vu qu'une seule voie et l'a suivie.

« Il n'y a d'autre endroit qu'ici, personne d'autre que toi et moi !

Les tons doux pénétrèrent jusqu'à l'endroit troublé où Truedale semblait seul faire son dernier combat perdu.

« Alors, par le ciel ! » il a dit : « acceptons-le, vous et moi !

Il avait franchi son Rubicon.

Ils mangèrent presque solennellement ; ils écoutaient cet affreux rugissement de plus en plus distinct et menaçant. Nella-Rose était immobile et vigilante, mais Truedale n'avait jamais été aussi cruellement vivant qu'à l'époque où, grâce à ses connaissances plus vastes, il réalisa le pas qu'il avait franchi. Que ce soit pour la vie ou la mort, il avait effacé de fait tout ce qui avait contribué à la création de l'homme qu'il était autrefois. Quel que soit l'espoir qu'il aurait pu avoir de faire comprendre à Lynda Kendall et Brace, si les choses s'étaient déroulées comme il l'avait prévu autrefois, il n'y avait plus d'espoir désormais. Non, lui et Nella-Rose étaient seuls et impuissants dans les collines hantées par le danger. Il et elle!

Le soleil fit un effort pour se lever plus tard, mais la ruée et le rugissement du torrent venant en sens inverse semblaient l'intimider. Pendant une heure, il a lutté, puis a abandonné. Mais pendant cette heure, Truedale fit sortir Nella-Rose de la maison. En silence, ils se dirigèrent vers une petite colline d'où ils pouvaient voir un espace ouvert de ciel terne et plombé. Là, Truedale prit les mains de la jeune fille dans les siennes et leva les yeux tandis que son âme engourdie cherchait quel que soit Dieu.

« Devant toi, dit-il lentement et profondément, je prends cette femme pour épouse. Bénis-nous ; Garde nous; et, après une pause , traite-toi avec moi comme je traite avec elle.

Puis les yeux sérieux se tournèrent vers ceux effrayés qui fouillaient son visage.

"Tu es à moi!" Truedale parlait avec autorité, avec une force qui ne l'avait jamais marqué auparavant.

"Oui." Le mot était un murmure faible et effrayé.

"Ma chérie, embrasse-moi!"

Elle l'embrassa avec des lèvres tremblantes.

"Tu m'aimes?"

"Je je t'aime."

« Tu… tu me fais confiance ? »

« Je… oh ! Oui; Oui."

« Alors viens, ma petite fille ! Pour la vie ou la mort, c'est toi et moi, petite femme, désormais !

Comme un éclair, sa tristesse disparut. Il était gai, désespéré et libre de tout doute gênant. Dans un tel état d'esprit, Nella-Rose perdit toute crainte de lui et marcha à ses côtés avec autant de complaisance que si l'unique ministre de son sordide petit monde avait, avec toute son étrange autorité, dit sur elle son « Amen » sacré.

CHAPITRE VIII

Il y a eu cinq jours de terrible tempête. Truedale et Nella-Rose s'étaient battus pour sauver le bétail de White , et même sa cabane elle-même ; car le déluge l'avait attaqué tout en laissant en sécurité la plus petite cabane voisine . Toute une matinée, ils avaient travaillé à rassembler les débris et à les placer de manière à ce qu'ils détournent le cours d'un ruisseau rapide qui menaçait la plus grande maison. C'était presque un espoir perdu, mais à mesure que la journée avançait sur le torrent, la rude barrière tenait bon : ils ont réussi ! La porte et la clôture aux serpents ont été emportées, mais le reste a été sauvé !

Dans le travail pénible , dans l'isolement dangereux, les choses ordinaires de la vie ont perdu leur importance. Face à la mort, leur amour et leur compagnie étaient tout ce qui leur restait, sans compter le coût. Mais le sixième jour, le soleil brillait, le déluge était passé, et avec la sécurité et la venue sûre de Jim White à portée de main, ils s'assirent face à face dans un silence nouveau et puissant.

« Chérie, tu dois y aller… pour quelques heures ! »

Truedale se pencha par-dessus la table qui les séparait et lui prit les mains jointes dans les siennes. Il avait brûlé tous ses ponts sociaux, mais le progrès de la pauvre Nella-Rose dans la vie ne s'était pas fait sur quelque chose d'aussi substantiel que les ponts. Elle avait procédé en gravissant et en descendant des obstacles primitifs ; elle sentait qu'elle était enfin arrivée dans sa Terre Promise.

« Vous allez me renvoyer… loin ? Où?"

« Seulement jusqu'au retour de White, petite fille. Tu vois, ma chérie, toi et moi sommes glorieusement fous, mais d'autres sont bêtement sains d'esprit et nous devons penser à eux.

Truedale parlait par-dessus sa tête, mais Nella-Rose acceptait déjà cela comme une étape de leurs nouvelles relations. Un montagnard pourrait toujours aimer sa femme même s'il la battait et, même si Nella-Rose aurait méprisé l'idée selon laquelle elle était une montagnarde, elle croyait sérieusement que les hommes étaient différents des femmes et c'était tout !

« Cours, ma petite fille – le ciel est clair, le soleil est chaud – mais je veux que tu me retrouves à trois heures à l'endroit où le sentier rejoint la route. Je serai là et je t'attendrai.

« Mais pourquoi ?… pourquoi ? Les yeux bleu-gris étaient troublés.

"Chérie, nous allons retrouver ton ministre si nous devons voyager d'un bout à l'autre des collines!"

"Mais nous sommes tous mariés!" Ceci avec un petit halètement. « De retour sur la colline, quand vous l'avez dit à Dieu et que vous avez dit qu'il comprenait ; puis nous nous sommes tous mariés.

« Et c'est ainsi que nous l'étions, ma douce, aucun ministre ne pourrait vous faire plus mienne que vous ne l'êtes déjà, à l'exception des autres – de votre peuple. S'ils essayaient de nous séparer, ils pourraient causer des problèmes et le ministre peut empêcher quiconque de vous retirer de mon amour et de mes soins.

Et à ce moment-là, Truedale croyait réellement ce qu'il disait. Dans son cœur, il avait toujours été un rebelle, rebelle et impuissant. Il avait, dans ce cas, prouvé ses théories ; mais il n'avait pas l'intention de laisser des détails qui pourraient mettre en danger la sécurité des autres, et surtout de cette jeune fille. Il allait uniquement réaliser ses plans initiaux pour sa sécurité, pas la sienne. Après les jours qui venaient de s'écouler – des jours d'anxiété, de soulagement et de preuve de son amour et du sien – aucun doute restait dans le cœur de Truedale ; il était des collines, maintenant et pour toujours !

"Personne ne peut... *maintenant* !" Cela venait avec passion de Nella-Rose alors qu'elle le regardait.

« Ils pourraient créer des ennuis jusqu'à ce qu'ils le découvrent. Ils sont trop libres avec leurs armes. Il y a beaucoup de choses à expliquer, petite fille . Conning sourit pour masquer ses doutes.

"Jusqu'à trois heures!" Nella-Rose fit la moue : « Ça fait longtemps. Mais je vais... je vais juste courir. Je ferai toujours et toujours ce que tu dis ! » Son pouvoir sur elle était déjà absolu. Elle étendit les bras avec un geste joyeux et volontaire et Truedale la serra plus près.

"Seulement jusqu'à trois heures, chérie."

Nella-Rose s'éloigna et se tourna pour ramasser son petit châle et son chapeau sur le canapé près du feu ; elle était en train de chercher son panier, lorsqu'une ombre tomba sur le sol. Truedale et la fille se sont retournés et ont affronté : Jim White ! Ce qu'il avait vu et entendu – qui pouvait le dire à son visage inexpressif et à sa voix ferme ? La porte était fermée et il était entré !

« Du courrier, un camion et des lapins ! expliqua-t-il en jetant son fardeau sur la table. Puis il se tourna vers Truedale comme s'il le remarquait pour la première fois.

« Comment ça ? » il a dit. Finalement, son regard se tourna vers Nella-Rose et sembla brûler son âme.

« Tu y vas , peut-être , ou... tu viens ? » il a interrogé.

"Je... je pars !" La peur et la consternation marquaient la voix de la jeune fille. Truedale se dirigea vers elle. La brutalité cachée des paroles de White l'a choqué et mis en colère. Il n'a pas réfléchi à la cause, mais il a ressenti l'insulte.

"Attendez!" ordonna-t-il, car Nella-Rose avait franchi la porte ouverte. "Attendez!"

Voyant qu'elle lui avait momentanément échappé, Truedale se tourna vers White et le confronta avec des yeux clairs et colériques.

"Qu'as-tu à dire pour toi?" » demanda-t-il farouchement.

Le choc avait été immense pour Jim. Trois semaines auparavant, il avait laissé son protégé sain et sauf ; il était revenu et avait trouvé... Mais le choc raidissait toujours Jim White ; c'était l'une des raisons de sa réussite dans la vie. Il n'a jamais été aussi inflexible et aussi mortellement maître de lui que lorsqu'il ne voyait pas la prochaine étape à suivre.

« Oh, mais je suis fatigué ! » dit-il, après avoir regardé Truedale aussi longtemps qu'il le voulait, "Je vais chez moi pour me coucher. On dirait que je vais dormir pendant un mois une fois que j'aurai commencé."

« Tu n'y vas pas, White, tant que tu n'as pas expliqué ce que tu voulais dire par... »

Mais Truedale s'est trompé sur son homme. Jim, ayant tiré sa propre conclusion, rit et se dirigea vers la porte.

"J'y vais quand je suis sacrément content d'y aller!" » lança-t-il avec dérision, « et je viens par le même chemin, jeune homme. Il y a du courrier pour vous dans le sac et... un télégramme. White s'arrêta un moment près de la porte pendant que Truedale sortait l'enveloppe jaune du sac et la déchirait.

« Votre oncle est décédé subitement le 16. Venez tout de suite. D'une importance vitale. McPHERSON .

Pendant un instant, les deux hommes oublièrent ce qui les avait éloignés.

"Mauvaises nouvelles?" demanda le shérif.

Quelque chose arrivait à Truedale : il avait l'impression que l'effet d'un narcotique perdait de son pouvoir ; l'irréalité fiévreuse faisait place à la sensation mais le cerveau l'enregistrait sourdement.

« Quelle date est-ce ? » » demanda-t-il, abasourdi.

"Vingt-cinquième," répondit Jim en sortant de la porte.

«Quand puis-je prendre un train depuis la gare?»

"Il y en a un qui part n'importe où entre neuf et dix heures du soir."

« Cela me laisse le temps de faire mes valises. Tu vois, White, même si cela ne te regarde pas, je veux t'expliquer une chose ou deux avant de partir. Je reviendrai dès que je pourrai, dans une semaine ou dix jours au plus. À mon retour, j'ai l'intention de rester, probablement pour le reste de ma vie. »

White tenait toujours Truedale par la lueur froide et d'acier de ses yeux qui ramenait la lucidité jusqu'au cerveau émoussé. Par un pouvoir aussi inflexible que la mort, Jim détruisait l'écran que Truedale avait réussi à ériger contre les codes simples de la vie et laissait son invité nu et exposé.

Le choc du télégramme – la pause qu'il provoqua – avait donné à Truedale le temps de saisir le sens de l'attitude de White ; maintenant qu'il s'en rendait compte, il savait qu'il devait révéler certains faits : il ne pouvait pas attendre son retour.

Jim parla alors depuis l'extérieur de la porte.

"Je ne suis pas je me prépare à aucune critique. Je ne suis pas plutôt peseur ou tailleur et je me fiche de ce qui ne me regarde pas. Quand je *vois* mes affaires , je les règle à ma manière ! » — il y avait là presque un avertissement. « Je suis mort de fatigue, racine et branche. Je vais prendre une bouchée et me coucher. Je vais peut -être dormir quelques jours ; Remettez votre explication jusqu'à ce que vous reveniez pour la fin de vos jours. Prends la jument et laisse-la près du sentier ; elle reviendra à la maison. Dites au vieux Doc McPherson que je lui demandais de le contacter .

À ce moment-là, Jim avait cessé de se frayer un chemin jusqu'à l'âme de Truedale et était sur le chemin de sa propre cabane.

"On dirait que tu as eu une bagarre avec la tempête", a-t-il remarqué. « Une chose vivante a été tuée ? »

"Non."

« Merci » ! Puis, comme s'il était déterminé à ne plus partager sa confiance, White continua son chemin.

Pendant un instant, Truedale resta debout et regarda son hôte avec une rage impuissante. Jim White était-il un tel lys de pureté qu'il a osé adopter cette attitude ? Le code des collines était-il celui des gitans roms ? Comment un homme ose-t-il juger et condamner un autre sans procès ?

L'effet du narcotique fonctionnait encore lentement, maintenant que la présence irritante de White avait disparu. Truedale haussa les épaules et se tourna vers ses bagages. Il avait fébrilement hâte d'arriver à Nella-Rose. Avant la nuit, elle lui appartiendrait devant le monde ; dans deux semaines, il serait de retour ; l'avenir ferait honte à White et le ramènerait à la raison. Jim avait un cœur tendre ; il l'était juste, à sa manière brutale. Lorsqu'il comprendrait comment les choses se passaient, il se sentirait comme un imbécile – un imbécile prêt à rejeter un homme, sans qu'on l'entende ! Mais Truedale se reprochait cette hésitation qui signifiait tant. Le télégramme – sa peur de faire un faux pas – avait causé une grave erreur qui ne pouvait pas être corrigée maintenant.

À deux heures , Truedale partait… sur la jument de Jim ! La cabine de White avait l'air d'être fermée à toute intrusion. Truedale n'avait pas l'intention de tester cela, mais cela lui fit mal comme un coup. Il n'y avait cependant qu'à remédier, le plus tôt possible, à l'erreur qu'il avait laissé se produire. Aucun homme sur terre ne pouvait s'approprier Nella-Rose plus que son amour et sa bonne foi ne l'avaient fait, mais il était impatient maintenant de recourir à toutes les garanties consacrées avant de partir. Une fois marié, il partirait le cœur presque léger. Il confierait tout à Kendall et Lynda – au moins son mariage – et les exhorterait à revenir avec lui dans les collines, et après cela, White et tous les autres se réveilleraient. La possibilité ainsi conçue était comme un flot de lumière et d'air doux dans un lieu sombre et déroutant mais pas maléfique – non, pas ça !

Alors qu'il quittait la clairière, Truedale se retourna vers sa cabane. Nella-Rose semblait toujours là. Elle en ferait toujours partie, tout comme elle faisait désormais partie de sa vie. Il essaierait d'acheter la cabane : ce serait un sacrilège que d'autres y entrent !

donc la jument, espérant être au passage avant Nella-Rose.

L'air pur de l'automne évoquait les pins et l'importance de l'été était révolue depuis longtemps. Il avait un pouvoir physique et spirituel.

Puis, se détournant brusquement du sentier, Truedale aperçut Nella-Rose assise sur un rocher, attendant ! Elle portait un manteau rugueux d'apparence masculine et une grosse capuche rouge couvrait sa tête brillante. Nella-Rose était vêtue de tenues d'hiver. Elle portait cette tenue depuis cinq ans et elle en avait l'air.

Jamais plus Truedale ne vit un visage d'une joie et d'une confiance aussi radieuses alors que la jeune fille se tournait vers lui. Ses yeux étaient écarquillés et remplis d'une lumière qui le surprit. Il sauta du cheval et la prit dans ses bras.

"Qu'est-ce que c'est?" » demanda-t-il, craignant un danger intangible.

« Le ministre a été tué par le déluge ! Le ton de Nella-Rose était passionnant. "Il traversait Devil-may-come Hollow et un très gros rocher l'a frappé et… il est mort !"

"Alors tu dois venir avec moi, Nella-Rose." Truedale serra les lèvres d'un air sombre ; il n'y avait pas de temps à perdre. Entre trois heures et neuf heures, ils pourraient sûrement localiser un ministre ou un juge de paix. "Viens!"

"Mais pourquoi, Monsieur l'Homme ?" Elle s'est moquée de lui. "Où?"

"Cela n'a pas d'importance. À New York si nécessaire. Sauter!" Il se tourna vers le cheval, tenant la jeune fille contre lui.

« Moi, je m'en vais… avec ça ? Je vous ai fait honte avant… eux tous ?

Nella-Rose a tenu bon et, rejetant le manteau rugueux, a montré sa robe minable et rétrécie.

«Je suis rentré chez moi, ils étaient tous absents. J'ai mes affaires chaudes, mais j'ai une robe blanche et un ruban rose : je les aurai demain. Alors… Mais pourquoi devons-nous partir… loin ?

Pour la première fois, cette pensée la saisit : elle avait été entraînée trop rapidement avant pour s'en rendre compte.

« J'ai appris que mon oncle était mort. Je dois y aller tout de suite, ma chère, et toi… tu dois venir avec moi. Voudriez-vous laisser une petite chose comme une—une robe peser contre notre amour et notre honneur ?

Au-dessus de l'horreur de l'indigène d'être arrachée de ses amarres se trouvait cette subtile compréhension de l'honneur qui était parvenue à Nella-Rose par des voies détournées et provenant d'une source qui le considérait comme sacré.

" Honneur ?" répéta-t-elle doucement ; " honneur ? Si je pensais que je devais y aller en haillons pour en être sûr ; si je pensais que j'en avais besoin… je le ferais… »

Truedale a vu son erreur. Réalisant que si dans le peu de temps qui lui restait il lui faisait comprendre, il risquait de perdre plus qu'il ne pouvait espérer gagner, il la laissa libre tout en sortant une carte et un stylo de sa poche. Il écrivit clairement et exactement son adresse, donnant comme sienne la maison de son oncle.

« Nella-Rose, dit-il calmement, je serai de retour au plus tard dans deux ou trois semaines, mais si à un moment tu veux de moi, envoie un message ici, télégraphe de la gare, *tu* passes toujours en premier ! Vous êtes plus sage que moi, ma douce ; notre honneur et notre amour nous appartiennent. Attends-moi, mon dony -gal et… fais-moi confiance.

Elle était à nouveau toute joie, toute douceur. Il l'embrassa, se retourna puis revint.

"Où vas-tu, ma chérie?" Il a demandé.

"Comme ils ne le savent pas tous" (elle était allongée contre sa poitrine, les yeux lourds maintenant de chagrin à la séparation), " je pense que je vais rentrer chez moi pour attendre."

Truedale l'embrassa solennellement et se détourna avec découragement. Une fois de plus, il s'arrêta et regarda en arrière. Elle se tenait contre l'arbre, petite et minable, mais le soleil de fin d'après-midi la transfigurait. Dans le décor sombre des bois, ce petit visage blond brillait comme une étoile brillante et Truedale se souvint d'elle et emporta son image avec lui sur son chemin solitaire.

Nella-Rose l'a regardé hors de vue, puis elle s'est retournée et a fait quelque chose qui pourrait nous amener à nous demander si un Dieu sage ou un démon cruel contrôle notre destin - elle s'est enfuie du chemin de la maison et a emprunté le sentier qui mène loin à la cabane. de la vieille Lois Ann !

Il y avait de la sécurité ; il y avait de la compassion et de la compréhension. La vieille femme pouvait raconter des histoires merveilleuses et ainsi tromper les jours d'attente. Nella-Rose avait l'intention de se confier à elle et de lui demander de la cacher jusqu'à ce que Truedale vienne la chercher. C'était une inspiration soudaine et cela a apporté un soulagement.

Et cette nuit-là – il était minuit passé et il faisait froid comme le nord – Burke Lawson s'est retrouvé nez à nez avec Jed Martin ! Lawson sortait de son recoin derrière le vieil alambic et Martin fouinait seul. Lui, tel un être affamé de la nature, avait trouvé la trace de son ennemi et avait l'intention de l'attraper sans aide et d'avoir pleine vengeance et gloire. Mais de manière si inattendue et si indifférente, Burke se matérialisa dans le vide que l'arme de Jed arriva une minute trop tard pour se mettre en position. Lawson avait le dessus sur lui ! Ils restèrent tous les deux très silencieux pendant un moment, puis Lawson rit et le fit si hardiment que Jed recula.

« Vous venez passer un appel amical, Martin ?

"Quelque chose comme ca!"

"Eh bien, entrez, entrez!"

"Je pense que vous et moi pouvons régler ce que nous avons à régler au grand jour!" Bégaya Jed. Cela semblait être un règlement hideux et unilatéral.

« Comme tu veux, Jed, comme tu veux. J'ai moi-même un penchant pour l'ouverture. Je venais de décider de sortir ; J'allais chez Jim White pour l'aider à rendre justice, mais peut-être que vous et moi pouvons lui éviter des ennuis.

« Tu… tu vas me tirer dessus, Burke… comme un… comme un… hérisson ?

"Non. Je vais vous faire ce que vous auriez fait … » Burke rit ici – il s'amusait énormément.

"Qu'est -ce que tu veux dire?"

"Eh bien, je vais te mettre dans mes quartiers et t'attacher à une chaise . Vous serez capable de vous en sortir à temps, mais il vous faudra assez de temps pour que je fasse ce que je m'apprête à faire . Vous êtes un traître démoli ! Vous vouliez me mettre derrière les barreaux, n'est-ce pas ? Tu voulais laisser les étrangers me tuer, yo ' mouffette ! Eh bien, à la place, Jed, je pars en voyage de mariage , moi et la petite Nella-Rose. Je l'ai vue; elle a promis de m'avoir quand je sortirai de ma cachette . Je sors maintenant ! Nella-Rose et moi allons trouver un endroit plus grand que Pine Cone Settlement. Tu bougeras ta foutue peau d'ici demain matin , peut-être ; mais alors elle et moi serons là où vous ne pourrez pas nous atteindre ! Allez-y, maintenant, espèce de lézard vert ; Tournez-vous et mettez- vous sur le ventre comme le truc rampant que vous êtes ! C'est tout, partez ! la voie s'ouvre.

Jed rampait à travers les buissons, Lawson le poursuivant avec un pistolet pointé. "Maintenant, asseyez-vous et faites- vous rentre à la maison ! Jed s'assit sur la chaise et tourna un visage vert-blanc vers son bourreau.

" Ouais tu vas me laisser mourir de faim ici ? » demanda-t-il d'une voix tremblante.

« Cela dépend de votre capacité à bouger. Tu vois, je t'attache tellement ! Lawson s'était jeté sur Jed et l'avait coincé. "Je ne suis pas Je vais te tourner la clé comme tu voulais le faire sur moi ! C'est à vous de décider Des pouvoirs agités , quand tu es libre. Plus votre ventre est vide, plus vous aurez de place pour vous tortiller. Que Dieu vous bénisse ! ton chien disparu! Soyez bénis et maudits- vous ! Je m'en vais… avec la petite fille !

Et il était parti – lui et son rire cruel mais gai.

Il n'y avait pas de feu dans cet endroit semblable à une grotte ; pas de lumière sauf le clair de lune indirect qui traversait l'ouverture. C'était la mort ou le mouvement pour Jed Martin, alors il s'est tortillé !

Pendant ce temps, Burke se dirigeait vers Jim White's. Il avait l'intention de jouer un grand jeu là-bas – de s'en remettre à la merci de White – de faire appel à l'affection qu'il savait que le shérif avait pour lui – d'avouer son amour pour Nella-Rose – de faire sa promesse de rédemption future et ensuite de partir, indemne, pour réclamer la jeune fille qui avait déclaré qu'il pourrait parler quand une fois de plus il oserait marcher debout parmi ses camarades. Alors Lawson a planifié et s'est courageusement mis à l'œuvre.

CHAPITRE IX

À Washington, Truedale a télégraphié à Brace Kendall. À mesure qu'il se rapprochait des vieux repaires, il se sentait comme un étranger, et en plus un aveugle qui tâtonnait. Les bruits de la ville le troublaient et le troublaient ; la foule l'irritait. Lorsqu'il se souvenait des quelques semaines qui s'étaient écoulées entre le présent et l'époque où il faisait partie intégrante de cette soi-disant vie, il éprouvait la sensation d'être mort et obligé de revenir sur terre pour terminer une affaire négligée. Il avait l'intention de rectifier cette omission le plus tôt possible et de retrouver la sécurité et la paix des collines. Comme tout serait différent avec des idées arrêtées, un travail précis et Nella-Rose !

Alors qu'il attendait son train à la gare de Washington, il fut surpris de constater que, tout d'un coup, il se retrouvait à la dérive entre l'Ancien et le Nouveau. S'il répudiait le passé, l'avenir le répudiait tout aussi sévèrement. Il ne parvenait pas à concilier son amour et son désir avec son identité. D'une manière ou d'une autre, l'homme qu'il avait quitté lorsqu'il était parti vers le Sud semblait maintenant l'attendre à son retour, et bien que ses plans, bien arrangés, semblaient réalisables, le réajustement lui paraissait sinistre et impossible. Le fait était que son expérience de la vie à Pine Cone le faisait désormais fuir tout contact avec le monde extérieur, comme aurait pu le faire l'un de ses fidèles indigènes. Elle ne pouvait pas plus survivre à la lumière criarde d'une journée en ville que la petite Nella-Rose. Une fois cette conclusion arrivée, Truedale fut réconforté. Il ne pouvait pas attirer son passé récent dans cet environnement, mais tant qu'il était en sécurité et prêt à l'accueillir quand il reviendrait, il pouvait être content. Il le reléguait donc avec un soupir résigné, comme il aurait fait le souvenir d'un ami cher et absent, au moment où il pourrait l'évoquer à quelque propos.

C'était bien qu'il puisse le faire, car avec l'arrivée de Brace Kendall sur la scène, toute sensation romantique était exclue comme par un vent du nord glacial. Brace était à la gare de New York — Brace avec l' armure de la familiarité et de la convivialité sans limites. «Vieux haut!» il appela Truedale et lui serra la main si vigoureusement que le dernier reste de pensée accroché aux montagnes lointaines fut libéré du présent.

« Eh bien, de tous les miracles ! Eh bien, Con, je parie que tu fais pencher la balance à cent soixante. Et regarde ta patte ! Eh bien, c'est insensible et vraiment excitant ! Et la couleur que tu as ! Seigneur, mec ! tu es refait.

« Tu dois venir chez ton oncle, Con. C'est plutôt un choc, mais nous vous avons eu dès que possible. En attendant, nous avons suivi les instructions. Le testament n'a pas été lu, bien sûr, mais il y avait une lettre trouvée dans le bureau de votre oncle qui ordonnait - c'est le seul mot pour l'exprimer en fait

- Lynda, vous et moi de venir à la vieille maison juste après les funérailles. Nous attendions de tes nouvelles, Con, mais comme tu ne pouvais pas venir ici , nous avons dû faire de notre mieux. Le Dr McPherson a pris les choses en main.

« J'ai été enterré assez profondément dans les bois, Ken, et il y a eu un gros problème dans la livraison du télégramme. De telles choses ne comptent pas là où j'étais. Mais je suis content pour l'ancienne maison – content que toi et Lynda soyez là.

"Con!" - et à ce moment-là, Brace devint sérieux - " Je pense que nous avons plutôt exagéré notre estimation de votre oncle. Depuis son départ, nous l'avons vu, Lyn et moi, sous un nouveau jour. Il était plutôt... enfin, plutôt sentimental ! Mais voyez, nous y sommes !

« La maison est déjà différente ! » » dit Conning en se penchant par la fenêtre de la cabine.

"Oui, Lyn a eu beaucoup à faire, mais elle a réussi à faire de cet endroit un lieu en peu de temps."

Lynda Kendall avait entendu le bruit des roues dans la rue calme, avait elle-même ouvert la porte de bienvenue et se tenait maintenant dans le panneau de lumière, les mains tendues. Comme une révélation, Truedale semblait avoir une vision globale d'un seul coup. Derrière la jeune fille se trouvait la salle chaleureuse et lumineuse qui avait toujours été si vide et morne dans son enfance. Il était meublé maintenant. Elle avait déjà l'air d'avoir été habitée depuis des années. Il y avait des fleurs dans un grand pot sur la table et un feu dans le grand foyer. Et sur ce fond se dressait la forme forte et fine de la jeune maîtresse.

"Bienvenue à la maison, Con!"

Truedale , pendant un instant, n'osa pas se fier à sa voix. Il lui saisit les mains et eut l'impression de sortir d'une transe. Puis, tout d'un coup, un profond ressentiment l'envahit. Ils ne pouvaient pas comprendre, bien sûr, mais chaque mot et chaque ton d'appropriation semblaient une insulte à la réalité dont il savait qu'elle existait. Il n'appartenait plus à eux, à la vie dans laquelle ils essayaient de l'entraîner. Demain, il s'expliquerait ; il était impatient de le faire et de mettre fin à la contrainte apparue au moment où il touchait les mains de Lynda.

Lynda observa le visage tendu qui lui faisait face et crut que Conning souffrait de remords et de regrets. Elle était remplie de pitié et la sympathie brillait dans ses yeux. Elle le conduisit à la bibliothèque et là , la familiarité l'accueillit : la pièce était inchangée. Lynda avait tout respecté ; c'était comme toujours, sauf que la longue chaise basse était vide.

Ils parlèrent ensemble doucement dans un endroit calme jusqu'au dîner, parlèrent de choses indifférentes, se rendant compte qu'ils devaient rester en surface.

"Cette pièce et sa chambre à coucher, Con", expliqua Lynda, "sont identiques. Pour le reste? Eh bien, j'espère que vous l'aimerez.

Truedale a aimé ça. Il poussa une exclamation de joie lorsqu'ils entrèrent plus tard dans la salle à manger, qui n'avait jamais été meublée auparavant ; comme une grande partie de la maison, elle avait été un triste hommage au vide et à la déception qui avaient envahi la vie de William Truedale . Maintenant, il brillait de beauté et de gaieté.

« Ce n'est pas simplement un endroit pour manger », a expliqué Lynda ; "Une salle à manger devrait être le cœur de la maison, tout comme la bibliothèque en est l'âme."

"Pensez à être à la hauteur de cela!" - Brace éclata de rire - " et à ne pas que cela interfère avec votre appétit!" Ils essayaient tous de rester joyeux jusqu'au moment où ils osaient se remémorer le passé récent sans retenue.

Une telle heure arrivait où ils se réunissaient à nouveau dans la bibliothèque. Brace saisit sa pipe dans l'attente d'un jeu sur ses émotions. Par consentement tacite, la chaise basse resta vacante et, par un brin d'imagination, il semblait presque que le maître absent attendait d'être justifié.

"Et maintenant," dit Truedale d'une voix rauque, "dis-moi tout, Lynda."

« Lui et moi étions assis ici comme nous le sommes tous maintenant, hier soir. Il m'avait pardonné de… de rester à l'écart » (la voix de Lynda tremblait), « et nous étions très heureux et confidentiels. Je lui ai raconté des choses, des choses assez intimes, et lui, eh bien, il est sorti de sa réserve et de son caractère bourru, Con, il m'a fait voir le vrai homme qu'il était ! Je suppose que pendant qu'il était seul — car je l'avais négligé — il avait eu le temps de réfléchir, de regretter ses erreurs ; il était très juste, même avec lui-même. Con » – et ici Lynda a dû faire une pause et reprendre le contrôle d'elle-même – « il… il aimait ma mère ! Il a acheté cette maison en espérant qu'elle viendrait et, en tant que maîtresse, la embellirait. Quand ma mère a épousé mon père, rien n'avait d'importance – rien à propos de la maison, je veux dire. Avant de mourir, ma mère m'a dit d'être gentil avec oncle William. Elle, d'une manière sacrée, me l'a laissé ; moi à lui. C'est une des choses que je lui ai dit hier soir. J'aurais aimé le lui dire il y a longtemps ! Les mots étaient passionnés et pleins de remords. « Oh, cela aurait pu atténuer sa douleur et sa solitude. Quand apprendrons-nous un jour à dire la bonne chose quand c'est le plus nécessaire ? Eh bien, après que je lui ai dit qu'il… il est devenu très calme. Il lui fallut longtemps avant de parler : la joie s'enfonçait, je le voyais, et elle emportait l'amertume. Lorsqu'il a parlé , il m'a fait comprendre qu'il ne pouvait pas se faire davantage confiance sur ce sujet, mais il a essayé de—de s'expliquer sur vous, Con. Pauvre homme! Il se rendit compte qu'il avait échoué en tant que guide ; mais à sa manière, il s'était efforcé d'être un gardien. Vous savez que sa maladie s'est développée juste avant votre arrivée dans sa vie. Mais il a vécu toutes ces années rien que pour toi, juste pour rester là !

Depuis l'ombre où il était assis, Brace parlait de manière inégale :

« Dommage que tu ne fumes pas, vieil homme ! C'était la seule suggestion qu'il avait à proposer dans le silence tendu qui les étreignait tous.

"C'est bon!" » dit lourdement Truedale . "Continue quand tu peux, Lynda."

« Est-ce que… tu te souviens de ton père, Con ?

"Oui."

« Eh bien, votre oncle craignait que trop de facilité et d'argent puissent… »

"Je—je commence à comprendre."

» Alors il est allé à l'autre extrême. Chaque étape de votre chemin bien combattu était pour lui une joie – la seule joie qu'il connaissait. De par son détachement et sa solitude , il a planifié – presque comploté – pour vous, mais il ne vous l'a pas dit. Tout aurait été si différent – oh ! si différent si nous avions tous su. Puis il m'a parlé un peu de son testament.

Personne n'a vu le cramoisi soudain qui a teint le visage et la gorge blanches de Lynda. « Il était vraiment fantastique à ce sujet. Il prit certaines dispositions qui devaient prendre effet immédiatement. Il vous en a laissé trois mille par an, Con, sans aucune restriction. Il m'a dit que. Il a laissé à ses domestiques et employés de généreuses rentes. Il m'a laissé cette maison, pour le bien de ma mère. Il a insisté pour que ce soit enfin un foyer. Une grosse somme est prévue pour son ameublement et son entretien : j'en suis curateur ! La chose la plus belle, peut-être, était la pensée exprimée dans ces mots : « Je veux que tu fasses le travail de ta mère et le mien, tout en suivant tes propres désirs légitimes. Faites de cette maison un lieu d'accueil, de calme et de convivialité ! Je veux faire de mon mieux, Con.

"Et il m'a laissé" (Brace trouva un soulagement dans la seule touche d' humour qui se présenta) " il m'a laissé mille dollars en témoignage de son appréciation de ma loyauté envers vous, au moment où vous en aviez le plus besoin."

Mais Truedale n'y prêta guère attention. Ses yeux étaient fixés sur la chaise vide et, comme il n'avait pas compris autrefois, il ne pouvait plus s'exprimer. Il souffrait de la torture que ressentent tous lorsque, trop tard, la révélation révèle ce qui n'aurait jamais dû être caché.

« Et puis » – continua la voix basse et égale de Lynda – « il m'a renvoyé et Thomas l'a mis au lit. Il a demandé des médicaments qu'il semble avoir toujours en sa possession en cas de besoin ; il en a pris trop… et…

" Alors c'était un suicide ! " Truedale l'interrompit désespérément. «Je craignais ça. Bon dieu!" La tragédie et la solitude tenaient son imagination : il semblait tout voir, c'était insupportable !

"Escroquer!" Lynda posa sa main ferme sur son bras : « J'ai appris à l'appeler autrement. Cela m'a aidé; peut-être que cela vous aidera. Il avait attendu avec lassitude de ce côté de la porte de sortie ; lui… il m'a dit qu'il partait pour un long voyage qu'il avait souvent envisagé, je n'ai pas compris alors ! J'imagine que le—le voyage a été très court. Il n'y avait aucune souffrance. J'aurais aimé que vous puissiez voir la paix et la majesté de son visage ! Il ne pouvait plus attendre. Rien n'avait d'importance ici, et tout ce à quoi il aspirait l'appelait bruyamment. Il a simplement ouvert la porte lui-même et est sorti !

Truedale lui posa la main sur le bras. « Merci, Lynda. Je n'avais pas réalisé à quel point tu pouvais être gentil », fut tout ce qu'il dit.

Les bûches se sont effondrées et ont rempli la pièce d'une riche lueur. Brace secoua les cendres de sa pipe sur le foyer ; il sentait maintenant qu'il pouvait se faire confiance.

« Pour l'avenir », la voix calme de Lynda a presque surpris les deux hommes par son caractère pratique et son objectif, « c'est chez nous – dans le sens le plus vrai et le plus large du terme. Personne ne doit même entrer ici et se sentir sans amis. C'est ma confiance; ce sera comme *il* le voulait, et je veux aussi avoir ma propre vie ! Eh bien, la maison est assez grande pour que nous puissions tous vivre notre vie sans interférer les uns avec les autres. J'ai l'intention d'amener mes affaires privées ici, dans les pièces situées au-dessus de l'extension. Je garderai le bureau du centre-ville pour les entretiens. Et toi, Con ?

Truedale se leva presque d'un bond, puis, les mains plongées dans les poches, il dit :

« Il semble que je n'ai rien à faire ; du moins pas avant la lecture du testament. Je pense que j'y retournerai - j'ai laissé les choses en suspens; il sera temps d'y réfléchir… plus tard.

« Mais, Con, tu as quelque chose à faire. Vous comprendrez après avoir vu les avocats demain matin. Il y a beaucoup d'affaires : de nombreux intérêts de votre oncle qu'il attendait que vous représentiez en son nom, pour veiller à ce qu'ils soient assurés. Le Dr McPherson m'a dit quelque chose sur le testament – assez pour m'aider à commencer.

Truedale regarda Lynda d'un air vide. "Très bien, après cela, j'y retournerai", dit-il presque durement. «Je vais arranger mes affaires d'une manière ou d'une autre. Je ne suis pas un homme d'affaires, mais j'ose dire que l'oncle William a choisi des assistants avisés.

"Qu'est-ce que tu as, Con?" Brace jeta un regard critique à son ami ; « tu as l'air en forme comme un homme peut le faire. Cela a exigé de nous tous beaucoup d'abnégation et de foi, mais d'une manière ou d'une autre, ce devoir était la chose la plus importante en vue ; nous lui devons plutôt cela, j'imagine. Tu sais que tu ne peux pas courir pour te mettre à l'abri tout de suite, vieil homme. Cela a été une course à pied, mais le matin, vous reconsidérerez votre décision et jouerez votre rôle. Il y avait une nouvelle note dans la voix de Kendall. C'était un appel à quelque chose qu'il espérait chez son ami, mais qu'il n'avait jamais testé. Il y eut aussi une peur soudaine du changement qui était survenu à Truedale . Tout n'était pas physique. Il y avait en lui une suggestion déconcertante d'irréalité qui faisait de lui presque un étranger.

"J'ose dire que tu as raison, Ken." Truedale parcourut la pièce et revint. «J'avoue avoir été déchiré à cause de ça. Je n'ai jamais fait ma part – je le vois maintenant – et bien sûr, je m'efforcerai de faire ce que je devrais. Mon corps va bien, mais mes nerfs tremblent encore sous le choc. Demain, tout se mettra en place. Lynda et vous avez été... eh bien... je ne peux pas exprimer ce que je ressens. Il fit une pause. Il était tard et, pour la première fois, il sembla se rendre compte que l'ancienne maison ne lui appartenait plus au sens où elle l'était autrefois. Lynda comprit l'hésitation du moment et sourit légèrement.

"Con, il y a une autre chose dans la maison qui reste telle qu'elle était. Sous les combles, la petite pièce qui était la vôtre vous appartient toujours. J'ai veillé moi-même à ce qu'aucun livre ni aucune image ne soient déplacés. Il y a d'autres chambres à votre disposition – à partager avec nous – mais cette chambre est toujours la vôtre.

Truedale se tenait devant Lynda et tendait les mains à l'ancienne. Ses yeux étaient sombres et il dit d'une voix rauque : « C'est à peu près la plus grande chose que tu aies faite jusqu'à présent, Lyn. Merci. Bonne nuit."

A la porte, il hésita : il sentit qu'il devait parler, mais il semblait impossible de mener ses propres affaires dans les conditions tendues et nouvelles qui l'entouraient. Demain, il expliquerait tout. C'est cette lenteur à prendre une décision qui a le plus contrecarré les meilleurs intérêts de Truedale . S'il le déplorait, il semblait incapable de le surmonter.

Seul dans la petite chambre, plus tard, il se laissa aller. Enfouissant sa tête fatiguée dans ses bras croisés, il s'abandonna à des vagues de souvenirs qui menaçaient de l'engloutir. Tout était comme toujours, un coup d'œil le prouvait. Lorsqu'il s'était séparé de son oncle, il n'avait pris que les articles qui concernaient ses années de maturité . Les images sur les murs – les quelques livres minables qui avaient dérivé dans son enfance solitaire et incomprise – restaient. Il y avait là la boîte verrouillée contenant, Conning le savait très bien, les tentatives pitoyables mais sacrées d'expression de soi. La clé avait disparu, mais il se souvenait de chaque bout de papier caché dans la vieille boîte en fer blanc bosselée. Bientôt, il se dirigea vers la lucarne et l'ouvrit grand. En se penchant, il essaya de retrouver son chemin vers Pine Cone – vers un avenir qui serait libéré de tous ces souvenirs pénibles et de toutes ces restrictions douloureuses – mais le sentier était trop encombré ; il était complètement perdu !

«C'est parce qu'ils ne le savent pas», pensa-t-il. "Après-demain, tout ira bien."

Puis il réfléchit que les trois mille dollars mentionnés par Lynda élimineraient tous les obstacles sur son chemin et sur celui de Nella-Rose. Il n'avait plus besoin de lutter : il pouvait consacrer son temps et ses soins à elle et à son travail. Il ne considérait pas le reste de la succession de son oncle, cela n'avait pas d'importance. Lynda a été prise en charge et lui aussi. Et puis, pour la première fois depuis bien des jours, Truedale envisagea d'éloigner Nella-Rose de ses collines. Il se surprit à insister là-dessus, jusqu'à ce qu'il se réconcilie en se souvenant d'elle telle qu'il l'avait vue pour la dernière fois – s'accrochant à la sienne, avec véhémence, passion.

« Non, j'ai fait mon choix », s'exclama-t-il enfin ; "le retour m'a déstabilisé pour le moment mais son peuple sera mon peuple."

En bas des escaliers, Lynda fredonnait doucement un vieux air : « La chanson de demain », on l'appelait. Cela a captivé et retenu l'imagination de Truedale . Il essaya de se rappeler les lignes, mais seul le thème était clair. C'était le chant éternel de demain, toujours le seul air adapté aux idéaux changeants.

C'était la même idée que la philosophie sur « l'interprétation » que chaque homme faisait de l'histoire déjà écrite, à laquelle Conning avait si souvent réfléchi.

À cette époque, Truedale croyait fermement accepter le principe de la préordination, ou peu importe comment on choisissait de l'appeler. On suivait le chemin sur lequel on avait posé les pieds. On peut s'attarder et errer, dans certaines limites, mais toujours chacun doit revenir à sa destination !

Une horloge d'église lointaine sonna une heure ; la maison était enfin silencieuse – immobile comme la mort. Deux retentirent, mais Truedale réfléchit.

Il parvint enfin à éliminer les circonstances enchevêtrées qui semblaient se dérouler comme un écheveau tordu dans les années s'étendant entre sa sortie de la maison de son oncle et cette nuit de retour. Il essayait de se comprendre, d'évaluer l'homme qu'il était. Il ne l'a pas fait dans un sens égoïste, mais sévèrement, délibérément, parce qu'il sentait que l'avenir l'exigeait. Il doit rendre compte aux autres, mais il doit d'abord rendre compte à lui-même.

Il se souvenait de son enfance, lorsque la méfiance et l'aversion apparente de son oncle à son égard l'avaient poussé à se replier sur lui-même, entraînant presque avec lui le respect de lui-même. Il a revécu les années stériles où, avide d'amour et de compagnie, il a trouvé du réconfort dans une froide fierté qui l'a porté à l'école et à l'université, avec une réputation de travail dur et inflexible et d'habitudes antisociales.

Comme il avait été désespérément seul – combien cruellement sous-estimé – mais il n'avait poussé aucun tollé. Il avait vécu ses années sans se plaindre, sans même exprimer ses succès et ses réalisations. Grâce à une longue pratique de la retenue, sa force résidait dans un calcul délibéré et non dans une action indifférente. Il a caché, à tous sauf aux Kendall , ses ambitions et ses espoirs privés. Il étudiait pour pouvoir se libérer de l'emprise de son oncle. Il avait l'intention de payer chaque centime qu'il avait emprunté – pour obtenir, par une position qui lui permettrait de subvenir au strict nécessaire de la vie, le temps et l'opportunité de développer le talent qu'il croyait secrètement être le sien. Il était prêt, une fois libéré de ses obligations envers le vieux William Truedale , à mourir de faim et à prouver sa foi. Et puis… sa dépression était arrivée !

Laissé à la dérive par la perte de sa santé, dans un environnement qui faisait appel à tout ce qu'il y avait de plus dangereux dans sa nature - croyant que ses anciennes ambitions étaient vaincues - de vieux désirs d'amour, de compréhension et de révélation de soi surgissaient et conquéraient la faible créature qu'il était. Mais ils avaient fait appel au meilleur de lui – et non au plus mauvais – Dieu merci ! Et maintenant? Truedale leva la tête et regarda autour de lui dans la pièce sombre, comme pour retrouver le garçon qu'il avait été et le rassurer.

"Il n'y a plus aucune excuse pour l'hésitation et la foutue faiblesse d'envisager la prochaine étape", pensait Truedale . « J'ai choisi ma propre voie : j'ai choisi les choses simples et les meilleures que la vie a à offrir. Aucun homme dans le monde de Dieu n'a le droit de remettre en question mes actes. S'ils ne peuvent pas comprendre, c'est encore plus dommage.

Et à cette heure et à cette conclusion, l'indifférence et la fausse fierté qui avaient soutenu Truedale dans le passé disparurent alors qu'il faisait face aux exigences du lendemain. Il ne devait plus jamais succomber au manque de confiance développé par sa jeunesse désolée ; Physiquement et spirituellement, il se mettait à l'action maintenant que des exactions étaient faites contre lui.

CHAPITRE X

Le lendemain, Truedale entendit la lecture du testament. Immédiatement après, il se sentit comme un homme dans des sables mouvants. Chaque pensée et chaque mouvement semblaient l'enfoncer plus profondément jusqu'à ce que la fuite paraisse impossible.

Il avait été un instant surpris que la majeure partie de la grande fortune de son oncle soit allée au Dr McPherson, un homme déjà riche et prospère ; puis il a commencé à comprendre. Même si McPherson était libre d'agir comme il l'entendait, il y avait manifestement eu un accord entre lui et William Truedale quant à la conduite de certaines affaires et, ce qui était plus surprenant et plus embarrassant, Conning était désespérément impliqué dans ces affaires. Sous surveillance, apparemment, il devait être reconnu comme le représentant de son oncle et, bien qu'il ne soit pas son héritier direct, certainement son neveu respecté.

Truedale était confus. À moins qu'il ne néglige les souhaits de son oncle, il n'avait d'autre choix que de suivre — tel qu'il était dirigé. Loin d'être mécontent de la répartition de la fortune, il avait été soulagé de savoir qu'il n'en était responsable que d'une petite partie ; mais, d'un autre côté, s'il refusait de coopérer aux projets esquissés par McPherson, il savait qu'il serait lamentablement incompris.

Confus et mal à l'aise, il chercha McPherson plus tard dans la journée et cet homme génial et chaleureux, toujours reculé derrière un extérieur si sévère que peu de gens le comprenaient, le salua presque affectueusement.

« J'ai prescrit six mois pour toi, Truedale », s'est-il exclamé en observant attentivement le résultat de sa prescription, « et tu as guéri en quelques semaines. Vous êtes une excellente publicité pour Pine Cone. Et blanc! N'est-il pas l'homme de Dieu ?

« Je ne l'avais pas pensé de cette façon » – Conning revient à son dernier souvenir du shérif – « mais il vous a probablement montré une autre facette. Il a un respect positif pour vous et j'imagine qu'il m'a accepté comme un devoir que vous lui aviez imposé.

« C'est absurde, mon garçon ! ses rapports de santé étaient des éloges funèbres : il était votre ami.

« Mais n'est-il pas un flibustier avec tous ses autres charmes ? Son mépris pour le gouvernement, tel que nous, les pauvres misérables, le connaissons, est sublime ; et pourtant, c'est l'homme le plus sûr que je connaisse. La loi, me disait-il souvent, était comme un mensonge ; utile seulement aux canailles – aux canailles démolies, comme il les appelait.

« Je vous le dis, il faut un homme de Dieu pour diriger la justice dans ces collines ! White est aussi simple et direct qu'un enfant et aussi sage qu'un juge devrait l'être. Je n'enverrais pas des gens que je connais à White, ils pourraient brouiller sa vision ; mais je pourrais te le confier.

En silence, Truedale contemplait cette image de White ; puis, tandis que McPherson parlait, l'oncle mort se matérialisa si différemment de l'estimation stupide qu'il s'était faite de lui qu'un sentiment de honte l'envahit. Lynda avait quelque peu ouvert les yeux de Truedale , mais l'amour et la compassion de Lynda ont inconsciemment coloré le tableau qu'elle avait dessiné. C'était là un homme d'affaires à la tête dure, un homme qui avait été proche de William Truedale toute sa vie, prouvant maintenant, auprès de son propre neveu, qu'il était un ami clairvoyant, sage, même patient et miséricordieux.

Jamais Truedale ne s'était senti aussi petit et humble. Jamais son indifférence passée et sa fausse fierté n'avaient paru aussi méprisables et égoïstes, son retour à la confiance silencieuse qui reposait en lui, si pitoyablement honteuse.

Il doit assumer sa part maintenant ! Il n'y avait pas d'autre moyen que ça ! S'il devait un jour retrouver son propre respect ou espérer conserver celui des autres, il devait, à l'exclusion de toute inclination privée, s'élever aussi loin qu'il le pouvait en lui-même pour répondre aux exigences qui lui étaient imposées.

« Votre oncle, disait McPherson, pieds et poings liés comme il l'était, a regardé partout pendant ses années de maladie. Je pensais le savoir, je pensais le comprendre ; mais depuis sa mort, j'ai presque l'impression qu'il était inspiré. C'est vraiment dommage que notre bêtise et notre insensibilité nous empêchent de réaliser dans la vie ce que nous sommes assez prompts à percevoir dans la mort — quand il est trop tard ! La confiance de Truedale en moi, alors que je lui ai donné si peu de choses, est à la fois flatteuse et touchante. Il savait qu'il pouvait me faire confiance – et cette connaissance est la meilleure chose qu'il m'a léguée. Mais j'attends de toi que tu fasses ta part, mon garçon, et, ce faisant, que tu justifies beaucoup de choses qui autrement pourraient être remises en question. Tout d'abord, comme vous venez de l'apprendre, le sanatorium pour des cas comme celui de votre oncle doit être ouvert immédiatement. Il existe maintenant une bande de terre qui, si elle convient à nos besoins, peut être exploitée avec un grand avantage si elle est prise immédiatement et moyennant de l'argent. Nous allons le voir cette semaine et nous saurons alors mieux où nous en sommes.

"J'aimerais", Truedale coloré rapidement, « pour retourner à Pine Cone pour quelques jours. Je pourrais commencer tout de suite. Vous voyez, je suis parti assez brusquement et j'ai amené...

Mais McPherson a ri et a agité la main dans un geste large qui éliminait l'espoir et la peur, les affaires mineures et même la mort elle-même, parfois.

"Oh! Jim ne touchera à rien. Vos pièges y sont certainement suffisamment en sécurité. De telles choses peuvent attendre, mais pas cet accord foncier. Il y a d'ailleurs des hommes à voir : architectes, maçons, etc. Les souhaits de votre oncle étaient des plus explicites. La construction, vous vous en souvenez, devait être commencée dans les trois mois suivant sa mort. Ayant tout le temps dont il disposait lui-même, il n'a laissé que peu de choses précieuses aux autres.

Encore une fois, le grand rire et le grand geste ont mis fin à Pine Cone et aux aventures tragiques de la petite Nella-Rose. À moins qu'il ne soit prêt à dévoiler ses raisons personnelles, Truedale comprit qu'il devait attendre encore quelques jours. Et il n'avait certainement pas l'intention de se confier à McPherson.

« Très bien, docteur, dit-il après une légère pause, mettez-moi au travail. Je veux que vous sachiez que, autant que je peux, j'ai l'intention – trop tard, comme vous le dites – de prouver mes bonnes intentions au moins à… mon oncle.

"C'est comme ça qu'on parle !" McPherson se leva et frappa Conning dans le dos. « J'avais l'habitude de dire au vieux Truedale que s'il vous avait davantage mis dans sa confiance, il aurait pu nous faciliter la vie à tous ; mais il était timide, mon garçon, timide. À bien des égards, il ressemblait à une femme – une femme blessée et sensible.

« Si seulement j'avais su – seulement imaginé » ; Conning se dirigeait vers la porte ; "Eh bien, au moins, je suis au travail maintenant, Dr McPherson."

Et puis, pendant une heure ou deux, Truedale a parcouru les rues de la ville, perplexe et désemparé. Il était absorbé sans sa propre volonté. Par une force subtile, il était convaincu qu'il faisait partie d'un projet plus grand et plus fort que ses propres désirs et inclinations. À moins qu'il ne soit prêt à jouer le rôle d'un lâche, il doit ajuster ses pensées et ses idées pour qu'elles coïncident avec les règles et règlements du jeu de la vie et des hommes. Avec cette connaissance, d'autres convictions, plus désolantes, ont joué un rôle. Dans son attitude de défi et son égoïsme, il avait désespérément mélangé les choses. Dans la lumière froide et claire des relations conventionnelles de ces dernières semaines, débarrassées du glamour de son amour romantique et de son prétendu mépris des restrictions sociales, elles se sont révélées étonnamment significatives. Pour le moment, Truedale ne parvenait pas à concevoir comment il avait jamais pu faire l'imbécile comme il l'avait fait ! Pas un seul instant, cette prise de conscience n'a affecté son amour et sa loyauté envers Nella-Rose ; mais le fait qu'il eût été emporté par la passion le réduisit au mépris de la folie qu'il avait commise. Et, pensa-t-il, s'il pouvait maintenant, après quelques jours, contempler ainsi ses actes, comment pouvait-il supposer que d'autres les considéreraient avec tolérance et sympathie ?

Non; il doit accepter les résultats inévitables de son action. Son amour, son intention sincère de vivre un jour sa propre vie à sa manière, allaient lui coûter plus cher que ce qu'il avait aveuglé par l'égoïsme et la passion des collines.

Eh bien, il était prêt à payer jusqu'au bout, même si cela lui coûtait le plus profond chagrin. De même qu'il était prêt à assumer le fardeau que la confiance de son oncle en lui impliquait, de même il était prêt, maintenant qu'il voyait les choses clairement, à renoncer aux liens les plus chers et les plus étroits de son ancienne vie.

Il se demandait comment il avait pu rêver qu'il pourrait aller voir Lynda et Brace avec son étonnante confession et s'attendre à ce qu'ils, au premier moment de choc, ouvrent leur cœur et le comprennent. Il riait presque, maintenant, en imaginant l'absurdité. Et à ce moment-là, il se redressa brusquement et parvint à sa conclusion.

Il ne pouvait se livrer à personne comme un âne sentimental ; il doit arranger les choses au plus vite pour retourner dans le Sud ; il ferait, juste avant de commencer, parler à Lynda et Brace de son attachement pour Nella-Rose. Ils comprendraient certainement pourquoi, dans le stress et la tension des événements récents, il n'avait pas fait part de ses nouvelles surprenantes auparavant. Il ne demanderait ni n'attendrait de sympathie ou de coopération . Il doit supposer qu'ils ne pouvaient pas le comprendre. Cela allait être la rupture la plus dure de sa vie, Truedale le reconnaissait, mais c'était la pénalité qu'il pensait devoir payer.

Alors il partirait… pour sa femme ! Il la sécuriserait en privé, par toutes les conventions nécessaires qu'il avait si follement méprisées ; il l'amènerait à son peuple et laisserait à sa douceur et à son tendre charme la conquête de ce que lui, dans son aveuglement, avait presque perdu.

Alors, dans cet état d'esprit, il retourna chez son oncle et écrivit une longue lettre à Nella-Rose. Il l'a formulé simplement, comme s'il s'agissait d'un petit enfant. Il lui rappela la vieille histoire qu'elle lui avait racontée un jour, selon laquelle elle croyait qu'un jour elle réaliserait une grande chose.

« Et maintenant, vous avez votre chance ! » il a plaidé. « Je ne peux pas vivre dans tes collines, ma chérie, même si souvent toi et moi y retournerons et serons heureux dans la petite maison en rondins. Mais tu dois venir avec moi, ton mari. Descendez la Grande Route, laissez-moi vous guider, et vous devez me faire confiance et oh ! mon dony -gal, par ta douceur et ta puissance bénies, tu dois gagner pour moi – pour nous deux – ce que moi seul ne pourrai jamais gagner.

Il y avait plus, beaucoup plus d'amour et de désir, de tendre loyauté et de réconfort passionné, et après avoir terminé sa lettre, il la scella, l'adressa et la mit dans une enveloppe avec une courte note d'explication à Jim White quant à sa livraison. , etc., il l'a envoyé par la poste avec un tel sentiment de soulagement qu'il n'en avait pas connu depuis bien des jours.

Il se prépara à une période d'attente patiente. Il savait avec quelle insouciance le courrier était considéré dans les collines, et l'hiver avait déjà pris possession de Pine Cone, il en était sûr. Ainsi , pendant qu'il attendait, il se plongeait avec impatience dans le travail de chaque jour et constatait avec plaisir que tout semblait se dérouler sans accroc. Il semblait que, lorsque la réponse de Nella-Rose arriverait, il n'y aurait aucune raison de tarder à l'amener dans le Nord.

Mais cet espoir et cette vision n'ont pas complètement banni le chagrin grandissant de Truedale pour le rôle qu'il devra inévitablement prendre lorsque la vérité sera connue de Lynda et Brace. Le récit devenait de plus en plus difficile à mesure que le moment approchait. Jamais ils ne lui avaient semblé plus chers et plus sacrés que maintenant qu'il réalisait le mal qu'il devait leur causer. Il y avait des moments où il sentait qu'il ne pouvait pas supporter les yeux de Lynda, ces yeux amicaux et confiants. Serait-elle un jour capable, dans les années à venir, de pardonner et d'oublier ? Et Brace… comment cette nature franche et directe pouvait- elle comprendre la fièvre de la folie qui, au nom de l'amour, avait trahi la confiance et la foi de toute une vie ? Eh bien, il restait beaucoup de choses à la charge de la petite fille des montagnes dont la fascination et la beauté plaideraient puissamment. Truedale n'avait aucun doute sur le pouvoir de Nella-Rose .

Puis vint la lettre dévastatrice de White à la fin d'une journée épuisante où Conning devait dîner avec les Kendall .

Cet après-midi-là, il avait réglé ses affaires immédiates, s'était arrangé avec McPherson pour une semaine d'absence et avait l'intention d'expliquer dans la soirée à Brace et Lynda la raison de son voyage. Il allait partir vers le sud dès le lendemain, qu'une lettre vienne ou non. Il s'était préparé pour l'heure cruciale avec ses amis ; avait déjà, dans son imagination, fait ses adieux aux relations qui les avaient unis étroitement au cours des dernières années. Il croyait, parce qu'il était capable de payer ce lourd tribut pour son amour, qu'aucune autre preuve ne serait nécessaire pour convaincre même Lynda de son intensité.

Ils dînèrent joyeusement et seuls et, alors qu'ils traversaient ensuite le hall, vers la bibliothèque, Lynda demanda avec désinvolture :

« As-tu reçu les lettres pour toi, Con ? La servante les a déposés sur le support près de la porte.

Puis elle entra dans la pièce lumineuse avec sa longue chaise vide, chantant « La chanson de demain » dans son doux contralto qui méritait une meilleure formation.

Il y avait trois lettres : une d'un homme dont le fils Truedale avait été le tuteur avant son départ, une de l'architecte du nouvel hôpital et une volumineuse du Dr McPherson. Truedale les emporta tous dans la bibliothèque où Brace s'asseyait confortablement devant le feu ; et Lynda, quelques créations de décoration d'intérieur étalées devant elle sur une table basse, toujours bourdonnantes, se balançant doucement d'avant en arrière dans une bascule très féminine. Conning s'est assis en face de Kendall et a déchiré l'enveloppe de son défunt patron.

« Je vous le dis, Brace, dit-il, si quelqu'un m'avait dit il y a six semaines que je serais un jour indifférent à une éventuelle offre de tuteur, je me serais moqué de lui. Mais c'est ainsi . Faute de temps, je dois refuser le payeur assuré, M. Smith.

Lynda rit joyeusement. « Et il y a six semaines, si quelqu'un était venu me voir dans mon étagère supérieure, où j'exerçais mon métier, et m'avait expliqué cela » (elle agita la main autour de la pièce) « J'aurais appelé le concierge pour qu'il publie un message. personne dangereuse. Hé ho!" Et puis la tête brune était penchée sur le problème d'un ordre arrivé ce jour-là.

"Oh! Je dis, Lyn !" Truedale se détourna de sa deuxième lettre. « Morgan vous suggère de *vous* occuper de la décoration et de l'ameublement de l'hôpital. Je lui ai dit de choisir son homme et il te préfère si je n'ai pas d'objection. Objection? Bon Dieu, je n'ai jamais pensé à toi. D'une manière ou d'une autre, j'ai considéré qu'un tel travail ne faisait pas partie de vos compétences, mais j'en suis ravi.

"Splendide!" Lynda leva les yeux, radieuse. « Comme je me délecterai de ces espaces vastes et propres ! Comme je verrai l'oncle William dans chaque pièce ! Remerciez-le, Con, et dites-lui que j'accepte, selon ses conditions !

Puis Truedale ouvrit la troisième enveloppe et une lettre ci-jointe en tomba, portant le cachet de la poste de Junction près de Pine Cone !

Il y avait une petite lampe de lecture électrique sur le bras du fauteuil de Truedale ; il alluma la lumière et, tandis que son visage était dans l'ombre, les mots devant lui ressortaient illuminés.

"Monsieur... Monsieur Truedale ." Le shérif avait visiblement été très perplexe quant au bon début de la tâche qu'il avait entreprise.

"J'envoie ceci par le vieux Doc McPherson, ne connaissant pas de meilleur moyen."

(L'épître de Jim était presque exempte de ponctuation, ses mots étaient presque ininterrompus et donnaient au lecteur quelques difficultés à suivre.)

Votre lettre à un certain jeune est arrivée et a été détruite à cause de ma réflexion dans les circonstances actuelles, certaines personnes qui ne vous connaissent pas feraient mieux de ne pas l'entendre maintenant. J'ai apporté la lettre à Lone Dome pendant que vous vous installiez pour que je la donne à Nella-Rose comme vous l'aviez dit, mais elle n'était pas là. Pete était là et Marg – c'est la sœur de Nella-Rose, et elle s'apprête à épouser ce coquin démoli de Jed Martin, ce qui, à mon avis, est la meilleure punition qui puisse lui être infligée. Pete était tout à fait sobre pour lui et rafraîchi grâce aux faits auxquels j'arrive maintenant et quand Pete est sobre, il n'y a pas de jurons plus sensés que ce qu'il est ni un gentleman . Eh bien, j'ai demandé du naturel pour Nella-Rose et Marg a grimpé dans sa bouche, sachant très bien que je savais que Jed était son deuxième choix pour elle - mais Pete m'a dit que Nella-Rose avait épousé Burke Lawson et s'était enfuie vers des endroits plus sûrs. et quand j'ai surmonté le choc , j'étais certainement reconnaissant d'être shérif, ce n'est pas tout ce que cela peut être lorsque vos idées sur la justice et les goûts se croisent. Je n'ai plus posé de questions. Peter était sobre – il ne ment que lorsqu'il est ivre et n'a aucune envie de réveiller Marg. Je viens de repartir et j'ai brûlé la lettre que tu as envoyée. Mais j'ai réfléchi à mon propre compte depuis l'arrivée de votre lettre et je pense avoir étudié la chose clairement sur la base de preuves circonstancielles, ce sur quoi je dois principalement continuer dans les bâtons. Je t'ai certainement fait une insulte noire le jour où je suis tombé sur toi et Nella-Rose. Je n'ai pas laissé entendre, et je ne le ferai jamais, qu'elle était chez moi, mais ce n'est pas étonnant que la pauvre enfant ait été terriblement bouleversée quand je suis entré. Elle était venue vers moi, alors j'ai étudié et je t'ai trouvé, tout à fait étranger. ! Comment avez-vous réussi à apaiser la pauvre petite chose, je ne sais pas – elle était sauvage comme une puce – mais en plus de ça, je vous ai claqué et j'ai craqué sur vous deux et « elle ne pouvait pas » parler de Burke devant vous et c'est assez clair ce qu'elle était venue faire, et je n'ai laissé à aucun de vous une jambe sur laquelle s'appuyer. J'ai été assez déprimé, je peux vous le dire et je vous demande pardon, humble, jeune homme, et si jamais je peux faire un tour à Nella-Rose en laissant Burke libre, quoi qu'il fasse, je le ferai ! Mais il est peu probable qu'il agisse avant un certain temps. Nella-Rose a toujours réussi à l' apprivoiser et il la suit de près depuis qu'elle est toute petite. Je suis vraiment content qu'ils aient pris les choses en main et soient partis. Elle n'a pas ressenti la vraie signification noire que j'avais dans mon cœur ce jour-là quand elle a couru - mais vous l'avez fait et j'ai certainement honte du rôle que j'ai joué.

Si vous pouvez ignorer ce qu'aucun homme n'a besoin de négliger chez un autre, votre accueil est brûlant ici pour vous à tout moment.

JIM BLANC

Shérif.

Truedale a lu et relu cette production étonnante jusqu'à ce qu'il commence à tâtonner dans l'enchevêtrement des mots et à en saisir un sens - faux, ridiculement faux bien sûr, mais néanmoins conçu comme une explication et une excuse. Ensuite, les éléments non essentiels ont disparu et un seul fait est resté ! Truedale se laissa tomber sur sa chaise, éteignit la lumière électrique et ferma les yeux.

"Fatigué, vieil homme?" Kendall a demandé de l'autre côté du foyer.

"Oui. Mort de fatigue."

"Vous voyagerez plus facilement lorsque vous aurez l'allure."

"Indubitablement."

"Faites une petite sieste", suggéra Lynda.

"Merci, Lyn, je le ferai." Alors Truedale , à l'abri de toute intrusion, tenta de sortir du labyrinthe dans lequel il avait été plongé. Lentement, il se remit de l'effet du coup stupéfiant et en arriva bientôt au point où il sentit que tout cela n'était qu'un mensonge cruel ou une plaisanterie stupide. Là, il s'arrêta. Jim n'était pas du genre à mentir ou à plaisanter sur une telle chose. C'était une erreur, sûrement une erreur. Il irait immédiatement à Pine Cone et arrangerait les choses. Nella-Rose ne pouvait pas agir seule. La tradition, la formation, ont conspiré pour la rendre inapte à cette crise ; mais qu'elle ait quitté son amour et sa foi pour se retrouver dans les bras d'un autre homme était incroyable. Non; elle était en sécurité, probablement cachée ; elle lui écrirait. Elle avait l'adresse : elle était vive et rapide, même si elle était impuissante face à l'anarchie de son environnement montagnard. Truedale a vu la nécessité de faire preuve de prudence, non pas pour lui-même, mais pour Nella-Rose. Il ne pouvait pas partir seul à sa recherche. De toute évidence, il y avait eu des agissements sauvages après son départ ; personne d'autre que White et Nella-Rose ne connaissait son existence réelle - il doit utiliser White pour l'aider, mais surtout il doit s'attendre à ce que Nella-Rose lui fasse savoir où elle se trouve. Jamais il n'a douté d'elle ni accordé de crédit aux conclusions que White avait tirées. Comme Jim en savait vraiment peu ! Demain, des nouvelles viendraient de Nella-Rose ; D'une manière ou d'une autre , elle parviendrait, une fois qu'elle serait à l'abri d'être suivie, à se rendre à la gare et à télégraphier. Mais il ne pouvait plus être question de laisser la jeune fille dans les collines après cela ; il doit, dès qu'il l'a repérée, l'emmener ; emmenez-la dans sa vie – chez lui et chez elle !

Une sueur froide éclata sur le corps de Truedale alors qu'il se fouettait sans pitié dans la pièce immobile où ses deux amis, l'un le croyant endormi, attendaient son réveil.

Eh bien, il était enfin réveillé, Dieu merci ! La seule différence entre lui et une créature telle que les hommes et les femmes de bien abhorrent était qu'il avait l'intention de retrouver, autant qu'il était en lui, l'erreur et l'injustice du passé. Toute sa vie future devrait prouver son objectif. Et puis, comme un doux parfum ou une touche spirituelle, son amour plaidait pour lui. Il avait été faible, mais pas vicieux. La vie sans entraves avait obscurci sa raison et ses sens l'avaient trompé, mais l'amour n'était pas terni – et c'était l' amour. Cette fille des collines était désormais la même qu'elle avait toujours été. Elle l'accepterait, lui et son peuple, et il ferait de sa vie une vie telle qu'une fois passée le mal du pays des collines, elle n'aurait aucun regret.

Puis une autre phase retint la pensée de Truedale . À l'époque où Nella-Rose acceptait, dans le sens le plus large du terme, son peuple et son code, quelle serait sa position à ses yeux ? Un gémissement lui échappa, puis un autre, et il sursauta nerveusement.

"Eh bien, qu'est-ce que c'est : un mauvais rêve ?" Lynda lui toucha le bras pour le réveiller.

« Oui, une très mauvaise réponse ! »

" Dis- le moi. Dites-le pendant qu'il est frais dans votre esprit. On dit qu'une fois qu'on a mis des mots sur un rêve, son effet est tué à jamais.

Truedale tourna vers Lynda des yeux sombres et tristes.

« Je… j'aimerais pouvoir le dire, » dit-il avec un sérieux qui la fit rire, « mais c'était le genre de chose qui échappe aux mots. L'impression rampante et dévorante – une sorte de cauchemar. Bon dieu! comme les nerfs jouent au diable avec vous.

Brace Kendall n'a pas parlé. De chez lui, il surveillait Truedale , car la lueur du feu avait trahi la vérité. Truedale n'avait pas dormi : Truedale avait été terriblement bouleversé par sa dernière lettre !

Et juste à ce moment-là, Conning se pencha en avant et jeta tout son courrier sur les bûches enflammées !

CHAPITRE XI

Pour Truedale , il était hors de question d'attendre calmement de nouveaux développements . Il s'efforça cependant d'agir le plus raisonnablement possible. Il était sûr que Nella-Rose, bien cachée et probablement en train d'en profiter à sa manière d'elfe, communiquerait avec lui au plus tard dans quelques jours, maintenant que les choses s'étaient, selon White, quelque peu mises en place après que le hors-la-loi Lawson ait été tué. s'est retiré de la scène.

Se rendre à la gare et au télégraphe représentait à tout moment tout un exploit pour Nella-Rose, et l'hiver s'abattait probablement déjà sur les collines. Écrire et envoyer une lettre peut être encore plus difficile. Ainsi raisonnait Truedale ; il attendait donc fébrilement, mais il ne restait pas inactif. Il loua une charmante petite suite de chambres, dans les hauteurs d'un nouvel immeuble, et supplia Lynda de les remettre en ordre immédiatement. D'une manière ou d'une autre , il pensait que dans les années à venir, une fois qu'elle aurait compris, Lynda serait heureuse qu'il lui ait demandé cela.

"Mais pourquoi se dépêcher, Con?" elle a naturellement interrogé; « Si les gens doivent être si spasmodiques , je devrai trouver un partenaire. C'est peut-être bien, du point de vue financier, mais c'est la ruine de l'art.»

"Mais c'est un cas spécial, Lyn."

"Ce sont tous des cas particuliers."

"Mais c'est un... bienvenu."

"Pour qui?"

« Eh bien, pour moi ! Tu vois, je n'ai jamais eu de vraie maison, Lyn. C'est l'un des luxes dont j'ai toujours rêvé.

« Je pensais, » les yeux clairs de Lynda s'assombrirent, « que la maison de ton oncle serait enfin ta maison. C'est assez grand pour nous tous : nous n'avons pas besoin de nous affronter les uns les autres.

"Gardez ma chambre sous le toit, Lyn." Truedale la regarda avec envie et elle… mal compris ! « J'en parlerai souvent – à vous et à Brace – mais faites-moi plaisir dans mes fantaisies.

Elle lui fit donc plaisir , travaillant tôt et tard, y mettant plus de son propre cœur qu'il ne l'aurait jamais su, car elle croyait, la pauvre fille, qu'il la lui offrirait un jour et ensuite, lorsqu'il apprendrait l'existence de l'objet. de l'argent – comme tout cela ressemblerait à un conte de fées ! Et Lynda avait eu si peu de contes de fées dans sa vie.

Et pendant qu'elle dessinait et que Conning regardait et suggérait, ils parlaient de son travail longtemps négligé.

« Tu auras bientôt le temps, Con, d'y réfléchir au mieux. Avez-vous fait beaucoup de choses pendant votre absence ?

"Oui, Lyn, beaucoup!" Truedale était assis près de la petite cheminée de son petit salon. Lui et Lynda avaient demandé et avaient finalement réussi à obtenir un espace ouvert pour de vraies bûches ; dédaignant, au grand étonnement du propriétaire, un tapis d'amiante ou une monstruosité de gaz. "J'ai vraiment mis du sang dans le truc."

« Et quand pourrai-je en entendre un peu ? J'ai hâte de retrouver nos sentiers battus.

Truedale leva les yeux, mais il regardait au-delà de Lynda ; il voyait Nella-Rose dans le nid qu'il lui préparait.

«Bientôt, Lyn. Bientôt. Et quand vous le ferez, vous, le monde entier, comprendrez, sympathiserez et approuverez.

« Merci, Con, merci. Bien sûr que je le ferai, mais c'est bien de le savoir ! Voyons, quelle palette de couleurs allons-nous introduire dans le salon ? »

« Ne pourrions-nous pas avoir une sorte de bleu-gris ; une teinte plutôt fumée avec du soleil dedans ?

« Bon Dieu, Con ! Et c'est aussi une pièce au nord.

"Eh bien, que diriez-vous d'un brouillard brumeux et blanchâtre..."

"De pire en pire. Mais dans une pièce nord, il doit y avoir de la chaleur et de la vraie couleur .

"Il y aura. Mais mets ce que tu veux, Lyn, tout ira sûrement bien.

« Supposons alors que nous le rendions brun doré, ou... rouge terne et doux ? »

Truedale se souvient du petit châle miteux que Nella-Rose portait avant d'enfiler son déguisement d'hiver.

"Rends-le d'un rouge doux et terne, Lyn, mais pas *trop* terne."

Truedale n'avait plus l'intention de dévoiler son secret avant de partir pour le Sud. Même s'il ne voulait pas l'admettre dans son cœur anxieux, il réalisa qu'il devait fonder son avenir sur le résultat de son voyage. Une fois qu'il aurait mis la main sur Nella-Rose, il agirait rapidement et avec espoir, mais... il devait en être sûr, maintenant, avant de faire un faux pas. Il y avait eu suffisamment d'erreurs, Dieu le savait ; il ne doit plus faire le fou.

Et puis, lorsque la petite cage dorée fut prête, Truedale conçut sa grande et désespérée idée. Deux semaines s'étaient écoulées depuis la lettre de Jim White et aucun télégramme ni note n'était venu de Nella-Rose. Ni l'amour ni la prudence ne pouvaient attendre plus longtemps. Truedale a décidé d'aller à Pine Cone. Non pas comme un voyageur de retour , certainement pas - au début - à White, mais à Lone Dome, et là, se faisant passer pour un voyageur de hasard, il rassemblerait autant de vérités qu'il le pouvait, en estimait la valeur, et sur la base de celles-ci. suivre son futur cours. Selon toute probabilité, pensait-il – et il était presque gay maintenant qu'il était sur le point de prendre les choses en main – il découvrirait les faits réels et serait de retour avec sa proie avant une semaine. Il s'agissait simplement d'obtenir la vérité et d'être sur place.

La famille de Nella-Rose aurait pu, pour des raisons qui lui sont propres, tromper Jim White. Certes , s'ils ne savaient pas à l'époque où se trouvait Nella-Rose, ils exprimeraient, comme d'autres, leurs soupçons à l'égard des collines ; mais à présent, soit ils l'auraient avec eux, soit ils sauraient avec certitude où elle se trouvait. Malgré toute sa détermination à croire cela, Truedale a connu des moments de doute écoeurant. La simple déclaration contenue dans la lettre de White a gravé, au fil du temps, son âme même.

Mais quoi qu'il arrive, quoi qu'il y ait à savoir, il avait l'intention de se rendre immédiatement au quartier général. Il resterait également jusqu'à ce que Peter Greyson soit suffisamment sobre pour énoncer les faits. Il se souvenait clairement de l'évaluation que Jim avait faite de Greyson et de sa double nature dépendant en grande partie de l'effet du whisky de montagne.

C'était fin novembre lorsque Truedale partit. Personne n'a fait d'objection à ce qu'il parte maintenant. Les choses se déroulaient bien et s'il devait y aller pour régler les détails, il ferait mieux d'y aller immédiatement.

Pour Lynda, le voyage semblait assez simple. Truedale avait laissé, entre autres effets personnels, son manuscrit et ses livres. Naturellement, il ne les confierait pas à la négligence d'autrui.

À Washington, Truedale a acheté une plate-forme de piétinement et a continué son voyage avec un véritable plaisir de l'aventure. Maintenant qu'il approchait du lieu de son expérience passée , il pouvait mieux comprendre le retard. Les choses avançaient si lentement parmi les collines et naturellement Nella-Rose, confiante et affectueuse, faisait partie de cette vie paresseuse. Comme elle montrerait ses petites dents blanches quand, souriant dans ses bras, elle lui racontait tout ! Il ne lui faudrait pas longtemps pour lui faire oublier le temps fatigant de l'absence et les idées fausses de White.

Truedale a procédé par étapes délibérées. Il voulait rassembler tout ce qu'il pouvait comme base sur laquelle construire. Le premier jour après avoir quitté le train à la gare - et celui-ci avait heurté le bout des rails comme lors de son précédent voyage - il marcha jusqu'au Centre et y rencontra Merrivale .

"Eh bien, étranger", demanda le vieil homme, " où ouais j'y vais , si ce n'est pas le cas tu en demandes trop ?

Et Truedale a expliqué en détail. Il parcourait les montagnes par pur plaisir ; avait entendu parler de l'hospitalité à laquelle il pouvait s'attendre et avait l'intention de la tester.

Merrivale était content mais prudent. Lui-même était plein de questions, mais il courait se mettre à couvert chaque fois que son visiteur s'en aventurait. Truedale a vite appris sa leçon et a absorbé ce qui lui était proposé sans en revendiquer ouvertement davantage. Il est resté la nuit chez Merrivale et s'est approvisionné le lendemain matin au magasin.

Il avait entendu beaucoup de choses, mais peu, et cela ne servait à rien. Il emportait avec lui une image assez claire de Burke Lawson qui, grâce à la grande faveur de Merrivale , paraissait héroïque. La tempête, les recherches, la fuite de Lawson et l'enlèvement présumé de Nella-Rose étaient les principaux sujets de conversation. Merrivale rit de plaisir à ce sujet.

L'après-midi du deuxième jour, Truedale atteignit Lone Dome et rencontra Peter, sobre et étonnamment respectable, prenant le soleil du côté ouest de la maison.

Le premier coup d'œil sur la vieille silhouette majestueuse, en voie de décomposition comme un arbre atteint de pourriture morte, surprit et étonna Truedale et il remercia le ciel que le maître de Lone Dome soit lui-même et donc sur lequel il pouvait compter ; personne ne pouvait soupçonner Pierre de ruse ou de tromperie dans son état actuel.

Greyson salua cordialement l'étranger. Il était en vérité désespérément désespéré et proche du bord de l'endurance. Une heure de plus et il aurait défié les puissances qui avaient récemment pris le contrôle de lui et se serait dirigé vers l'alambic au fond des bois ; mais l'arrivée de Truedale l'en sauva et détourna ses pensées tragiques.

Le fait était que Marg et Jed étaient partis se marier. En raison de la mort du ministre voisin lors de la dernière tempête, ils ont dû parcourir une distance considérable pour commencer la vie selon les idées strictes de Marg en matière de bienséance. Avant de partir, elle avait fait comprendre à son père la nécessité de garder l'esprit clair en son absence.

« Nous sommes peut-être tous partis depuis des jours, père », avait-elle dit, « et vous passez certainement dans des endroits ignobles lorsque vous êtes ivre. Vous pourriez geler ou mourir de faim. Encore une bête qui se cache, chassant pour se nourrir, pourrait vous mordre pour avoir vos sens .

Greyson expliqua quelque chose de cela à son invité tout en préparant le repas du soir et en s'excusant pour le manque de stimulant.

"Étant donné son voyage de mariage , j'ai laissé Marg faire ce qu'elle voulait et l'esprit libre de s'inquiéter pour moi. Mais les femmes ne comprennent pas, que Dieu les bénisse ! C'est quoi une goutte dans ta propre maison ? Mais dès qu'elle a commencé, Marg a renversé chaque cruche sur le tas de bois. Quand je vois les flammes briller , j'en connais la raison !

Greyson rit, marchant d'avant en arrière de la table au garde-manger, à pas réguliers, presque dignes.

« Ce n'est pas grave, » s'empressa de dire Truedale , « je suis plutôt enclin à être d'accord avec votre fille ; et… » en évoquant la concoction que Peter avait élaborée – « ce thé… »

"Café, monsieur."

"Excusez-moi! Ce café va directement sur place.

Ils ont mangé et sont devenus confidentiels. Se rapprochant, mais restant à l'abri, Truedale gagna la confiance de l'homme solitaire et brisé et, tard dans la soirée, la hideuse vérité, comme Truedale était obligé de le croire, était entre ses mains.

Depuis une heure, Greyson hochait la tête et somnolait ; puis, en s'excusant, en s'excitant. Truedale a un jour suggéré de se coucher, mais pour une raison inexplicable, Peter a hésité à quitter son invité. Puis, risquant beaucoup, Truedale demanda nonchalamment :

« Avez-vous d'autres enfants en plus de cette fille qui est en voyage de noces ? C'est plutôt difficile de te laisser seul pour te débrouiller seul.

Greyson était alerte. Non seulement il partageait la méfiance du montagnard face aux questions, mais il conçut aussitôt l'idée que l'étranger avait entendu des ragots et qu'il était en armes pour défendre les siens. Ses ancêtres, qui avaient autrefois protégé la grand-tante recréante, n'étaient pas plus désireux que Peter de protéger et de préserver l'honneur de la petite fille qui, par ses actes récents - et Greyson n'avait que les paroles de Jed et les paroles de la montagne pour l'accompagner. par… avait éveillé en lui tout ce qui était assez beau pour souffrir. Et Greyson souffrait comme seul peut le faire un homme qui, dans une rare période de sobriété, contemple les épaves de sa propre création.

D'ordinaire, comme White le supposait à juste titre, Peter ne mentait que lorsqu'il était ivre ; mais le shérif n'a pas pu évaluer les aléas du sang et alors, à la question de Truedale , le père de Nella-Rose, avec le geste hérité d'une époque de prospérité, a rallié ses forces et a menti ! Il a menti comme un gentleman, aurait-il dit. Aussi brisé et minable qu'était Greyson, il paraissait, à ce moment-là, si simple et direct, que son auditeur, s'en tenant à l'estimation du shérif, n'avait guère de doute sur ce qu'il entendait. Lui, observant le visage faible et angoissé, croyait que Greyson tirait le meilleur parti d'une triste affaire ; mais qu'il tissait de toutes pièces le vêtement qui devait couvrir le passé, Truedale, dans sa propre misère, ne s'en doutait jamais. Pendant qu'il écoutait, quelque chose mourut en lui pour ne plus jamais revivre.

"Oui Monsieur. J'ai une autre fille, la petite Nella-Rose.

Truedale protégea son visage avec sa main, mais garda ses yeux sur le visage déformé de Greyson.

« Petite Nella-Rose. Je dois garder à l'esprit sa jeunesse et ses façons de profiter, sinon je serais très dur avec Nella-Rose. Vous avez peut-être entendu, en voyageant autour de... o' Nella-Rose ? » Cela fut demandé nerveusement – avec recherche.

«J'ai… j'ai entendu ce nom», osa Truedale . "C'est un nom qui, d'une certaine manière, s'accroche et, étant écrivain-homme, tout m'intéresse."

Ensuite, Greyson a rendu compte de l'épisode du piège qui correspond si exactement à la version de White qu'il a établi une structure solide sur laquelle reposer tout ce qui allait suivre.

"Et il n'y a rien qui puisse accroître la tendresse et la loyauté d'une femme envers un homme", a poursuivi Greyson, "comme se retrouver dans une situation difficile, et Sho ' Burke Lawson était dans une très mauvaise situation.

«Je commence à tout voir maintenant. Nella-Rose est allée chez Merrivale et il lui a dit que Burke était revenu. Merrivale me l'a dit. Naturellement, cela l'a bouleversée et elle l'a suivi pour le prévenir. Pensez à cette petite fille qui parcourait les collines, à travers toute cette tempête, pour ... pour sauver l'homme avec qui elle avait joué et bafoué mais qu'elle aimait, sans le savoir ! Nella-Rose était comme ça. Elle s'est allumée et s'est amusée, mais dans les grands rôles, elle s'est toujours montrée forte.

Truedale a changé de position.

"Je pense que je t'ennuie avec mes ennuis ?" Greyson s'excusa.

"Non non. Continue. Cela m'intéresse beaucoup.

"Eh bien, monsieur, Burke Lawson et Jed Martin se sont affrontés dans les bois profonds la nuit de la grosse tempête et Burke et Jed ont eu des mots et une scène. Jed l'a reconnu. C'était la vie ou la mort et je ne blâme personne et j'ai une chose pour laquelle je dois remercier Burke : il aurait pu faire différemment et laisser une tache sur le nom d'une dame, monsieur ! Il raconta à Jed comment il avait vu Nella-Rose et comment elle l'avait méprisé en le traitant de lâche, mais comment elle retirerait ses paroles s'il osait sortir et montrer sa tête. Et il a dit qu'il allait sortir sur-le-champ, ce qu'il a fait, et lui et Nella-Rose partaient pour Cataract Falls, d'où les Lawson étaient originaires, du côté de la mère.

« Mais… comment savez-vous que votre fille a tenu parole ? Ce Lawson a peut-être été obligé de se débarrasser de lui-même… seul. Truedale devint plus audacieux. Il vit que Greyson, absorbé par son ennui, était moins sur ses gardes. Mais Greyson était extrêmement observateur.

« Il a entendu les rumeurs, pensa le vieil homme, elles résonnent dans les collines. Eh bien, un chien aussi capable de rapporter un os peut en transporter un ! Une fois cette conclusion atteinte, Peter a réalisé son coup de maître.

« J'ai eu de ses nouvelles, » murmura-t-il à moitié.

"Des nouvelles d'elle ?" haleta Truedale , et même alors Greyson semblait ignorer l'attitude de l'étranger. « Comment… avez-vous eu de ses nouvelles ? »

« Elle a écrit et envoyé une longue lettre de… de Bill Trim, un imbécile… mais fidèle. Nella-Rose est allée avec Lawson — elle a dit qu'elle le devait. Il l'a rencontrée dans les bois et lui a tenu parole. Elle a dit qu'elle voulait rentrer à la maison, mais Lawson a expliqué qu'une heure pourrait signifier sa vie et l'a confié à petite Nella-Rose ! Il – il avait juré qu'il se suiciderait si elle ne l'accompagnait pas – et c'était le genre de Burke de le faire. Il a toujours été fou de Nella-Rose, et il n'y a rien qu'il ne ferait pas quand on lui rechignait. Elle… elle devait partir … ou voir Lawson se suicider ; alors elle y est allée, mais elle m'a demandé pardon d' avoir causé ce grave problème. Lawson l'a épousée au premier arrêt au-dessus de la crête. Il n'est pas digne de ma petite Nella-Rose, mais nous devons tous en tirer le meilleur parti. Au printemps, elle reviendra, et puis, je lui pardonnerai, ma petite Nella-Rose !

Sous l'intensité de ses émotions, Greyson tremblait et de faibles larmes coulaient sur son visage ridé. Profitant du moment de tension, Truedale demanda désespérément :

«Voulez-vous me montrer cette lettre, M. Greyson?»

La demande était si directe, si apparemment naturelle à la souffrance incontrôlée du vieil homme, qu'elle renvoyait à des superficialités et ne faisait que confirmer Greyson dans sa détermination à sauver la réputation de

Nella-Rose à tout prix. Ignorant la curiosité injustifiée, attentif à la nécessité d'une défense rapide, il dit :

"Je ne peux pas. J'aimerais bien que je puisse le faire et ensuite je pourrais arrêter toute langue qui oserait utiliser le nom de ma petite fille.

"Pourquoi ne peux-tu pas me montrer la lettre?" Truedale dominait le vieil homme. Par une puissance inconnue, il avait pris le contrôle de la situation. "J'ai une raison pour… poser cette question, M. Greyson."

« Marg l'a brûlé ! C'était allus Marg ou p'tite Nella-Rose pour Lawson, et Nella-Rose l'a eu ! Quand Marg a connu cette fourrure avec certitude, il n'y avait aucune limite à laquelle elle… n'est pas allée ! C'est ma maison, monsieur ; Je suis vieille – Marg est une bonne fille et les ennuis sont désormais passés ; elle et Jed me mettent à l'aise, mais nous ne parlons pas tous de Nella-Rose. Cela me soulage cependant de dire la vérité pour la petite Nella-Rose. Je sais à quel point les langues remuent et je dois rester assis sans bouger car – depuis que Marg et Jed se sont rencontrés – mon avenir repose « longtemps sur eux ». Je suis un vieil homme et très dépendant ; Il fut un temps où… Greyson se leva en hésitant et se dirigea vers la cheminée.

« Oh, c'est puissant ! » » lança-t-il désespérément, « comme je veux… du whisky !

Truedale vit la sauvagerie dans les yeux du vieil homme, vit le tremblement et les contractions des mains tendues, et craignit ce qui pourrait être le résultat de troubles et d'une sobriété forcée. Il sortit une grande flasque de sa poche et la lui tendit.

"Ici!" dit-il, "prends une gorgée de ceci et ressaisis-toi."

Greyson, avec un cri, saisit l'alcool et en vida chaque goutte avant que Truedale ne puisse le contrôler.

« Que Dieu vous bénisse ! » gémit Greyson en s'enfonçant dans son fauteuil, "bénis et—et garde - toi !"

Truedale n'osait pas quitter la maison même si son âme reculait devant la vue qui s'offrait à lui. Il attendit une heure, observant l'effet du stimulant. Greyson s'adoucit après un certain temps, en paix avec le monde ; il sourit bêtement et devint tristement familier. Finalement, Truedale s'est approché de nouveau. Il se pencha sur lui et le secoua vivement.

"M'as-tu dit la vérité à propos de Nella-Rose ?" murmura-t-il à la créature affaissée et aux yeux larmoyants.

"Oui Monsieur!" gémit Peter, "Je l' ai fait!"

Et Truedale n'a pas réfléchi à cela lorsque Greyson était ivre : il a menti !

Truedale ne s'est jamais rappelé clairement comment il avait passé les heures entre le moment où il quittait Greyson et celui où il frappait à la porte de la cabine de White ; mais il faisait grand jour et il faisait un froid mordant lorsque Jim ouvrit la porte et regarda l'étranger sans se douter un instant qu'il l'avait déjà vu auparavant. Puis, tendant la main avec étonnement, il marmonna :

« Mon Dieu ! » et attira Truedale . Le petit déjeuner était étalé sur la table ; les chiens gisaient devant le feu flamboyant.

"Manger!" ordonna Jim, "et garde la mâchoire fermée, sauf pour mettre de la nourriture."

Conning a tenté l'exploit mais a fait une pitoyable performance.

"Tu viens rester?"

La curiosité de White le trahissait et la sympathie dans ses yeux remplissait Truedale d'un désir fou de prendre cet « homme de Dieu » dans sa confiance.

« Non, Jim. Je suis venu faire mes valises et retourner à… à mon travail !

« Mon Dieu ! ça ne peut pas être un gros travail si vous pouvez vous y attaquer – ça ressemble à ce que vous faites !

« Je marche depuis… depuis des jours, vieil homme ! C'est plutôt exagéré. Je ne suis pas si mauvais que j'en ai l'air.

"Ravi de l'entendre!" laconiquement.

"Je te supporterai ce soir, Jim, si tu m'accueilles." Truedale fit un effort pour sourire.

" Tu prouves qu'il n'y a pas de rancune ? "

« Il n'y en a jamais eu, White. J'ai compris."

"Secouer!"

Ils ont réussi à passer la journée d'une manière ou d'une autre. La croûte se formait à cause des souffrances de Truedale ; il n'avait plus aucune envie de laisser même les Blancs percer. Une fois, dans l'après-midi, le shérif parla de Nella-Rose et Truedale l'écouta sans broncher.

«Cette fille va faire manger Burke dans sa main en un rien de temps. Lawson va bien au niveau du noyau, tout ce dont il avait besoin c'était de quelqu'un ter le stabiliser. Une fois que je me suis assuré qu'il avait épousé la fille, je me suis senti très à l'aise dans mon esprit.

« Et tu… tu t'en es assuré, Jim ? Il n'y avait aucun doute ? Je–je me souviens de cette jolie petite chose ; ça aurait été damnable de… de lui faire du mal.

« J'ai déniché l'essentiel du vieux Pete, son père. Il y avait beaucoup de discussions dans les collines, mais j'étais heureux d' avoir les faits et de fermer la bouche à ceux qui prennent le ter - ter sifflant comme des scorpions tout virés ! Nella-Rose avait écrit à son père, mais Marg, la sœur, a déchiré la lettre avec rage parce que Nella-Rose avait trouvé l'homme sur qui elle avait misé ses sentiments . Est-ce que vous vous souvenez de ce que je vous ai dit un jour à propos de ces deux filles et d'une petite poule blanche ?

Truedale hocha la tête.

« Même vieux comportement ! » continua Jim. « Mais quand Greyson a révélé quelle guerre il y avait dans la lettre – connaissant Burke comme moi – je l'ai étudié assez clairement . Nella-Rose était sûre d'être contre le sang et le tonnerre, quelle que soit la manière dont vous le dites, alors elle a tenté sa chance avec Burke. Il n'y a pas beaucoup de choix pour les femmes dans les collines et Burke est un type fougueux , et il n'a jamais pensé à aucune autre femme que Nella-Rose.

Cette nuit-là, Truedale se rendit dans son ancienne cabane. Il alluma un feu dans l'âtre, plaça le canapé devant lui, et alors la bataille commença, la lutte acharnée et acharnée. Dans ce document, Nella-Rose s'est échappée. Comme un peu de brume que brûle le soleil, elle fut ainsi purifiée – consumée par le feu des remords et de la honte de Truedale . Pas un instant il n'a laissé à la jeune fille l'ombre d'un reproche – il en avait fini avec ça pour toujours ! – mais il s'est tenu devant le tribunal de sa propre âme et il s'est prononcé contre lui-même dans des termes que la moralité sévère a développés pour son propre protection. Mais de l'épave et de la ruine, Truedale a arraché une vérité sacrée à laquelle il savait qu'il devait s'accrocher – ou sombrer complètement. Il ne pouvait s'attendre à ce que quiconque dans le monde de Dieu comprenne ; cela devait toujours être caché dans sa propre âme, mais son mariage avec Nella-Rose à l'aube grise après la tempête avait été sacré et liait pour lui. Désormais, il devra considérer la petite montagnarde comme une épouse chère et décédée, une épouse dont la douceur enfantine faisait partie d'une époque où il avait appris à rire et à jouer, et à oublier les années difficiles qui avaient conduit à sa perte. pas son édification.

CHAPITRE XII

Truedale est retourné au lieu de sa nouvelle vie, emportant avec lui ses livres, sa pièce inachevée et son chagrin secret. Ses livres et ses papiers étaient le prétexte de son voyage ; pour le reste, personne ne s'en doutait et – c'est ce que pensait Truedale – personne ne devait jamais le savoir. Cette partie de l'histoire de sa vie était terminée ; cela avait été interprété de manière maladroite et par ignorance, certes, mais la leçon, apprise par l'échec, était profondément ancrée dans son cœur.

Il disposait son travail privé dans la petite pièce sous les combles. Il avait l'intention, si jamais il avait le temps, de recommencer là où il s'était arrêté lorsque sa santé brisée l'avait interrompu.

Dans la pièce annexe située au-dessus de la chambre à coucher de William Truedale, Lynda poursuivait ses travaux de conception et son étude ; son bureau, dans les quartiers chics, était réservé aux entretiens et aux affaires extérieures. Son atelier à domicile avait la touche féminine qui manquait à l'autre. Il y avait sa table à thé près du foyer, des sacs de travail en soie délicate et des fleurs dans des vases en verre. Le chien et les chats étaient les bienvenus dans la chambre agréable et dormaient ou se roulaient tranquillement pendant que la maîtresse travaillait.

Mais Truedale , bien que résidant dans son ancienne maison, gardait toujours son appartement de cinq pièces. Il acheta un bon chien, serviable, qui préférait la vie de célibataire à toute autre et qui se nourrissait de longues promenades nocturnes et d'une alimentation irrégulière. Il y avait des plantes qui poussaient aux fenêtres – et Conning en prenait soin avec un soin consciencieux.

Une fois les premières souffrances et le sentiment d'humiliation passés, Truedale a découvert que la vie dans son petit appartement était non seulement possible, mais aussi son salut. Toute l'essence spirituelle qui restait en lui survivait mieux dans ces pièces. Au fur et à mesure que le temps passait et que Nella-Rose en tant que réalité s'éloignait, sa mémoire restait intacte . Truedale ne l'a jamais blâmée, même s'il essayait parfois de la considérer d'un point de vue extérieur. Non; elle a toujours éludé l'estimation matérielle.

« Pas plus qu'à moitié réelle », ainsi White l'avait dépeinte, et en tant que telle, elle est progressivement devenue Truedale .

Il s'est lancé dans les affaires, comme beaucoup d'hommes avant lui, pour combler les lacunes de sa vie ; et il découvrit, comme d'autres, que le goût du pouvoir – la découverte qu'il pouvait satisfaire et satisfaire aux exigences qui lui étaient imposées – le faisait sortir des profondeurs et lui assurait finalement une place dans le monde des hommes qu'il appréciait et s'est efforcé de prouver qu'il en était digne. Il a sagement procédé lentement et a suivi les conseils d'hommes tels que McPherson et l'ancien avocat de son oncle. Il a grandi avec le temps pour jouir d'une position de confiance à mesure que ses devoirs se multipliaient, et il se demandait souvent comment il avait pu mépriser le sort commun de ses semblables. Il a délibérément et par choix mis de côté ses goûts personnels – suffisamment de temps pour lire et écrire une fois qu'il aura endurci ses muscles mentaux, pensa-t-il. Lynda a déploré cela, mais Truedale a expliqué :

« Vous voyez, Lyn, quand j'ai commencé à sculpter la chose – la pièce, vous savez – je n'avais aucune idée de comment manipuler les outils ; comme beaucoup d'imbéciles avec un brin de talent, je pensais pouvoir me débrouiller sans préparation. J'ai mieux appris. Vous ne pouvez pas transmettre quelque chose aux gens sans connaître quelque chose de la vie : parler la langue. J'apprends, et quand je sens que je ne peux *m'empêcher* d'écrire, j'écris.

"Bien!" Lynda a compris son point de vue ; « Et maintenant hantons les théâtres, voyons les machines en état de marche. Nous découvrirons ce que veulent les gens et *pourquoi* .

Alors ils allaient au théâtre et lisaient des pièces de théâtre. Brace a fait le tiers sain et leur vie s'est installée dans une jouissance calme qui était charmante mais qui parfois – pas souvent, mais occasionnellement – faisait réfléchir Lynda. Il ne suffirait pas, pour Con, de suivre un rythme qui pourrait nuire à son meilleur bien.

Mais cette pensée fit monter un cramoisi profond sur les joues de la jeune fille.

Et puis quelque chose s'est produit. C'était si subtil que Lynda Kendall, et encore moins, en a réalisé la véritable signification.

Au début de son autonomie financière assurée, William Truedale lui avait dit :

"Tu accordes trop d'attention, ma fille, à ton tailleur et pas assez à ta couturière."

Lynda avait en riant traité son amie de frivole et défendu sa garde-robe.

"On ne peut pas se préparer pour les affaires, oncle William."

« Les affaires sont-elles toute ta vie, Lynda ? Si c'est le cas, vous feriez mieux de le réformer. Si les femmes veulent modeler leur vie sur celle des hommes, elles doivent aller jusqu'au bout. Un homme sensé reconnaît parfois la nécessité de fermer la porte du bureau et d'enfiler son complet.

« Eh bien, mais oncle William, quel est le problème avec ce costume parfaitement confectionné ? J'enfile toujours un nouveau chemisier lorsque je ne suis pas en service. Je déteste changer constamment.

« Si tu avais une mère, Lynda, elle te ferait comprendre ce que je veux dire. On ne peut pas s'attendre à ce qu'un vieux champignon comme moi inspire le respect d'un imbécile aussi moderne que vous !

Ils en avaient ri et Lynda avait, une ou deux fois, enfilé une robe de chambre pour faire plaisir à son amie critique, mais avait finalement enfilé des costumes et des chemisiers.

Tout d'un coup, un jour – on approchait des vacances –, à midi, elle quitta son atelier et, presque honteuse, « alla faire du shopping ». La fièvre lui pénétrant le sang , elle devint imprudente et, à cinq heures, elle avait acheté et commandé chez elle des parures plus délicates et plus exquises qu'elle n'en avait jamais possédées de toute sa vie auparavant.

"C'est scandaleux!" murmura-t-elle à son jeune cœur gai, "un terrible gaspillage d'argent, mais pour la première fois, je vois comment les femmes peuvent devenir folles de vêtements."

Elle a consacré l'heure et demie précédant le dîner à trouver une couturière artistique et à se remettre entre ses mains.

Le résultat était à la fois surprenant et excitant. La première robe à rentrer à la maison était une pièce de velours brun doré terne, si douce, si collante et si individuelle qu'elle faisait frémir celle qui la portait. Elle a « coiffé » et défait ses cheveux et, ce faisant, a découvert que si elle détachait les « côtés », il y avait une tendance à boucler et l'effet était nettement charmant – avec cette étrange robe, bien sûr ! Puis, rassemblant tout son courage, elle se dirigea vers la bibliothèque et remercia le ciel lorsqu'elle trouva la pièce vide. Il serait plus facile d'occuper la scène que d'entrer tardivement lorsque le public était en position. Alors Lynda s'est assise, a essayé de lire, mais elle était si nerveuse que ses yeux brillaient et ses joues étaient roses.

Brace et Conning sont arrivés ensemble. "Regardez qui est ici!" » fut le salut fraternel de Kendall. « Eh bien ! Con, regarde notre amie ! Il a tenu sa sœur à bout de bras et a commenté ses « arguments ».

"Je ne savais pas que tu avais les cheveux bouclés, Lyn."

« Moi-même, je ne l'ai pas fait jusqu'à cet après-midi. Vous voyez," elle tremblait un peu, "maintenant que je n'ai plus besoin d'aller dans le métro pour aller au travail, il n'y a aucune raison d'exclure... ce genre de choses" (elle toucha la jolie robe), "et une fois qu'on se laisse aller, vous ne savez pas où vous atterrirez. Les boucles vont avec ces volants ; des pantoufles aussi… regardez !

Puis elle leva les yeux vers Conning.

"Pensez-vous que je suis très... frivole ?" elle a demandé.

"Je n'ai jamais su" - il la regardait sérieusement - " à quel point tu es belle, Lyn. Portez cette robe matin, midi et soir ; c'est magnifique.

"Je suis content que vous aimiez ça tous les deux. Je me sens un peu inhabituel, mais je vais m'installer. J'ai été un peu soigné en tenue vestimentaire.

À l'instar de la robe du géant, les vêtements de Lynda Kendall semblaient la transformer et lui conférer les attributs qui leur sont propres. Si progressivement, sans surprise, elle a développé le don béni du charme et cela a coloré sa vie et celle des autres comme la lueur d'un feu caché.

Tout cela n'a pas gêné ses affaires. Une fois qu'elle a enfilé sa tenue de travail , elle était la Lynda compétente du passé. Un peu plus de sentiment, peut-être, apparaissait dans ses créations – une conception plus large ; mais c'était naturel, car le bonheur lui était venu — et un délicieux sentiment de réussite. Elle, comme une femme, commença à se réjouir de son pouvoir. Elle apprit avec un véritable plaisir le mariage de John Morrell avec une jeune fille occidentale, à peu près à cette époque. Son ciel se dégageait de tous regrets.

"Morrell était au bureau aujourd'hui", a déclaré Brace à sa sœur un soir, "il m'a semblé un peu impétueux de sa part de parler si longuement de son bonheur et de toute cette sorte de pourriture."

"Entretoise!"

« Eh bien, cela pourrait convenir à un autre gars, mais pour moi, cela semblait désaccordé, d'une manière ou d'une autre. Il dit qu'elle est du genre à se jeter corps et âme dans l'amour ; Je parie qu'elle est idiote.

Lynda parut immédiatement sérieuse.

"J'espère que non," dit-elle pensivement, "et elle sera plus heureuse avec John, à long terme, si elle a quelques réserves. Je n'ai pas pensé cela une seule fois ; Je le fais maintenant."

« Mais... toi, Lyn ? Vous aviez des réserves à brûler.

« J'en avais... trop. C'est là que l'erreur a commencé.

« Vous... vous ne regrettez pas ? »

Lynda s'approcha de lui.

« Attendez, je ne regrette rien. J'apprends que chaque étape mène à la suivante, si vous ne trébuchez pas. Si vous le faites, vous devez vous relever et repartir. Si John a appris de moi, moi aussi j'ai appris de lui. Je vais essayer d'aimer sa femme.

« Je parie qu'elle est, d'une manière ou d'une autre, un croisement entre un cow-boy et une idiote. John protestait trop contre ses charmes. Elle a une sœur – cela me semble un peu comme si Morrell les avait épousés tous les deux. Elle vient vivre avec eux après un certain temps . Quand je tomberai amoureux, ce sera avec un orphelin sorti d'un asile.

Lynda a ri et a serré son frère dans ses bras. Puis elle dit :

"Notre cercle s'élargit et, au fait, Brace, je vais commencer à divertir un peu."

"Bon Dieu, Lyn!"

"Oh! modestement, jusqu'à ce que je puisse utiliser mes petites ailes raides. Un dîner de temps en temps et un déjeuner de temps en temps quand je connais assez de femmes sympas pour faire une bonne prestation. Les vêtements et les femmes, lorsqu'ils sont adoptés tard dans la vie, sont difficiles. Mais ah ! Préparez-vous, c'est génial, cette vie de famille bénie qui est la mienne ! Le fait de m'éloigner de mon travail bien-aimé pour quelque chose d'encore meilleur.

<hr>

Le pouls d'une ville bat plus vite en hiver. Toute la vitalité des hommes et des femmes bien nourris est à son maximum, tandis que pour ceux qui tombent au-dessous de la normale, la nécessité de la lutte pour l'existence les porte à un niveau élevé. Ce n'est pas le cas dans les régions montagneuses profondes et lointaines. Là, les habitants se cachent des éléments et se replient sur eux-mêmes. Pendant des semaines, aucun être humain ne s'aventure hors de l'abri et du confort relatif des cabanes ternes. Les familles, si serrées et privées de la liberté du grand public, souffrent mentalement et spirituellement comme une personne venant du vaste repaire des hommes peut difficilement le concevoir.

Lorsque Nella-Rose s'est détournée de Truedale en ce jour doré d'automne, elle a affronté l'hiver et les terreurs enfermées du froid et de la solitude. Dans deux semaines , les derniers vestiges de l'automne seraient passés, et la jeune fille ne pouvait envisager d'être emprisonnée avec Marg et son père en attendant que l'amour lui revienne. Elle s'arrêta sur le chemin humide et feuillu et réfléchit. Elle avait dit à Truedale qu'elle rentrerait chez elle, mais qu'importe. Elle irait chez Miss Lois Ann. Elle saurait quand Truedale reviendrait ; elle pourrait aller vers lui. En attendant , aucun être humain ne l'ennuierait ou ne l'interrogerait dans cette cabane au fond du Hollow. Et Lois Ann passait les longues heures par des histoires et des chansons. Il lui semblait qu'il n'y avait qu'une chose à faire – et Nella-Rose l'a fait ! Elle s'est enfuie vers la femme dont Truedale avait à peine entendu le nom.

Il lui fallut trois bonnes heures pour parcourir la distance jusqu'au Creux et il faisait bien nuit lorsqu'elle frappa à la porte de la petite cabane. Selon toute apparence, l'endroit était désert ; mais après le deuxième coup, un volet à droite de la porte s'ouvrit et une longue main maigre apparut tenant une bougie allumée, tandis qu'une voix grave et riche criait :

"OMS?"

« Jes'Nella -Rose!»

La main se retira, le volet fut fermé, et une minute plus tard, la porte s'ouvrit en grand et la jeune fille fut entraînée dans la pièce chaude et confortable. Le souper, d'une meilleure sorte que ce que la plupart des femmes des collines connaissaient, fut étalé sur une table propre, et dans la joie et la sécurité, Nella-Rose s'étendit et décida de prendre immédiatement la vieille femme en confiance et ainsi d'assurer son confort actuel jusqu'à Truedale. est revenu la réclamer.

Cette Lois Ann, dans les yeux enfoncés de laquelle brillait et brillait la jeunesse éternelle, était un mystère dans les collines et n'a jamais été remise en question. Il y a longtemps, elle était venue, n'avait demandé aucune faveur et s'était installée pour s'en sortir du mieux qu'elle pouvait. Il n'y avait qu'un seul passeport sûr pour son sanctuaire. C'était… un problème ! Une fois que le malheur nous surprenait, le sexe était oublié, mais à d'autres moments, il était entendu que Miss Lois Ann avait peu de goût ou de sympathie pour les hommes, tandis que d'un autre côté, elle couvait les femmes et les enfants avec la force éternelle de la maternité.

On soupçonnait, et avec raison, que de nombreux réfugiés de la justice passaient par la porte d'entrée de Miss Lois Ann et s'enfuyaient par d'autres sorties. Les officiers de police avaient, plus d'une fois, retracé leur proie jusqu'à la morne cabane et exigé l'entrée pour la fouille. Cela a toujours été donné rapidement, mais aucun coupable n'a été trouvé sur place ! White comprenait et admirait la vieille femme ; il arrêtait toujours la justice, si possible, en dehors de son domaine, mais, étant un homme des collines, Jim avait des soupçons qu'il n'exprimait jamais.

"Alors maintenant, chérie, qu'est-ce que tu viens me voir pour cette nuit noire ?" » dit Lois Ann à Nella-Rose après que le repas du soir ait été débarrassé, que le feu se soit rallumé et « avec quatre pieds sur le pare-chocs », les deux étaient contents. "Inquiéter?" Les yeux merveilleux scrutèrent le visage jeune et heureux et au premier regard, Nella-Rose sut qu'elle était obligée de se confier ! Il n'y avait pas le choix. Elle sentait le pouvoir se resserrer autour d'elle, elle trouvait que ce n'était pas aussi facile qu'elle l'avait supposé, de l'expliquer. Elle a gagné du temps.

« Racontez-moi une bonne et belle histoire, Miss Lois Ann, » plaida-t-elle, « et bien sûr, ce n'est pas un problème qui m'a amenée ici ! Inquiéter! Hein!"

"Et alors?" Et maintenant, Nella-Rose se laissa tomber sur la pierre du foyer et pencha la tête sur les genoux de la vieille femme. Il était plus possible de parler quand elle pouvait échapper à ces regards qui la cherchaient. Elle ferma la sienne et essaya d'appeler Truedale dans l'espace sombre et à son soutien, mais il ne voulut pas venir.

« Alors c'est un problème, alors ? »

"Non non! c'est... oh ! c'est la... joie, Miss Lois Ann.

"Ha! Ha! Et vous avez découvert que ce jeune coquin est de retour, ce Lawson ? Lois Ann, pendant un instant, fut soulagée.

"Ce... ce n'est pas Burke," les mots vinrent avec persistance. "Oui, je sais qu'il est de retour, est-il là ?" Ceci avec effroi.

« Non, mais il l'a été. Il reviendra peut-être. Sa gueule est toujours vide, mais je dirai ceci pour le scélérat : il donne plus qu'il ne prend, à la longue. Mais si ce n'est pas Lawson, qui alors ? Pas ce serpent dans l'herbe, Jed ? L'amour et les ennuis étaient synonymes pour Lois Ann quand on était jeune, jolie et idiote.

«Jed? Jed en effet !

« Enfant, finis-en ! »

"Je—je vais vous le dire, Miss Lois Ann."

Alors la vieille main nouée tomba comme une feuille fanée sur les cheveux doux : le cœur de femme était prêt à porter un autre fardeau. Pas un mot ne furent prononcés par les lèvres fermées tandis que l'étonnante histoire se poursuivait indéfiniment dans une douce voix traînante. La consternation, voire le doute sur la santé mentale de la jeune fille, occupaient une partie de l'esprit vif de la vieille femme, mais peu à peu la vérité de l'aveu s'est établie, et une fois qu'on s'est rendu compte qu'un étranger — et un *tel* — avait été caché dans les collines pendant que cette chose que la jeune fille racontait se passait : l'esprit fort et clair de l'auditeur interprétait la vérité par les connaissances acquises au cours d'une vie longue et difficile.

« Et donc, voyez-vous, Miss Lois Ann, c'est comme s'il m'avait ouvert le paradis ; et je veux me cacher ici jusqu'à ce qu'il vienne me prendre au ciel avec lui. Et personne d'autre ne doit le savoir.

Lois Ann avait arraché le capuchon du visage de bébé de Nella-Rose – avait senti, dans son cœur superstitieux, que l'enfant était mystérieusement destinée à voir grand et loin ; et maintenant, avec une agonie qu'elle s'efforçait de dissimuler, elle savait que c'était à elle qu'était confiée la tâche de retirer le voile de l'âme de la jeune fille à ses pieds, afin qu'elle puisse voir au loin dans le royaume des femmes souffrantes.

Pendant un moment la femme s'est clôturée, elle lui retirerait la coupe si elle le pouvait, comme tous les humains qui comprennent.

"Tu... tu me mens ?" » demanda-t-elle faiblement, et oh, mais elle aurait donné beaucoup pour entendre le rire espiègle d'assentiment de la jeune fille. Au lieu de cela, elle vit les yeux de Nella-Rose devenir mortellement sérieux.

« Ce n'est pas un mensonge, Miss Lois Ann ; c'est une belle vérité.

« Et pendant des jours et des nuits tu es resté seul avec cet homme ?

La main maigre, avec une force implacable, agrippait maintenant le visage tombant et le tenait fermement tandis que la lumière du feu jouait pleinement sur lui, pendant que les vieux yeux perçants s'enfonçaient dans l'âme même de Nella-Rose.

« Mais il… c'est mon homme ! Vous oubliez le… le mariage sur la colline, Miss Lois Ann !

La voix s'éleva un peu et la couleur quitta les lèvres tremblantes.

"Votre homme!" Et un rire amer retentit sauvagement.

« Arrêtez, Miss Lois Ann ! Tu ne me regarderas pas comme ça !

La vision était terne – Nella-Rose frissonnait.

« Tu ne me regarderas pas comme ça ; Dieu ne le ferait pas… pourquoi devriez-vous le faire ?

« Dieu ! » - la voix brisée prononçait le mot avec amertume. "Dieu! Qu'est-ce que Dieu se soucie des femmes ? Ce sont les hommes pour lesquels Dieu a créé les choses, et nous devons tous les repousser – les hommes et Dieu sont contre nous, les femmes !

"Non non! Laissez-moi libre. J'étais si heureuse jusqu'à... Oh ! Miss Lois Ann, vous ne m'enlèverez pas mon bonheur.

" Yo 'est venu au bon endroit, yo ' po' lil ' chili . "

Les yeux avaient vu tout ce qu'ils avaient besoin de voir et la main laissa tomber le joli visage frémissant.

« Nous attendrons… oh ! certainement nous attendrons tous une semaine ; deux semaines; puis trois. Et nous allons tous nous cacher et voir ce que nous verrons tous ! Un rire dur et pitoyable résonna dans la pièce. « Et maintenant, au lit ! Ramenez le placard de ma chambre. Personne ne peut t'atteindre là - bas, Chili . Dormez, rêvez et… oubliez.

Et cette nuit-là, Burke Lawson, après une heure de lutte, décida de sortir parmi les siens et de prendre sa place. Nella-Rose l'avait décidé. Il en avait assez de se cacher, fatigué de jouer son jeu. Un regard sur le visage qu'il avait aimé depuis son enfance avait renversé la tendance. Lawson n'avait jamais été aussi longtemps éloigné de son étoile directrice. Et elle avait dit qu'il pourrait demander à nouveau quand il l'oserait - et ainsi il sortit de sa grotte. Une fois dehors, il inspira profondément et librement, tourna son beau visage vers le ciel et *sentit* la prière qu'un autre aurait pu exprimer.

Il pensa à Nella-Rose, se souvint de son amour de l'aventure, de son courage et de son esprit splendides. Rien ne pouvait la gagner aussi sûrement que la proposition qu'il s'apprêtait à lui faire. Lui demander de rester à Pine Cone et de s'installer avec lui comme son montagnard serait peu tentant, mais l'emmener dans des champs nouveaux et plus vastes, c'était une autre affaire ! Et ils partiraient – lui et elle. Il trouverait un cheval quelque part, d'une manière ou d'une autre. Avec Nella-Rose derrière lui, il ne s'arrêterait jamais jusqu'à ce qu'un curé soit trouvé, et après cela, pourquoi le monde leur appartiendrait-il parmi lequel choisir ?

Et c'est à ce stade de l'état fervent et religieux de Lawson que Jed Martin s'était matérialisé et avait rendu impératif qu'il soit traité de manière sommaire et définitive.

Après avoir confié son avenir immédiat à Martin subjugué – après l'avoir forcé à se cacher à la pointe d'un pistolet – Burke, avec son grand rire sain, sortit de nouveau de la grotte en rampant. Puis, se redressant de toute sa hauteur, il parcourut à grands pas le sentier détrempé menant à la cabane de White avec le cœur le plus léger et le plus pur qu'il ait porté depuis de nombreuses journées. Mais le destin lui réservait un vilain tour. Il était à mi-chemin de chez White lorsqu'il entendit des pas. L'habitude était forte. Il a rapidement grimpé à un arbre. La lune sortit à ce moment-là et révéla le disciple. « Le pote de Blake », marmonna Lawson et, alors que le gros chien prenait position sous l'arbre, il comprit les choses. Blake était son pire ennemi ; il avait un compte à régler concernant les agents du fisc et une peine de prison dont Lawson était responsable. Pendant que la chasse générale était en cours, Blake était entré dans la chasse, pensant mettre les choses au clair, sans pour autant se mettre trop en avant.

" Yo 'créature infernale ! " murmura Lawson, « dans une minute tu vas hurler, yo 'po' brute. Je déteste te tirer dessus – tu es ce que tu es – mais voilà.

Après cela, celui des Blancs fut impossible pendant un certain temps et Nella-Rose dut attendre. Dans un jour ou deux, probablement – c'est ce que Burke réfléchit rapidement – il pourrait repartir en courant, demander à White de l'aider et emporter son prix, mais pour le moment, plus tôt il atteindrait la sécurité au-delà de la crête, mieux ce serait. Tirer sur un chien n'était pas une mince affaire.

Lawson s'est mis en sécurité mais avec une jambe cassée ; car, en descendant le cours d'eau, il avait rencontré le malheur et, pendant ce long et dur hiver, incapable de se débrouiller tout seul, il avait été caché en toute sécurité par un ami opportun et servi par un médecin qui avait été introduit clandestinement sur les lieux et bien payé. son aide et son silence.

Et dans la cabane de Lois Ann, Nella-Rose attendait, d'abord avec un espoir serein, puis avec un désir pitoyable. Elle et la vieille femme n'ont jamais évoqué la conversation de la première nuit mais la jeune fille était sûre d'être surveillée et protégée et elle ressentait le doute et le mépris dans l'attitude de Lois Ann.

«Je vais… je vais faire venir mon homme», décida-t-elle enfin désespérément à la fin de la deuxième semaine. Mais elle n'osait pas risquer un voyage jusqu'à la gare lointaine pour envoyer un télégramme. Elle cherchait donc une occasion d'envoyer une lettre qu'elle avait soigneusement et douloureusement écrite.

«Je vais chez Miss Lois Ann à Devil-may-come Hollow. Je vous fais confiance et je vous aime, mais Miss Lois Ann, ne croyez pas ! Alors s'il vous plaît, Monsieur Man, venez lui dire, puis revenez et j'attendrai, très sincèrement.

Votre Nella-Rose.

puis elle a barré le nom et griffonné « Votre doney -gal ».

C'était au début de la troisième semaine que Bill Trim arrivait en sifflotant sur le sentier, par une matinée froide et glaciale de novembre. Il apportait à Lois Ann une multitude de « cadeaux de gratitude » de la part d'hommes et de femmes qu'elle avait secourus dans les moments difficiles et qui se souvenaient toujours d'elle, pratiquement, lorsque l'hiver « se couchait ».

Bill était un imbécile mais aussi fort qu'un bœuf ; et, une fois chargé d'une tâche, il la gérait d'une manière qui lui avait donné une position sûre dans la communauté. Il transportait le courrier jusque dans les districts les plus reculés, quand il y en avait à transporter. Il « transportait » de lourdes charges, rassemblait des ragots et les répandait généreusement. Il était impersonnel, ignorant et analphabète, mais il faisait de son mieux et rampait aux pieds de quiconque lui montrait le moins d'affection. Il avait horriblement peur de

Lois Ann sans aucune raison qu'il aurait pu donner ; il avait peur de ses yeux, de ses mains fines et griffues. Alors qu'il lui livrait maintenant les paquets qu'il avait pour elle, il accepta la nourriture qu'elle lui donna puis s'élança pour la manger confortablement, hors de portée de ces regards qu'il redoutait.

Et là, Nella-Rose le chercha et s'assit à côté de lui avec un morceau de choix qu'elle avait gardé de son meilleur repas.

« Trim, » murmura-t-elle alors qu'il était sur le point de commencer, « voici une lettre : Miss Lois Ann veut que vous l'envoyiez par la poste. »

Les yeux brillants regardaient avec envie le visage terne et désespéré.

"Je... déteste le vieux 'un!" » confia Bill.

"Mais tu ne me détestes pas, Bill ?"

"Non."

« Eh bien, faites-le pour moi, mais ne dites à personne que vous m'avez vu. Tu vois, Bill, j'ai un dollar entier – je l'ai gagné en cueillant des baies. Payez la lettre et conservez le reste. Et si jamais tu vois Marg et qu'elle me demande si tu m'as vu, dis-lui (et ici les dents blanches de Nella-Rose brillaient dans son sourire malicieux), dis-lui que tu m'as vu marcher dans le Hollow avec Burke Lawson !

Le type ennuyeux fut secoué d'un rire stupide. "Je le ferai!" » dit-il, puis il glissa la lettre et le billet d'un dollar dans la poitrine de sa chemise. "Et maintenant, petite fille , laisse-moi te toucher la main", a-t-il plaidé, "de cette façon. " Et tel un pauvre chevalier effiloché et meurtri, il pressa ses lèvres sur la petite main brune de la seule personne qui avait toujours été gentille avec lui.

Au coucher du soleil, Bill s'arrêta pour prendre son souper et réchauffer son corps raidi. Il essaya d'allumer un feu mais le bois était mouillé et, en désespoir de cause, il sortit enfin les papiers de son mince manteau, ils l'avaient aidé à le protéger du froid, et les utilisa pour allumer les pommes de pin. Il s'est reposé et s'est régalé, puis il est parti. A la poste, il chercha parmi ses haillons la lettre et l'argent. Puis son visage devint blanc comme de la cendre :

« Oh, c'est un puissant ! » gémit-il.

"Qu'est-ce qui ne va pas?" Merrivale arriva de derrière le comptoir.

« J'ai brûlé mon plastron. Je vais geler sans les papiers. Ensuite, Bill a expliqué le bâtiment en feu mais, se souvenant de Lois Ann, il a caché toute autre information.

« Tiens, espèce d'imbécile, dit Merrivale sans méchanceté, prends tous les papiers que tu veux. Et prends aussi ce vieux manteau. Et regarde, mon garçon, dans tes errances, as - tu vu la petite fille de Greyson ?

Bill avait l'air rusé et s'approchant, il murmura :

« Elle… et lui, je les sème , de retour dans les bâtons ! Elle… et lui ! Puis il eut un rire idiot.

"C'est ce que je pensais!" Merrivale hocha la tête, avec dans ses yeux le trouble qu'un homme bon connaît parfois ; mais sa confiance en Burke venant à son secours. « Tu veux dire… Lawson ? Il a demandé.

Bill hocha bêtement la tête.

"Alors ferme ta bouche!" a prévenu Merrivale . "Si je vous entends bavarder, je vais vous blanchir la peau , bien sûr, tout en gardant mes réserves."

CHAPITRE XIII

Un mois, puis deux, s'écoulèrent dans la cabane désolée du Hollow. Winter s'agrippa et maintint Pine Cone Settlement dans une emprise mortelle. Des personnes âgées sont mortes et des petits enfants sont nés. Lois Ann, lorsque cela était physiquement possible, se rendait dans les foyers de souffrance et soulageait les femmes, tandis qu'elle réprimandait les hommes pour avoir amené les pauvres âmes à des passages aussi redoutables. Mais Nella-Rose se cachait toujours et reculait. Inutile, désormais, de la prévenir. Un regard nouveau et terrible était apparu dans ses yeux, et quand Lois Ann vit cette terreur rampante , elle sut que son heure était venue. Pour sauver Nella-Rose, croyait-elle, elle devait mettre fin à toutes les illusions et, avec une force vive et délibérée, elle pressa la pomme de la connaissance de la vie entre les lèvres de la jeune fille. L'amère vérité finit par ronger l'âme de la jeune fille et peu à peu la haine, telle qu'elle n'en avait jamais conçue, grandit et la consuma.

« Elle ne mourra pas », pensait la vieille femme qui la surveillait jour après jour.

Et Nella-Rose n'est pas morte, du moins pas extérieurement, mais en elle, comme dans Truedale , la belle et première lueur de pure foi et de passion, épargnée par l'interprétation du monde, s'est évanouie et s'est ratatinée pour toujours.

Le long hiver cachait le secret dans la morne cabane. Les routes et les sentiers étaient fermés ; personne ne s'est approché pour obtenir un abri ou du secours .

Au printemps, Nella-Rose avait peur de tous les êtres vivants, à l'exception de l'âme fidèle qui veillait sur elle. Elle courait et tremblait au moindre bruit ; elle était blanche et les yeux creux, mais sa haine était plus forte et plus féroce que jamais.

Le début de l'été arriva – la période la plus joyeuse de l'année. La chaleur était interrompue par des averses douces ; les fleurs s'épanouissaient à merveille et, en juillet, le miracle le plus ancien s'est produit dans la cabane de Lois Ann : l'enfant de Nella-Rose est né ! Avec son arrivée, le passé semblait effacé ; la haine a fait place à la crainte et à la tendresse respectueuses. Chez la jeune mère, la femme prenait le dessus et elle ne permettait pas à son esprit de nourrir une pensée nuisible.

Pendant les heures de son travail, lorsque Lois Ann, désespérée et effrayée, avait imploré, menacé et ordonné de dire le nom du père de son enfant, elle ne faisait que gémir et fermer ses lèvres plus fermement. Mais quand elle regarda son bébé, elle sourit radieusement et murmura à la vieille créature patiente à côté d'elle :

« Mademoiselle Lois Ann, ce petit enfant n'a pas de père. C'est mon bébé et Dieu l'a envoyé. Je l'appellerai Ann, parce que tu as été très gentille avec moi

.

Ce fut donc « lil ' Ann » et, comme l'étrange réticence et la joie incomprise restaient, Lois Ann, à bout de nerfs, croyant que la mort ou la folie menaçait, se rendit secrètement à la maison Greyson pour se confesser et obtenir de l'aide.

Peter était parti avec Jed. Les deux s'accrochaient désormais comme des bavures. Quelle que soit la détente que Martin pouvait espérer, elle se trouvait à Greyson ; tout ce que Peter pouvait obtenir de confort matériel, devait venir de Jed, et ainsi ils travaillèrent , d'une manière lente et primitive, et se procurèrent un peu de plaisir ensemble. Marg, ayant réalisé son ambition, était contente et, pour la première fois de sa vie, facile à vivre. Et dans cet Eden comparatif, Lois Ann est arrivée avec des mots qui ont brisé la paix et le calme.

Dans sa pensée privée, Marg n'avait jamais douté que sa sœur avait souvent été avec Burke Lawson à Hollow. Lorsqu'il disparut, elle croyait que Nella-Rose était avec lui, mais elle avait soutenu et embelli l'histoire de son père à leur sujet parce qu'elle garantissait son propre respect et couvrait les traces du couple dégénéré d'un bouclier qu'ils ne méritaient en aucune façon. mais qui mettaient leurs défenseurs dans une attitude véritablement chrétienne.

Marg était seule dans la cabine lorsque Lois Ann entra. Elle leva les yeux, rouge et impatiente.

"Comment-de," dit-elle cordialement. « Installez-vous et mangez un morceau. »

"Je n'ai pas le temps", répondit la vieille femme, haletante. "Nella-Rose est chez moi."

La pièce chaude et ensoleillée devenait étouffante pour Marg.

"Qu'est-ce que tu fais ?" » dit-elle, à moitié essoufflée.

"Elle a un… petit bébé."

La couleur du visage de Marg disparut, le laissant pâteux et lourd.

"Burke... ça?"

« Il n'y est pas allé de tout l'hiver. J'ai caché Nella-Rose et sa honte mais je n'ose plus. Je pense qu'elle s'en va.

"En train de mourir?"

"Peut être; ou… » et ici Lois Ann lui tapota la tête.

« Et il… il est allé la quitter ? gémit Marg – « le diable !

Lois Ann a vu la terrible colère monter chez la jeune femme et, tout d'un coup, elle a réalisé à quel point il serait inutile d'exprimer l'histoire sauvage de Nella-Rose. Alors elle se contenta de hocher la tête.

"Je viendrai avec toi", décida immédiatement Marg, "et ne le dis pas à mon père ou à Jed, ils tueraient cette fois, bien sûr!"

Ensemble, ils se dirigèrent vers le Hollow et trouvèrent Nella-Rose dans la pièce calme avec son bébé blotti contre son tendre sein. L'expression de son visage pourrait bien retenir les reproches sur les lèvres de Marg - elle recula presque lorsque ses yeux profonds et vrais rencontrèrent les siens. Toute la fraternité étouffée refit surface un instant alors qu'elle tremblait et s'approchait des deux dans la vieille chaise à bascule recouverte de chintz.

"Voir! mon bébé, Marg. Elle est petite Ann.

"Ann... quoi ?" murmura Marg.

"Juste petite Ann pour—Miss Lois Ann."

« Nella-Rose » (et maintenant Marg tomba à genoux à côté de sa sœur), « dis-moi où il est. Dites-le-moi et aussi sûr que Dieu soit vivant , je le ramènerai ! Je vais lui faire te posséder et… et le bébé ou il… il va… »

Et puis Nella-Rose a ri du rire qui a rendu Lois Ann folle.

"Renvoyez Marg, Miss Lois Ann," Nella-Rose se tourna vers sa seule amie, "elle me fatigue tellement et je ne veux personne d'autre que vous."

Marg se leva, toute tendresse et compassion disparues.

«Vous êtes…», commença-t-elle, mais Lois Ann était entre elle et Nella-Rose.

"Aller!" » ordonna-t-elle avec un terrible mépris. "Aller! Vous n'êtes pas apte à les toucher. Aller! Mourante ou folle, la jeune fille est à moi et non à ceux qui ont du sang de vipère dans les veines. Aller!" Et Marg s'en alla avec le chant de Nella-Rose vers son enfant qui résonnait dans ses oreilles.

Les choses se sont ensuite produites de façon dramatique dans les bois profonds. Marg gardait le secret de la cabane Hollow dans son cœur bouillonnant. Elle avait peur, craignant que son père ou Jed ne découvrent Nella-Rose. Mais elle était parfois remplie d'un étrange désir de voir sa sœur et de toucher cette chose merveilleuse qui reposait sur le sein maternel coupable.

Nella-Rose aurait-elle pour toujours la gloire, même dans sa honte, alors qu'elle, Marg, avec tous les droits de la femme, ne pouvait avoir aucun espoir de maternité ?

Pour une raison ou une autre, Marg se rendait souvent dans les bois aussi près du Hollow qu'elle osait s'y rendre. Elle espérait des nouvelles mais aucune n'arrivait ; et c'était fin août quand, par un midi ensoleillé, elle affronta Burke Lawson !

Le visage de Lawson était étrange et horrible à voir. Marg s'éloigna de lui, effrayée. Elle ne pouvait pas le savoir, mais Burke avait vécu une expérience terrible ce jour-là et il était sur le point de se venger et quiconque se trouverait sur son chemin devait souffrir. Enfin libéré de sa captivité, il avait traversé la chaîne et directement jusqu'à Jim White. Et le shérif, prêt à accueillir le récréateur, l'accueillit sans pitié, le jugeant coupable jusqu'à preuve du contraire.

"Qu'est-ce que tu as fait de Nella-Rose?" » demanda-t-il en se tenant devant Burke avec un feu lent dans ses yeux profonds.

Lawson n'aurait jamais pu être l'homme qu'il était s'il n'avait pas été capable de tenir son propre conseil et de parer aux attaques.

"Qu'est-ce qui te fait penser que j'ai fait quelque chose avec elle ?" Il a demandé.

"Rien de tout ça, Burke Lawson," prévint Jim. "J'ai été ton ami, mais je jure que je te jetterai sur les chiens, comme c'est le cas après toi, avec aussi peu de sensations que je le ferais si tu étais un morceau de viande morte - si tu as fait du mal à cette petite fille.

"Eh bien, je ne lui ai pas fait de mal, Jim. Et maintenant, asseyons-nous et discutons-en. Je veux—la ramener à la maison; Je veux vivre une vie décente yo' -tous. Jim, ne tire pas avant d' être sûr que tu devrais tirer .

Ainsi ramené à la raison, Jim s'assit, partagea son repas avec son ami réintégré et lui raconta les potins des collines. Lawson mangeait parce qu'il était presque affamé et il savait qu'il avait un travail difficile à faire ; il a écouté parce qu'il avait besoin de tous les conseils possibles et il a protégé le nom et la réputation de Nella-Rose avec le courage splendide qui remplissait son jeune cœur et son esprit. Et puis il se mit en quête avec ces mots :

« Pendant que Gawd A'mighty m'entend, Jim White, je vais chercher cette petite Nella-Rose à la maison et je vivrai comme un homme à partir de maintenant. Efface mes péchés , Jim ; fais-moi une place, mon vieux, et je n'en aurai jamais honte – ou que Dieu me fasse exploser !

White prit la jeune main forte et sentit ses yeux s'embuer.

« Ta place est ici, Burke », dit-il, puis Lawson partit.

Une demi-heure plus tard, il rencontra Marg. Dans son esprit, Burke avait une idée assez claire de ce qui s'était passé. N'ayant entendu aucune suggestion concernant Truedale , il l'ignorait aussi que si Truedale n'avait jamais existé. Jed était donc le seul homme à se déclarer coupable. Jed avait, par passion et par vengeance, fait du tort à Nella-Rose et avait ensuite, en sournois et lâche qu'il était, cherché à assurer sa propre sécurité en épousant Marg. Mais qu'avaient-ils fait de Nella-Rose ? Selon White, elle avait disparu la nuit où Jed avait été attaché dans la grotte. Eh bien, Jed doit avouer et payer ! – payer jusqu'au bout. Mais entre lui et Jed Marg se tenait désormais !

"Toi!" s'écria Marg. "Toi! Qu'est-ce que tu veux dire par venir effrontément envers nous tous ?

"Vas t'en de mon chemin!" » ordonna à Burke : « Où est Jed ?

"Qu'est-ce que ça te fait?"

« Vous le saurez bien assez tôt. Laissez-moi passer.

Mais Marg a tenu bon et Lawson a attendu. Le regard dans ses yeux impressionnait Marg, mais sa présence la mettait en colère.

"Qu'est-ce que vous avez fait avec Nella-Rose?" » a demandé Lawson.

« Tu ferais mieux de le découvrir ! Vous l'avez laissé assez longtemps.

« Où est-elle, dis-je ? Et je te le dis maintenant, Marg, tous ceux qui ont fait du tort à cette petite fille me répondront. Où est-elle ?

« Elle… elle et son jeune fils sont chez Lois Ann. Ils sont restés cachés tout l'hiver. Personne d'autre que moi ne le sait ; tu as le temps de réparer... avant... avant que père et Jed ne t'attrapent .

Lawson a pris cela comme un coup entre les yeux. Il ne pouvait pas parler – pendant un instant, il ne pouvait pas penser ; puis un feu sinistre de conviction brûla son âme même.

"Alors c'est tout!" » marmonna-t-il en s'approchant si près de Marg qu'elle recula de peur. "Alors c'est tout! Vous avez tous damné et pratiquement tué la petite fille, puis vous l'avez jetée au diable ! Vous avez pris les restes, vous ! ' cause tu ne pouvais rien obtenir d'autre. Yo ' et Jed » (ici Lawson eut un rire intrépide et terrifiant), « yo ' et Jed sont honorablement mariés, vous deux, et elle ... petite Nella-Rose — est partie pour... » L'émotion étouffa Lawson ; puis il poursuivit : « Il… il lui a fait du tort... à la brute, et vous l'avez emmené à… pour le sauver et vous-même… ! Et elle ?— eh bien, elle est la seule chose sainte dans les collines ; vous ne pouviez pas la damner, vous deux !

"Pour l'amour de Dieu!" supplia Marg, "garde ta langue tranquille et loin de nous ! " Nous ne lui avons rien fait de mal ; tout le monde , même Jed, pense qu'elle est avec toi. Miss Lois Ann l'a cachée – je le savais il y a seulement une semaine. Je n'en ai parlé à personne ! »

Un air de mépris grandit sur le visage de Burke et s'y durcit. Il réfléchissait vite et désespérément. D'une manière vague, il réalisa qu'il avait les rênes entre ses mains ; sa seule préoccupation était de savoir où il devait conduire. Mais au-dessus de tout – profondément vrai et spirituel – se trouvaient son amour et sa pitié pour Nella-Rose.

Ils l'avaient tous trahie et abandonnée. Lawson n'en doutait pas un seul instant. Leur lâcheté et leur duplicité ne l'ont ni surpris ni intimidé ; mais sa fierté – son sentiment de supériorité – lui invitait à faire une pause et à réfléchir avant de se lancer. Finalement il dit :

« Donc , vous dépendez tous de sa sécurité pour votre sécurité ! Prenez-le et soyez damné ! Elle est avec moi... tu me suis ? Elle est avec moi, légitimement mariée et heureuse – heureuse ! À partir de maintenant, je gérerai les affaires de petite Nella-Rose, et le premier murmure d'un homme ou d'une femme contre elle sera contre moi - et Dieu sait que je ne serai pas blâmé pour ce que je fais alors ! Dites à votre connard," Lawson lança un regard noir à Marg terrifiée, "je suis assez fort pour surenchérir sur lui avec le diable, mais à partir de maintenant, lui et vous - faites bien attention, Marg Greyson - lui et vous devez être notre amour. frère et soeur. Voir?"

Avec un rire sauvage, Burke se dirigea vers les bois.

CHAPITRE XIV

Deux ans et demi après la mort de William Truedale, les choses se sont révélées tout à fait conformes à ce que le vieux monsieur aurait souhaité. Souvent, Lynda Kendall, assise à côté de la longue chaise basse et vide, avait envie de tout raconter à son vieil ami. Curieusement, le reclus dans la vie était devenu très vital dans la mort. Il avait travaillé, dans son détachement silencieux et solitaire, mieux qu'il ne l'imaginait. Ses œuvres caritatives, débarrassées des éléments dégradants de nombreuses œuvres similaires, se déroulèrent sans accroc. Le Dr McPherson, sous sa croûte de dureté, était un idéaliste et presque un sentimentaliste ; mais c'était avant tout un homme qui inspirait le respect et commandait l'obéissance. Aucun hôpital avec lequel il a eu affaire n'était marqué par sa personnalité. La négligence et l'indifférence étaient des attributs fatals pour les internes et les infirmières.

«Donnez aux jeunes suffisamment de sommeil, de nourriture et de détente», disait-il aux surintendants, «mais après cela, attendez-vous à un service fidèle et consciencieux, avec autant d'humanité que possible.»

Le sanatorium pour des cas tels que celui de William Truedale attirait déjà une grande attention. Les meilleurs hommes qu'on pouvait trouver faisaient partie du personnel ; des infirmières spécialement formées ont été sélectionnées ; et Lynda avait consacré toute sa réflexion et son énergie à l'aménagement des petites pièces et des salles spacieuses.

Conning, s'habituant aux exigences qui lui étaient imposées, devint enfin fiable et commença à voir dans chaque malade le représentant de l'oncle qu'il n'avait jamais compris ; qu'il avait négligé et qu'il avait appris trop tard à respecter. Il avait presque honte d'avouer combien il s'intéressait au sanatorium. Se rappelant parfois la solitude et la lassitude des jours de William Truedale – imaginant la triste nuit où, comme le disait Lynda, il avait lui-même ouvert la porte pour se libérer et espérer – Conning cherchait à faciliter le chemin pour les autres et ainsi combler les heures d'attente qui il restait moins d'occasions pour une pensée mélancolique. Il introduisit des divertissements et des passe-temps à l'hôpital, les partageait souvent lui-même et s'occupait toujours des autres affaires qu'impliquaient les affaires de William Truedale .

Les hommes qui avaient été nommés pour diriger et contrôler ces intérêts ont finalement laissé les rênes tomber entre des mains désireuses de les saisir et, dans un travail sans fin et un sens de l'utilité, Conning a appris à connaître le contenu et la paix relative. Il en est venu à considérer sa vie actuelle comme une sorte de réparation tardive. Il n'était pas déprimé; avec une surprenante adaptabilité, il accepta ce qui était inévitable et, tout en réservant, au sens personnel, son passé pour des heures privées, il réussit à construire une philosophie et une gaieté qui le portèrent bien au fil des événements.

Ce fut un choc pour lui un soir, près de trois ans après sa visite à Pine Cone, de se retrouver à regarder Lynda Kendall comme s'il ne l'avait jamais vue auparavant.

Elle sortait avec Brace et était en tenue de soirée. Truedale ne l'avait jamais vue ainsi habillée, et il se rendit compte qu'elle était extrêmement belle et... quelque chose de plus. Elle s'approcha de lui, enfilant ses longs gants blancs et amples.

"Je ne peux pas supporter de partir et de te laisser tout seul !" dit-elle en levant les yeux vers les siens.

« Vous voyez, John Morrell nous montre sa toute nouvelle épouse ce soir — et je n'ai pas pu résister ; mais j'essaierai de partir plus tôt.

« Vous avez hâte de voir... Mme. Morrell ? » demanda Truedale , et il se souvint soudain de la relation que Lynda entretenait autrefois avec Morrell. Il n'y avait pas pensé depuis plusieurs jours.

"Très. Vous voyez, j'espère être de grands amis avec elle. Je veux-"

"Quoi, Lynda?"

"Eh bien, pour l'aider à comprendre... John."

"Laisse-moi boutonner ton gant, Lyn" - car Truedale vit que ses mains tremblaient bien que ses yeux étaient paisibles et heureux. Et puis, alors que la main longue et fine reposait dans la sienne, il demanda :

"Et tu... tu n'as jamais regretté, Lyn ?"

« Regretté ? Est-ce qu'une femme regrette quand elle a été sauvée d'une erreur et s'en sort indemne ?

Ils se regardèrent un instant puis Lynda retira sa main.

"Merci, Con, et s'il te plaît, nous nous manquons un peu, mais pas trop. Que ferez-vous pour passer le temps jusqu'à notre retour ?

"Je pense" (Trudale se releva brusquement) " Je pense que je vais monter sous les avant-toits et sortir... la vieille pièce!"

"Oh! comme c'est splendide ! Et vous le ferez – laissez-moi l'entendre – un jour , bientôt ?

"Oui. Les affaires vont plus facilement maintenant. Je peux y penser sans négliger les choses meilleures. Bonne nuit, Lyn. Rentrez votre manteau près de vous, la nuit est mauvaise.

Et puis, seule dans la pièce chaude et lumineuse, Truedale eut la nette impression que Lynda avait emporté autre chose qu'elle-même. Elle avait quitté la pièce affreusement seule ; il devint insupportable de rester là et, comme un garçon, Conning courut vers la petite pièce près du toit.

Il a sorti la vieille pièce de théâtre – il ne l'avait pas déballée depuis qu'il était venu de Pine Cone ! Il le posa devant lui et se consacra bientôt à sa lecture depuis le début. Il était onze heures passées lorsqu'il leva ses yeux fatigués des pages et se laissa tomber dans son fauteuil.

"Je suis comme... tous les hommes !" il murmura. "Tous les hommes - et je pensais que les choses étaient allées plus loin avec moi."

Ce qu'il réalisait, c'est que la pièce et l'influence subtile que Nella-Rose avait exercée sur lui avaient toutes deux perdu leur formidable emprise. Il pouvait contempler le passé sans le sentiment nauséabond de tort et de choc qui l'avait autrefois submergé. Réalisant tout le sens de tout ce qui s'était passé dans son expérience passée, il se surprit à penser à Lynda telle qu'elle l'avait été quelques heures auparavant. Il n'aimait pas que le passé ait encore moins d'emprise sur lui – il voulait s'en libérer. Pas avec amertume – pas avec mépris – mais, argumentait-il, pourquoi sa vie devrait-elle toujours être assombrie par une erreur, aussi cruelle et impardonnable soit-elle, alors qu'elle, cette petite partenaire ignorante dans le tort, avait suivi son chemin et avait sans aucun doute maintenant le mettre à jamais hors de son esprit ?

Comme cela n'avait joué qu'un petit rôle auprès d'elle, la pauvre enfant. Elle avait été trahie par son étrange imagination et avait soudain éveillé sa passion ; elle avait suivi aveuglément où il l'avait mené, mais quand la catastrophe avait menacé celui qui avait fait partie de son ancienne vie – familier avec tout ce qui était réel pour elle – avec quelle facilité l'instinct indompté était revenu au sien !

Et lui – se réconforta Truedale – il était revenu chez *les* siens, et les siens avaient fait valoir leurs droits sur lui. Pourquoi n'aurait-il pas sa seconde chance ? Il voulait l'amour, pas l'amitié ; il voulait... Lynda ! Tout le reste s'effaça et Lynda, la nouvelle Lynda – Lynda aux cheveux qui avaient appris à boucler, la fille aux jolies épaules blanches et aux yeux doux et gentils – se tenait debout, suppliante, dans la vieille pièce délabrée et exigeait qu'on la reconnaisse. « Elle pense, » et ici Truedale couvrit ses yeux, « que je suis – comme je l'étais au début de ma vie – ici ! Que dirait-elle, si elle le savait ? Elle, que Dieu la bénisse, n'est pas comme les autres. Fidèle, pure, elle ne pouvait pas pardonner la *vérité* !

Truedale , pensant ainsi à Lynda Kendall, avoua au meilleur de lui-même que parce que la femme qui remplissait désormais sa vie tenait à ses idéaux élevés – ne les abaisserait jamais – il pouvait l' honorer et la vénérer. Si, comme lui, elle pouvait changer et accepter égoïstement ce qu'elle mépriserait chez un autre, elle ne serait pas la splendide créature qu'elle était. Et pourtant, sans vanité ni vanité, Truedale croyait que Lynda ressentait pour lui ce qu'il ressentait pour elle.

Ne doutant jamais qu'il puisse lui apporter un passé intact, elle lui ouvrait délicatement, de la plus belle manière féminine, son cœur. Elle savait qu'il avait peu à offrir et pourtant – et pourtant – elle était… disposée ! Truedale savait que c'était vrai. Et puis il a décidé qu'il devait, même à cette heure tardive, raconter le passé à Lynda. Pour elle, il n'ose plus se cacher. Une fois qu'elle aurait compris – une fois remise de sa surprise et de son choc – qu'elle serait son amie, il en était sûr ; mais tout intérêt personnel plus profond lui serait épargné. C'était la magnifique fermeté de Lynda qui séduisait désormais Truedale . Avec la fin de sa propre saison de folie, il considérait cette calme sérénité de son caractère avec la plus profonde admiration.

« Le meilleur qu'un homme puisse espérer, » avouait-il, tournant, comme il le pensait, le dos à son désir , « tout homme qui a fait le fou comme moi, c'est l'amitié sympathique d'une bonne femme. De quel droit un homme a-t-il le droit de s'éloigner de ce qu'il sait qu'une femme détient le plus haut, et ensuite de se tourner vers elle pour qu'elle change ses idéaux pour s'adapter à son modèle ?

Arrivant à cette conclusion, Truedale enveloppa autour de lui les lambeaux de son estime de soi et accepta, du mieux qu'il pouvait, la perspective d'une adaptation de Lynda à l'avenir.

Brace et Lynda ne sont pas revenus à temps pour voir Truedale cette nuit-là. À douze ans, avec un soupir résigné, il rangea sa pièce et se rendit dans ses chambres isolées du grand appartement situé plus loin dans la ville. Son chien l'attendait avec ce regard de reproche dans ses yeux fidèles qui rappelait à Truedale que la pauvre bête n'était pas sortie depuis vingt-quatre heures.

« Allez, mon vieux, dit-il, mieux vaut tard que jamais », et tous deux descendirent dans la rue. Ils marchèrent tranquillement pendant une heure. Le chien avait envie de gambader ; il était assez jeune pour associer le plein air au permis ; mais étant un ami aussi bien qu'un chien, il sentait que c'était plutôt le moment d'une camaraderie étroite, alors il crépitait sur les traces de son maître et, de temps en temps, poussait son nez froid dans la main molle qui se balançait à côté de Truedale . "Dieu merci!" Pensa Conning en se penchant pour tapoter la tête élégante, "Je peux te garder sans… aveu !"

Pendant trois jours et trois nuits, Truedale est resté loin de son ancienne maison. Les affaires étaient son excuse : il les offrait sous la forme d'un billet et d'un bouquet de violettes. Lynda lui a téléphoné le deuxième jour et lui a demandé s'il allait bien. Le ton de sa voix le décida à la voir immédiatement.

"Puis-je venir dîner ce soir, Lyn?" Il a demandé.

"Désolé, Con, mais je dois dîner avec des gens qui ont acheté une maison hideuse et qui veulent que je les sorte du pétrin en rénovant l'intérieur. Ils sont terriblement riches et impossibles – c'est une sorte de devoir envers le public, vous savez.

« Demain alors, Lyn ? »

"Oui en effet. Seul Brace dînera avec les Morrell ; au fait, c'est une chérie, Con.

La nuit suivante fut terriblement orageuse, une de ces tempêtes printanières qui balayent tout devant elles. Les bulles dansaient sur les trottoirs, les caniveaux coulaient à flots et des fragments de parapluies et de vêtements flottaient de manière incongrue au gré de la marée.

Luttant contre le vent, Conning se dirigea vers chez Lynda. Alors qu'il approchait de la maison, la lueur des fenêtres semblait le rencontrer et le toucher avec bienvenue.

«Je ferai des économies quelque part», disait souvent Lynda, «mais quand la nuit arrive, je ferai toujours de mon mieux pour en tirer le meilleur parti.»

L'espace d'un instant d'inactivité, Truedale eut une pensée nauséabonde : « Et si cet accueil ne lui était plus jamais réservé, après cette nuit ? Puis il rit avec dérision. Lynda avait peut-être ses idéaux, ses éternelles réserves, mais elle avait aussi sa superbe fidélité. Après avoir *tout su* , elle serait toujours son amie.

Lorsqu'il entra dans la bibliothèque, Lynda était assise devant le feu et tricotait une longue bande de laine aux couleurs vives. Conning ne l'avait jamais vue ainsi employée et cela avait pour effet de le rendre perplexe ; c'était comme la voir – enfin, fumer, comme le faisaient certaines de ses amies ! Il n'y a rien de mal à cela, mais c'est inharmonieux.

"Qu'est-ce que tu fais, Lyn?" » demanda-t-il en prenant le pouf et en se rapprochant d'elle.

« Ce… ce n'est rien, Con. Personne ne veut de ce genre de déchets. Il remplit sa mission lorsqu'il est effiloché et tricoté, puis défait . Vous savez ce que dit Stevenson : « Je voyage pour le plaisir de voyager ; la grande affaire est de bouger. Je tricote pour le plaisir de tricoter ; cela occupe mes mains pendant que mon—mon âme se détend.»

Elle leva les yeux avec un sourire et Truedale vit qu'elle était mal à l'aise. C'était la seule chose qui l'énervait. Si elle avait été son ancienne personne autonome, il aurait pu compter sur elle pour assumer sa part pendant qu'il soulageait son âme en chargeant la sienne ; mais maintenant il perçut en elle la tendresse séduisante qui avait toujours éveillé chez le vieux William Truedale l'effort de la sauver d'elle-même, des soucis que d'autres lui imposaient.

Conning, au lieu de se plonger dans ses aveux, la regarda d'une manière si protectrice et si désireuse que les yeux de Lynda tombèrent et que la douce couleur se glissa lentement sur ses joues.

Dans le silence, qu'aucun des deux ne savait comment briser, Truedale remarqua la robe que portait Lynda. C'était bleu et collant. La blancheur de ses bras minces transparaissait à travers les manches amples ; la gorge ronde était nue et féminine dans sa courbe tombante.

Pendant un instant de folie, Truedale essaya d'étouffer sa conscience. Pourquoi n'aurait-il pas cet amour et ce bonheur qui étaient à ses côtés ? En quoi était-il différent de la majorité des hommes ? Puis il pensa — comme d'autres avant lui l'avaient pensé — que, puisque la race devait être préservée, les impulsions primordiales ne devaient pas être niées. Ils ont survécu à tout ; ils se sont relevés du choc, voire de la mort ; ils ont persisté jusqu'à leur extinction ; et voici cette douce femme avec toute sa gracieuse beauté près de lui. Il l'aimait! Oui, aussi étrange que cela lui paraisse alors, Truedale reconnaissait qu'il l'aimait d'un amour, contrairement à l'amour qui avait été trop brutalement éveillé dans les bois solitaires alors qu'il était encore incapable de le comprendre.

Puis la tempête extérieure atteignit sa conscience et réveilla des souvenirs qui le blessèrent et le piquèrent.

Non. Il n'y avait pas autant d'hommes capables de prendre, de prendre et de trouver une excuse. La sincérité même du passé et du futur doit se prouver, maintenant, dans ce présent palpitant et vital. C'est seulement ainsi qu'il pourrait se justifier et justifier sa croyance en la bonté. Il doit ouvrir son cœur et son âme à la femme à ses côtés. Il n'y avait pas d'autre alternative.

Mais d'abord, ils dînèrent ensemble de l'autre côté du couloir. Truedale notait chaque plat spécial : le repas était composé de ses plats préférés . L'intimité d'être assis en face de Lynda, le plaisir souriant du vieux Thomas qui les servait, se conjuguaient pour l'attirer à nouveau hors de son sens strict du devoir.

Pourquoi? Pourquoi? son désir plaidait. Pourquoi devrait-il détruire son propre bonheur futur et celui de cette femme douce et innocente par un caprice — c'est ainsi qu'il essayait de l'appeler — de conscience ? Eh bien, il y avait des hommes, des milliers d'entre eux, qui l'appelleraient d'un nom plus dur qu'il ne voulait le donner, s'il suivait une telle voie ; et pourtant... alors Truedale regarda Lynda.

"Une femme doit avoir une vision et un choix clairs", lui ordonnait sa raison, et son amour était d'accord avec cela.

Mais seul avec Lynda, dans la bibliothèque plus tard, le conflit reprit. Jamais elle n'avait été aussi douce, aussi gentille. La tempête s'abattait sur la maison et, au lieu d'interférer, semblait les maintenir serrés et... ensemble. Cela n'éveillait plus chez Truedale des souvenirs cuisants. C'était comme un vieux guide familier conduisant sa pensée vers des voies sacrées et heureuses. Puis soudain, sorti d'une conscience qui ne connaissait ni doute ni peur, il dit :

"Toi et moi, Lyn, n'avons jamais eu peur de la vérité, n'est-ce pas ?"

"Jamais."

Elle recommençait à tricoter, fiévreusement et désespérément.

« Lyn… je veux tout te dire ! À propos de quelque chose que vous devez savoir.

Très silencieusement maintenant, Lynda roulait son ouvrage et le jetait, les aiguilles et tout, sur les bûches rougeoyantes. Elle en avait fini, pour toujours, avec les subterfuges et elle le savait. La laine s'enroulait, noircissait et dégageait une odeur de brûlé avant que les charbons rouges ne l'apprivoisent. Puis, avec un regard droit et élevé :

"Je suis prêt, Con."

« Juste avant de m'effondrer et de partir, Brace m'a dit un jour que ma vie n'avait ni arrière-plan, ni couleur . Lynda, c'est de ce contexte que vous ne connaissez pas que je veux parler. Il attendit un moment, puis reprit :

«Je suis parti dans l'endroit le plus solitaire et le plus beau que j'aie jamais vu. Pendant un certain temps, il semblait n'y avoir personne au monde à part l'homme avec qui je vivais et moi. Il m'aimait et me faisait confiance – j'ai trahi sa confiance !

Lynda reprit son souffle et poussa une petite exclamation de dissidence, d'émerveillement.

« Tu… tu l'as trahi, Con ! Je n'y crois pas. Continue."

"Oui. J'ai trahi sa confiance. Il m'a quitté et est allé chasser dans les bois profonds. Il m'a tout confié – tout. Il était absent depuis près de trois semaines. Personne ne connaissait mon existence. Ils sont comme ça là-bas. Si vous êtes un étranger , cela n'a pas d'importance. J'étais arrivé à la tombée de la nuit ; J'ai été envoyé dans un certain but ; c'était tout ce qui comptait. J'ai commencé et terminé avec l'homme qui était mon hôte et à qui on avait dit de me garder secret. Truedale agrippait les accoudoirs de sa chaise et ses paroles étaient ponctuées de pauses brusques.

« Et puis, dans cette solitude, est arrivée une jeune fille. Rappelez-vous, elle ne connaissait pas mon existence. Nous nous sommes découverts comme des créatures dans un nouveau monde. Il n'y a pas de mots pour la décrire – je ne peux même pas essayer, Lynda. J'ai ruiné sa vie. C'est tout!"

La vérité crue et écrasante était dévoilée. Pendant un instant, l'homme que Lynda Kendall connaissait et aimait sembla se cacher derrière ce monstre que la confession avait évoqué. Une femme de moindre importance aurait reculé de peur, mais pas Lynda.

"Non. Ce n'est pas tout, » murmura-t-elle d'une voix rauque, tendant les mains comme pour repousser quelque chose de tangible jusqu'à ce qu'elle puisse atteindre Conning. "J'exige le reste."

"Qu'importe ?" Truedale parla amèrement. « Si je dis comment et pourquoi, cela peut-il changer le… fait ? Oh! J'ai eu mes heures à expliquer, à justifier et à passer sous silence ; mais j'en suis enfin arrivé au point où je me vois tel que je suis et je ne discuterai plus jamais de cette question.

« Eh bien, vous m'avez montré l'homme tel qu'un homme pourrait le voir ; Je dois… je dois l'avoir comme femme… comme son Dieu… je dois le voir !

« Et vous pensez qu'il est possible que je l'accorde ? Vous… vous, Lynda, voudriez-vous que je me défende pour ce que j'ai fait ?

"Non. Mais je voudrais que vous y mettiez toute la lumière possible. Je veux voir – par moi-même. Je n'accepterai pas le squelette hideux que vous avez suspendu devant moi. Con, je n'ai jamais vraiment connu que cinq hommes dans ma vie ; mais les femmes, les femmes ont toujours eu du cœur tout au long de mon chemin, j'ai appris à connaître ma mère ! Non seulement pour vous-même, mais pour cette fille qui a dérivé dans votre solitude, j'exige de la lumière – tout ce que vous pouvez me donner ! »

Et maintenant, Truedale respirait fort et les muscles de son visage se contractaient. Il était sur le point de dévoiler ce qui était impénétrable et sacré dans sa vie, craignant que même la femme près de lui ne puisse être juste. Il avait accepté son propre destin, pensait-il ; il n'avait pas l'intention de pleurnicher ou de se plaindre, mais comment allait-il vivre sa vie si Lynda n'était pas d'accord avec lui – en ce qui concerne Nella-Rose ?

« Veux-tu… peux-tu… faire ce que je demande, Con ?

"Oui, dans une minute."

« Vous… l'aimiez ? Elle t'aimait… Con ? Lynda s'efforçait de faciliter la voie, pas tant pour Truedale que pour elle-même.

"Oui! Je l'ai trouvée dans ma cabane un jour que je revenais d'une longue promenade. Elle s'était parée de mon peignoir et du vieux fez. Ne sachant rien de moi, elle a eu horriblement peur lorsque je l'ai croisé. Au début , elle ne ressemblait qu'à une enfant : elle m'a pris d'assaut. Nous nous sommes rencontrés plus tard dans les bois. Je lui ai lu, lui ai appris, joué avec elle, moi qui n'avais jamais joué de ma vie auparavant. Puis soudain, elle est devenue une femme ! Elle ne connaissait d'autre loi que la sienne ; elle était pleine de courage et d'audace et d'un splendide mépris pour les conventions telles que nous les connaissons tous. Pour elle, ils n'existaient tout simplement pas. Je… j'étais disposé et impatient de fonder mes futurs espoirs de bonheur avec les siens – Dieu sait que j'étais sincère là-dedans !

« Puis vint une nuit de tempête, comme celle-ci. Pouvez-vous l'imaginer dans les forêts noires, où de petits ruisseaux se transforment en un instant en rivières, emportant tout devant eux alors qu'ils plongent et dévalent les flancs des montagnes ? Des dangers de toutes sortes menaçaient et, au milieu de cette tempête, il s'est produit quelque chose qui m'a impliqué ! J'avais renvoyé Nella-Rose – c'était son nom – plus tôt dans la journée. Je ne pouvais pas me faire confiance. Mais elle est revenue pour me prévenir. Cela signifiait tout risquer, car ses gens étaient à l'étranger cette nuit-là, occupés à de vilaines affaires ; elle a dû les trahir pour me sauver. L'avoir mise à la dérive aurait signifié la mort, ou pire. Elle est restée avec moi près d'une semaine, elle et moi seuls dans cette cabane et coupés du monde, elle et moi ! Je ne pouvais compter que sur moi – et, Lynda, j'ai encore échoué ! »

« Mais, Con… tu voulais… l'épouser ; c'est ce que tu voulais dire… dès le début ? Lynda s'était oubliée, elle avait oublié sa souffrance. Elle luttait pour sauver quelque chose de plus précieux que son amour ; elle restait fidèle à sa foi en Truedale .

"Bon dieu! Oui. C'était la seule chose que je voulais, la seule chose que j'avais planifiée. Dans ma folie, cela ne semblait pas avoir beaucoup d'importance, sinon comme une protection pour elle – mais je n'avais pas d'autre pensée ni intention. Nous avions l'intention d'aller voir un ministre dès que la tempête nous libérerait. Puis arriva le télégramme concernant l'oncle William, et le ministre fut tué pendant la tempête. Lynda, je voulais t'amener Nella-Rose telle qu'elle était, mais elle n'a pas voulu venir. Je lui ai laissé mon adresse et lui ai dit de me faire venir si elle avait besoin de moi – de toute façon, j'avais l'intention de revenir dès que possible. J'aurais laissé n'importe quoi pour elle. Elle ne m'a jamais fait venir… et le jour même de mon départ… elle…

« Quoi, Con ? Je dois tout savoir.

« Lynda, devant Dieu, je crois que quelque chose a poussé l'enfant à le faire ; vous ne devez pas… vous ne devez pas la juger. Mais elle est allée, le soir même de mon départ, chez un homme, un homme des collines, qui l'avait aimée toute sa vie. Il était en danger ; il s'est échappé, l'emmenant avec lui !

"Je... je n'y crois pas ! " Les mots résonnaient brusquement, avec défi. La femme était dans les bras pour la femme. La loyauté que peu d'hommes admettent est désormais confrontée à Truedale . Cela semblait glorifier les ténèbres qui l'entouraient. Il n'avait plus aucune crainte pour Nella-Rose et il baissa la tête devant les yeux flamboyants de Lynda.

"Que Dieu te bénisse!" murmura-t-il, « mais oh ! Lyn, j'y suis retourné pour m'en assurer. J'ai eu la vérité de son propre père. Et avec tout cela, elle est encore aujourd'hui, dans ma mémoire, innocente du tort monstrueux qu'elle semblait commettre ; et ainsi elle sera toujours debout.

« Depuis, Lynda, j'ai vécu une nouvelle partie de ma vie ; le passé est là-bas et il est mort, mort. Je ne vous aurais pas dit cela sans une chose grande et formidable. Vous ne comprendrez pas cela ; aucune femme ne le pourrait. Un homme le pourrait, mais pas une femme.

« Comme j'ai aimé autrefois – d'une autre manière – cette enfant des collines, je t'aime, la seule femme avec la vision la plus claire de ma virilité. À cause de cet amour, je devais parler.

Truedale leva les yeux et rencontra les yeux qui fouillaient son âme.

"Je te crois," balbutia Lynda. « Je ne comprends pas, mais je te crois. Va-t-en maintenant, Con, je veux réfléchir.

Il se leva aussitôt et se pencha sur elle. «Que Dieu vous bénisse, Lyn», fut tout ce qu'il dit.

CHAPITRE XV

Deux jours, puis trois se sont écoulés. Lynda essaya de faire venir Truedale – essaya de croire qu'elle voyait enfin clair, mais ayant décidé qu'elle était prête, elle fut de nouveau perdue dans le doute et plongée dans une nouvelle lutte.

Elle négligeait son travail et devenait pâle et apathique. Brace était inquiet et déconcerté. Il n'avait jamais vu sa sœur dans une telle humeur et, comme Conning manquait de la maison, il tira finalement ses propres conclusions.

Un jour, près d'une semaine après l'appel de Truedale , Brace rencontra sa sœur dans l'atelier au sujet de la prolongation. Elle était assise sur le rebord de la fenêtre et regardait le vieux jardin où un magnolia était en pleine floraison.

" Heigho , mon garçon ! " dit-elle en l'accueillant des yeux. « Je viens de découvrir que le printemps est là. J'ai toujours été prêt pour ça avant. Cette année, cela m'a surpris.

Brace s'approcha d'elle et posa ses mains sur ses épaules.

"Qu'est-ce qu'il y a, ma fille ?" » demanda-t-il de sa manière rapide et directe.

Les larmes montèrent aux yeux de Lynda, mais elle ne recula pas.

"Frère," dit-elle lentement, "je—je veux épouser Con et—je n'ose pas."

Kendall se laissa tomber sur la chaise la plus proche et regarda sa sœur d'un air vide.

« Cela vous dérangerait-il d'être un peu plus… enfin, plus explicite ? il a hésité.

« Je vais vous poser… quelques questions, ma chère. Veux-tu… me dire la vérité ?

"Je ferai de mon mieux." Kendall passa la main dans ses cheveux ; cela semblait soulager la tension.

« Brace, un homme peut-il vraiment aimer plusieurs fois ? Peut-être pas beaucoup, mais deux fois, vraiment ?

"Oui il peut!" » affirma Brace avec audace. « J'ai moi-même été amoureux une douzaine de fois. Je le soumets toujours à l'épreuve de la cafetière – c'est réglé.

« Attendez, je suis sérieux. Ne plaisante pas."

"Blague? Bon dieu! Je te le dis, Lyn, je suis *très sérieux*, plus mortel que tu ne le penses. Quand un homme met son amour trois cent soixante-cinq fois par an, en imagination, derrière sa cafetière, il prend ses repères.

— Tu n'as jamais grandi, Brace, et je me sens aussi vieille, aussi vieille que tes deux grands-mères. Je ne veux pas dire : l'amour des chiots ; Je veux dire l'amour qui pénètre profondément dans l'âme d'un homme. Est-ce que ça peut couper deux fois ?

« Si ce n'était pas possible, ce serait adieu à l'avenir de la course ! » Et maintenant, Kendall avait dans les yeux la connaissance fatiguée du monde.

« Une femme… ne peut pas comprendre ça, Lyn. Elle doit faire confiance si elle aime.

"Oui." Le langage universel des hommes frappa Lynda comme une langue étrange. Avait-elle vécu toute sa vie, se demandait-elle, comme une étrangère, ne comprenant que par signes ? Et maintenant qu'elle était proche – qu'elle était confrontée à une situation qui affectait d'une manière vitale son avenir – devait-elle, comme les autres femmes, faire confiance, faire confiance ?

« Mais qu'est-ce que tout cela a à voir avec Con ? » La voix de Kendall réveilla brusquement Lynda.

"Eh bien... tout", dit-elle de sa manière simple et franche, "il... il m'offre un deuxième amour, Brace."

Pendant un instant, Kendall crut que sa sœur recourait au sarcasme ou à la frivolité. Mais un simple regard sur son visage sans sourire et ses yeux ombragés l'a convaincu.

« Vous n'êtes guère la femme à qui il faut offrir la lie », dit-il lentement, puis : « Mais Con ! Bon dieu!"

« Attendez-vous, maintenant je parle le langage de la femme, peut-être que vous ne pourrez pas me comprendre, mais je sais que Con ne m'offre pas de lie – je ne pense pas qu'il ait de la lie dans sa nature ; il m'offre le meilleur, le plus véritable amour de sa vie. Je sais cela! Je sais cela! L'amour qui apporterait ma plus grande joie et son meilleur bien et… pourtant j'ai peur !

Kendall s'approcha et se tint à nouveau près de sa sœur.

"Tu le sais?" » demanda-t-il, « et tu as toujours peur ? Pourquoi?"

Les yeux clairs levèrent des yeux pathétiques. « Parce que Con ne le sait peut-être pas, et je ne pourrai peut-être pas lui faire savoir – lui faire – oublier !

Il y eut un moment de silence. Kendall n'oubliera jamais le magnolia dans sa magnifique fleur rose ; l' affaissement de sa forte et belle sœur ! Il se rappela vivement la nuit d'il y a bien longtemps où Truedale gémissait et jetait ses lettres au feu.

"Lyn, j'ose à peine demander ça, te connaissant comme moi - tu n'es pas du genre à faire des compromis avec l'honneur de manière égoïste ou idiote - mais, Lyn, le - l'autre amour, ce n'était pas - une mauvaise chose ? "

Les larmes montèrent aux yeux de Lynda et elle jeta ses bras autour du cou de son frère et le tenant ainsi murmura :

"Non! Non! Au moins, je peux comprendre ça. C'était la–la plus belle et la plus tendre tragédie. C'est là le problème. C'était tellement merveilleux que je crains qu'aucun homme ne puisse jamais oublier et accepter le nouvel amour sans regarder en arrière. Et oh ! Préparez-vous, je dois avoir le mien ! Les hommes ne peuvent pas toujours comprendre les femmes lorsqu'elles disent cela. Ils pensent que lorsque nous disons que nous voulons notre propre vie, cela signifie que notre vie va à l'encontre de la leur. Ce n'est pas le cas. Nous voulons, nous devons choisir – mais les meilleurs d'entre nous veulent la vie commune qui se rapproche du cœur des choses ; nous voulons accompagner nos hommes et suivre leur chemin. Notre voie et la leur sont les *mêmes*, quand l'amour est assez grand.

"Lyn, il n'y a aucun homme sur la terre de Dieu digne de toi!"

« Préparez-vous, regardez-moi – répondez vrai. Suis-je tel qu'un homme puisse vraiment me vouloir ?

Il la regarda longuement. Courageusement, il s'efforça d'oublier le lien du sang qui les tenait. Il la regardait du point de vue qu'un autre homme aurait pu avoir. Il a ensuite dit:

"Oui. Comme Dieu m'entend, Lyn – oui !

Elle laissa tomber sa tête sur son épaule et pleura comme si le chagrin au lieu de la joie l'envahissait. Bientôt, elle releva son visage mouillé de larmes et dit :

« Je vais épouser Con, ma chérie, dès qu'il voudra de moi. Je déteste dire cela, Brace, mais c'est un peu comme si Conning était revenu d'une guerre honorable – un peu mutilé. Je dois essayer de m'habituer à lui et je le ferai ! Je vais!"

Kendall la serra contre lui. « Lyn, je n'avais jamais su jusqu'à ce moment à quel point je devais humblement remercier Dieu. Oh! Si seulement les hommes pouvaient voir devant eux, les jeunes gens, je veux dire, ils ne viendraient pas voir une femme mutilée. Je n'ai pas grand-chose à offrir, Dieu sait, mais… eh bien, Lyn, je pourrai offrir un dossier clair à une femme… un jour !

Toute la journée, Lynda a pensé à l'avenir. Assise dans son atelier avec les emblèmes de son métier en forme de jouets à portée de main, elle réfléchissait et réfléchissait. Il lui semblait, en luttant seule, que les hommes et les femmes, après tout, traversaient la vie en grande partie séparés. Ils avaient construit des ponts avec amour et nécessité et ils les traversaient pour se toucher pendant un espace, mais oh ! comme elle désirait une route commune où elle et Con pourraient toujours marcher ensemble ! Elle le voulait tellement, tellement !

À cinq heures, elle a téléphoné à Truedale . Elle savait qu'il se rendait généralement à son appartement à cette heure-là.

«Je… je veux te voir, Con», dit-elle.

«Oui, Lyn. Où?"

Elle sentit que la réponse signifiait beaucoup, alors elle fit une pause.

« Après le dîner, Con, et viens directement à… à mon atelier.

"J'arriverai tôt."

Lynda n'a jamais été aussi joyeuse qu'au dîner; mais elle fut véritablement soulagée lorsque Brace lui annonça qu'il sortait.

"Qu'est-ce que tu vas faire, Lyn?" Il a demandé.

«Eh bien, monte à mon atelier. J'ai horriblement négligé certaines choses ces derniers temps.

« Je pensais que le travail de nuit était tabou ?

— Je travaille rarement la nuit, Brace. Et toi, où vas-tu ?

"Jusqu'à chez Morrell."

Lynda haussa les sourcils.

"Mme. La sœur de Morrell est venue de l'Ouest, Lyn. Elle est très intéressante. Elle a *voté* et cela ne lui a pas fait de mal.

« Pourquoi le devrait-il ? Et… » Lynda fit le tour de la table et fit une pause alors qu'elle s'apprêtait à sortir de la pièce. « Je me demande si elle pourrait réussir le test de la cafetière, à la rigueur ?

Kendall rougit vivement. «Je pense plus à mon bout de table depuis que je l'ai vue que jamais auparavant dans ma vie. Ce n'est pas que du café, Lyn.

« En effet, ce n'est pas le cas ! Je dois voir cette petite Lochinvar féminine immédiatement. Est-elle jolie… jolie comme Mme John ?

« Pourquoi… je ne sais pas. Je n'ai pas réfléchi. Elle est si différente de… tout le monde . Elle est petite mais fait voir grand. Elle dit toujours des choses dont on se souvient après, mais elle ne parle pas beaucoup. Elle est… elle a les cheveux clairs et les yeux bleus ! » Ceci triomphalement.

"Et j'espère qu'elle… s'habille bien ?" Ceci avec un clin d'œil, car Kendall aimait les détails de la robe d'une femme.

"Il le faut, sinon je l'aurais remarqué." Puis, après réflexion, « ou peut-être que je ne le ferais pas ».

"Eh bien, bonne nuit, Brace, et… donne mon amour à Mme John. Mon pauvre! elle est venue me demander hier si je pouvais rendre une petite pièce *plus* spacieuse ! Vous voyez, John aime que tout soit encombré, à portée de main. Elle veut qu'il fasse ce qu'il veut et en même temps elle veut aussi respirer. Son Occident est dans son sang.

"Qu'est-ce que tu vas faire à ce sujet, Lyn?" Kendall a allumé un cigare et a ri.

"Oh, j'ai réussi à donner une suggestion d'ouverture semblable à celle d'une prairie à son plan de salon et je lui ai dit de demander à John d'atteindre quelques objets. Cela lui ferait du bien et sauverait son âme.

« Et elle… qu'a-t-elle dit à cela ?

«Oh, elle a ri. Elle a un si joli rire. Bonne nuit frère."

Et puis Lynda monta dans sa chambre calme et sombre. C'était une nuit chaude, avec une lune qui brillait à travers l'espace ouvert à l'arrière. Le terrain n'avait pas été construit et le chemin blanc qui avait semblé éloigner le vieux William Truedale de la vie s'étendait maintenant devant Lynda Kendall, menant à la vie. Tous les doutes et les peurs qu'elle avait connus furent dissipés. Dans sa robe fine et douce, debout près de la fenêtre ouverte, elle était la créature la plus heureuse qu'on puisse souhaiter voir. C'est ainsi que Truedale l'a trouvée. Il savait qu'une seule raison avait poussé Lynda à le rencontrer comme elle le faisait maintenant. C'était… abandonnez-vous ! A travers la pièce éclairée par la lune, il s'avança vers elle les bras ouverts, et quand elle vint à sa rencontre et releva son visage , il l'embrassa avec révérence.

"Je me demande si tu as réfléchi?" Il murmura.

"Je n'ai rien fait d'autre depuis la dernière fois que je t'ai vu, Con."

« Et vous n'avez pas… peur ? Vous, qui devriez avoir ce que le monde a de mieux à offrir ?

"Je n'ai pas peur; et moi… j'ai le meilleur… le meilleur.

Encore Truedale l'embrassa.

« Et quand… puis-je rentrer à la maison… pour rester ? » demanda-t-il à présent, sachant très bien que l'ancienne maison devait être la leur.

Lynda leva les yeux et sourit radieusement. « J'avais espéré, dit-elle, avoir l' honneur de refuser le petit appartement. Je suis si heureuse, Con, ma chérie, que tu veuilles rentrer à la maison pour rester et que tu n'aies pas à être… forcée ici ! Et à ce moment-là, Lynda ne pensait pas à l'argent. Des choses plus grandes et plus profondes la retenaient.

« Et… le jour de notre mariage, Lyn ? Ce sera sûrement bientôt.

"Laissez-moi voir. Bien sûr que je suis une femme, Con, et donc je dois penser aux vêtements. Et j'aimerais… oh ! beaucoup – se marier dans une certaine petite église de l'autre côté de la rivière. Je l'ai trouvé une fois sur un clochard. Il y a des vignes sauvages dessus – des roses roses. Et les roses arrivent début juin, Con. »

"Mais, ma chère, nous ne sommes qu'en mars."

« Il me faut… les roses, Con. »

Et c'est ainsi que cela fut décidé.

Tard dans la nuit, dans le calme des cinq petites pièces du grand appartement, Truedale pensa à son passé et à son avenir.

Comme Lynda avait été splendide. Pas un mot de tout ce qu'il lui avait dit, et pourtant, il réalisait à quel point elle avait lutté contre cela ! Elle l'avait accepté et lui ! Et pour un tel amour et une telle foi, sa vie ne serait que trop courte pour prouver qu'il a appris sa dure leçon. L'homme qu'il était maintenant confronta sévèrement l'homme qu'il avait été autrefois, puis Truedale renonça à l'ancien pour toujours – avec pitié, non avec mépris. Sa seule chance d'être digne de l'amour qui était entré dans sa vie maintenant était de considérer le passé comme un tremplin. Sans cela, ce serait un gouffre sans fond.

CHAPITRE XVI

Les roses sont arrivées tôt en juin. Truedale et Lynda se promenaient souvent jusqu'à la petite église nichée au milieu des arbres de la ville de Jersey. Ils firent connaissance avec le vieux ministre et finalement ils fixèrent le jour de leur mariage. Avec Brace, ils sont allés là-bas tôt le matin. Lynda portait sa robe de voyage car, après un déjeuner, elle et Truedale se rendaient dans les montagnes du New Hampshire. C'était un jour qui ravivait la réputation de June, et d'une manière ou d'une autre, le ministre, imprégné des conventions de son bureau, ne pouvait pas laisser les choses reposer entièrement entre les mains des jeunes gens très excentriques qui avaient obtenu son consentement pour les épouser. Un organiste en exercice restait là, et Lynda devait toujours se rappeler, lorsqu'elle pensait au jour de son mariage, ces notes tendres qui montaient et descendaient comme un ruisseau sur lequel flottaient les paroles sacrées du simple service.

"The Voice That Breathed O'er Eden" était ce que jouait le musicien invisible. Il semblait détaché, impersonnel, et seuls les accents répétés témoignaient de sa sympathie. Une vieille femme était entrée dans l'église et s'était assise près de la porte avec un air ravi et mélancolique sur son visage ridé. Près de l'autel se trouvait une petite enfant, une petite fille avec un bouquet de fleurs de chemin dans sa main grasse et humide.

Lynda s'arrêta et murmura quelque chose à la petite bonne, puis, alors qu'elle avançait, Truedale remarqua que l'enfant était à côté de Lynda, une toute petite demoiselle d' honneur minable !

C'était très pittoresque, d'une beauté très touchante, mais la scène a impressionné le bébé et lorsque les derniers mots furent prononcés et que Truedale eut embrassé sa femme, ils remarquèrent que le petit était en larmes. Lynda se penchait sur elle pleine de tendresse.

"Qu'est-ce qu'il y a, chérie?" elle a chuchoté.

« Je… je veux… ma mère !

« Moi aussi, chérie ; moi aussi !"

Les yeux mouillés étaient levés d'émerveillement.

"Et où est ta mère, bébé?"

« En haut… en haut… la colline ! »

« Eh bien, le mien aussi, mais vous trouverez le vôtre d'abord. Ne pleure pas, chérie. Vous voyez, voici une petite bague. Il est trop grand pour toi maintenant, mais laisse ta mère le garder, et quand tu seras assez grand, porte-le et souviens-toi de moi.

Ébloui par le cadeau, l'enfant sourit radieusement. "Au revoir", murmura-t-elle, "je le dirai à maman et je n'oublierai pas."

Plus tard, ce même jour doré, lorsque Kendall a dit au revoir à sa sœur et à Truedale à la gare, il avait l'air sur son visage qu'il avait quand, enfant, il avait l'habitude de se demander pourquoi il devait être courageux parce qu'il était un garçon.

Cela fit rire Lynda, même si une boule lui apparut dans la gorge. Alors, comme autrefois, elle chercha à le récompenser, sans fléchir sur le code.

« Bien sûr que nous allons vous manquer, mon cher vieux, mais nous serons bientôt de retour et » — elle porta ses lèvres à son oreille et murmura — « voici la petite sœur des Morrell ; joue avec elle jusqu'à ce que nous rentrions à la maison.

Il y a des moments dans la vie qui semblent spécialement conçus et qui amènent à se demander si, après tout, un Dieu personnel ne dirige pas les affaires de l'individu. Ces semaines passées dans les montagnes ne pouvaient sûrement pas avoir lieu toutes seules. Il faisait si chaud, calme et sans nuages pour un début de juin. Et puis il y eut une lune pendant un petit moment — une lune calme et merveilleuse qui envoyait sa belle lumière à travers les grands arbres comme une bénédiction. Après cela, il y avait des étoiles – des millions d'entre elles – chacune à sa place entourée de ce bleu-noir lumineux et surnaturel. Ayant trouvé un guide, Truedale et Lynda ont cherché leur propre chemin et ont dormi la nuit dans des abris en bord de route près de leurs propres feux de camp. Ils n'avaient pas de destination définie ; ils erraient simplement comme des pèlerins, prenant leur salaire du jour avec un cœur joyeux et s'endormant la nuit avec une saine lassitude.

Une seule fois au cours de ces semaines, ils parlèrent de ce passé de Truedale que Lynda avait accepté en silence.

«Ma femme», a déclaré Truedale – elle était assise à côté de lui près du feu extérieur – « Je veux que tu te souviennes toujours que je suis plus reconnaissant que les mots ne peuvent l'exprimer pour ta... grandeur, ta merveilleuse compréhension. Je ne m'attendais pas à ce que même toi, Lyn, puisse l'être... alors !

Elle tremblait un peu – il s'en souvint plus tard – il la sentit contre son épaule.

« Je pense... je sais, » murmura-t-elle, « que les femmes réfléchissent aux *effets* de telles... choses, Con. Si l'expérience avait été faible, elle aurait laissé des traces ; tel qu'il est, j'en suis sûr... eh bien, cela n'a pas obscurci votre vision.

"Non, Lyn, non!"

"Et dernièrement, j'ai pensé à elle, Con, cette petite Nella-Rose."

"Tu as? Tu *pourrais*, Lyn ?

"Oui. Au début, je ne pouvais pas comprendre - ce n'est pas vraiment le cas maintenant, mais je me surprends à croire, malgré mon incapacité à comprendre, que l'expérience a jeté une telle lumière sur son chemin, pauvre enfant, que - dans certains maison de montagne grossière – elle a un espace un peu plus juste que certains. Con, te connaissant, je crois que tu n'aurais pas pu la rabaisser. Elle est revenue à son amour naturel – cela a dû être un appel fort – mais je ne la croirai jamais dépravée.

"Lyn," la voix de Truedale était rauque, "une fois que tu m'as réconcilié avec la mort de mon oncle - c'est comme ça que tu l'as dit - et maintenant tu m'as fait oser être heureux."

« Les hommes ne grandissent jamais ! » Lynda pressa son visage contre son épaule, « ils bluffent en prenant soin de nous et en nous défendant et tout le reste – mais nous comprenons, nous comprenons ! Je pense que les femmes sont toujours les mères des hommes, même lorsqu'elles comptent le plus sur elles, comme je le fais sur vous ! C'est tellement merveilleux de penser, en rentrant chez nous, aux grandes choses que nous allons faire ensemble.

Une lettre de Brace les fit finalement retourner chez eux. Nous étions alors fin juillet.

LYN, CHER :

Quand vous pourrez me donner une idée, faites-le. Et quand reviens-tu ? J'espère ne pas vous choquer outre mesure, mais c'est cette petite sœur des Morrell qui est en cause, Elizabeth Arnold. Betty, nous l'appelons. Je dois l'épouser dès que possible. Je ne pourrai plus jamais faire d'affaires sérieuses tant que je ne l'aurai pas mise derrière la cafetière. Elle me hante jour et nuit et puis quand je la vois, elle se moque de moi ! Nous sommes allés voir l'église où vous et Con vous êtes mariés. Betty aime ça, mais préfère les siens aux vieilles femmes errantes et aux enfants perdus. Nous pensons que septembre serait un mois joyeux pour se marier, mais Betty refuse de fixer un jour jusqu'à ce qu'elle sache si elle approuve mon peuple ! C'est ainsi *qu'elle* le dit. Elle dit qu'elle veut savoir si vous croyez au vote des femmes, car si vous ne le faites pas, elle sait qu'elle ne pourra jamais s'entendre avec vous. Elle croit que ce qui oppose les femmes leur fait autre chose – des choses plutôt désagréables et hostiles.

Je lui ai fait part de vos sentiments et ensuite elle a posé des questions sur Con. Elle dit qu'elle ne ferait pas confiance à la femme la plus libre d'Orient si elle était mariée à un homme croyant en esclavage.

Par tout cela, vous jugerez à quel point Betty est une petite connasse comique, mais je suis tout de même très sérieux en vous exhortant à rentrer à la maison avant que je ne devienne désespéré.

ENTRETOISE.

Truedale regarda Lynda avec un étonnement vide. « J'avais oublié la sœur », dit-il bêtement.

« Je pense, chérie, que nous devrons *rentrer* à la maison. Je me souviens qu'une fois, quand nous étions tout petits, Brace et moi, notre mère m'avait emmené lui rendre visite et l'avait laissé à la maison. Il envoya une lettre à sa mère, elle était sous presse : « Tu ferais mieux de revenir », dit-il ; "Tu ferais mieux de venir dans trois jours ou je ferai quelque chose." Nous sommes arrivés le quatrième jour et nous avons constaté qu'il avait cassé le fauteuil à bascule dans lequel sa mère l'endormait quand il allait bien !

"Le petit tapageur !" Truedale éclata de rire. "J'espère qu'il a reçu un coup de poing."

"Non. Maman pleurait un peu, faisait réparer la chaise et disait toujours qu'elle regrettait de ne pas être rentrée à la maison le troisième jour.

"Je vois. Eh bien, Lyn, rentrons chez lui. Je ne sais pas ce qu'il pourrait casser, mais peut-être que nous ne pourrons pas le réparer, alors nous ne prendrons aucun risque.

Truedale et Lynda avaient marché assez étourdi sur les hauteurs ; la splendeur des étoiles et la chaleur du soleil étaient très proches d'eux ; mais une fois descendus sur les sentiers du simple devoir , ils ne furent pas surpris de constater qu'ils se trouvaient le long d'une agréable vallée et étaient réchauffés par la luminosité des collines.

"C'est... à la maison, maintenant !" murmura Truedale alors qu'il se laissait entrer avec Lynda par la porte d'entrée, "J'aurais aimé qu'oncle William soit là pour nous accueillir. Comme il t'aimait, Lyn.

Comme un flot de joie, le souvenir envahit Lynda. C'était ainsi que William Truedale l'avait aimée – ce luxe de maison – puis elle regarda Truedale et lui parla presque de l'argent, l'assurance complète de l'amour et de la confiance du vieil homme. Mais tout d'un coup, c'est devenu impossible, mais pourquoi, Lynda n'aurait pas pu le dire. Elle recula devant ce qu'elle avait autrefois cru être son couronnement de joie ; elle a décidé de s'en remettre entièrement au Dr McPherson.

Après tout, conclut-elle, Con devrait avoir le droit de lui apporter cette dernière preuve touchante de l'amour et du désir de son oncle. Comme il serait fier ! Comme ils en riraient quand ils connaîtraient tous les deux le secret !

donc pas été abordé et un jour ou deux plus tard, Betty Arnold est entrée dans leur vie, et leur intérêt pour elle et ses affaires était si intense que les questions personnelles ont été, pour le moment, négligées.

Lynda alla d'abord rendre visite à Betty seule. Si elle devait être déçue, elle aurait besoin de temps pour se réajuster avant de rencontrer d'autres regards. Betty Arnold était également seule dans le salon de sa sœur lorsque Lynda fut annoncée. Les deux filles se regardèrent longuement et intensément, puis Lynda tendit impulsivement les mains :

"C'est vraiment trop beau pour être vrai !" C'était tout ce qu'elle pouvait faire en regardant la jeune fille blonde et légère et en dissipant le doute pour toujours.

"N'est-ce pas?" répéta Betty. "Ouf! mais c'est le genre de chose qui vieillit.

"Est-ce que cela aurait eu de l'importance, Betty, que j'étais content ou non?"

« Lynda, ce serait… terriblement ! Vous voyez, toute ma vie, j'ai été indépendant jusqu'à ce que je rencontre Brace et maintenant je veux tout ce qui lui appartient. Son amour et le mien sont entrés en collision, mais cela ne nous a pas rendu aveugles, cela nous a réveillés, corps et âme. Quand cela arrive, tout compte, tout ce qui appartient à lui et à moi. Je savais que tu aimais Mollie, et John est un vieil ami ; ils sont tout ce que j'ai, et donc tu vois, si toi et moi ne nous étions pas aimés, cela aurait été tragique. Maintenant, asseyons-nous et prenons le thé. N'est-ce pas génial que nous n'ayons pas à nous étouffer à cause de cela ?

Betty présidait la petite table avec tant de délicatesse et de grâce que ses occasionnelles fautes d'argot étaient comme les dards d'un petit animal particulièrement fringant sortant des sentiers battus des conventions. Elle et Lynda sont devenues confidentielles en une demi-heure et ont eu l'impression de se connaître depuis des années à la fin de l'appel. Juste au moment où Lynda partait à contrecœur, Mme Morrell entra. Elle était plus sombre, plus digne que sa sœur, mais comme elle dans la voix et le rire.

"Mollie, j'aurais aimé te dire de rester encore une heure", s'exclama Betty en se dirigeant vers sa sœur et en l'embrassant. « Et oh ! Mollie, Lynda m'aime bien ! Je vais vous avouer à tous les deux maintenant que j'ai passé des nuits éveillées à redouter cette épreuve.

Lorsque Lynda rencontra Brace ce soir- là , elle fut amusée par son visage tiré et sa voix tendue.

« Comment l'avez-vous aimée ? » » demanda-t-il faiblement et Lynda réalisa à ce moment-là à quel point un subterfuge aurait été futile.

"Attendez-vous, je l'aime!"

"Dieu merci!"

"Eh bien, Brace!"

"Je suis sérieux. Cela aurait été difficile pour moi si tu ne l'avais pas fait.

À Truedale , Betty a présenté un autre aspect.

« Vous pouvez confier aux femmes vos émotions à l'égard des hommes », confie-t-elle à Lynda, « mais pas aux hommes ! Je ne laisserais pas Brace savoir à quel point mon amour pour lui m'entrave ; et si votre escroc – d'ailleurs, il est bien plus gentil que ce à quoi je m'attendais – devait deviner mon état abject, il irait à Brace et... le mettrait au courant ! C'est pourquoi les hommes sont arrivés là où ils sont aujourd'hui : être unis. Et alors, Brace pourrait immédiatement commencer à m'intimider. Tu vois, Lynda, quand un mari prend le dessus, c'est souvent parce qu'il est renforcé par toutes les connaissances que ses amis masculins lui transmettent.

Truedale a rencontré Betty pour la première fois lors du dîner, le petit dîner de famille que Lynda lui avait offert. Morrell et sa femme. Brace et Betty, lui et Lynda.

Dans une robe bleue traînante, Betty avait l'air assez majestueuse et elle portait sa tête blonde haute. Elle a brillé tout au long du dîner et a prouvé sa joyeuse faculté de s'intégrer parfaitement. Ce fut un repas très joyeux, et plus tard, près du feu de la bibliothèque, Conning se retrouva en tête-à-tête avec sa future belle-sœur. Elle l'amusait énormément.

"Je déclare", dit-il d'un ton taquin, "j'ai du mal à croire que vous croyez en l'égalité des sexes." Ils s'attaquaient à ce problème en ce moment.

"Je ne sais pas!" Betty avait l'air étrangement sage. « Je crois à la supériorité des hommes !

"Bon dieu!"

"Je fais. C'est pourquoi je veux que toutes les femmes aient la même chance que les hommes de devenir supérieures. Je... je veux que mes sœurs y arrivent aussi !

"Là? Où ? Truedale commença à trouver la jeune fille frivole ; mais son charme tenait.

« Eh bien, là où leurs qualifications leur conviennent le mieux. Je vais vous dire un secret : je suis extrêmement religieux ! Je crois que Dieu connaît mieux que les hommes les femmes ; Je veux – eh bien, je ne veux pas paraître désinvolte – mais vraiment, j'aimerais entendre Dieu parler pour lui-même !

Truedale sourit. "C'est un argument de bon sens, de toute façon", a-t-il déclaré. « Mais je suppose que nous, les hommes, avons peur de faire confiance à qui que ce soit ; nous ne voulons pas… te perdre.

"Comme si tu pouvais!" Betty tendit sa petite main blanche vers le chien couché à ses pieds. « Comme si nous ne savions pas que ce que nous ne voulons pas, nous te voulons. Eh bien, vous êtes notre... travail.

Truedale rejeta la tête en arrière et rit. « Vous êtes comme une bouffée de l'air de votre grande montagne », dit-il.

«J'espère que je le serai toujours», répondit Betty doucement et sincèrement, «je dois rester libre, quoi qu'il arrive. Je dois garder ce que je suis, ou comment puis-je espérer garder… Brace ? Il aimait *ça*, moi. Le mariage ne fait pas de miracle, n'est-ce pas… Conning ? s'il te plaît, laisse-moi t'appeler comme ça. Lynda m'a dit qu'elle et toi croyions en deux vies, pas en une petite vie étroite. C'est splendide. Et maintenant je vais vous révéler un autre secret. Je vais devoir en parler à Lynda aussi, elle doit m'aider. J'ai un peu d'argent à moi : j'en ai gagné chaque centime. Je vais acheter un tout petit terrain, je l'ai choisi, c'est de l'autre côté de la rivière, dans les bois. Je vais construire une maison, pas vraiment grande, une toute petite, et je vais l'appeler : Le Refuge. Quand je ne parviens pas à me retrouver, quand je me perds, après mon mariage et que j'essaie d'être tout pour Brace, je vais m'enfuir vers... Le Refuge ! Les yeux bleus brillaient. « Et personne ne peut y venir, pas même Brace, sauf sur invitation. Je pense… – très doucement – « Je pense que toutes les femmes devraient avoir un–un Refuge. »

Truedale fut impressionné. « Vous êtes une petite femme très sage », dit-il.

«Il faut l'être, parfois», disaient les mots lents. Et à ce moment-là, tout doute quant au sérieux de Betty disparut.

Brace les rejoignit bientôt. Il avait l'air d'avoir été tenu en laisse depuis l'heure du dîner.

"Eh bien," dit-il en posant sa main sur la tête lumineuse penchée sur le chien, "maintenant que tu as parlé et ri avec Betty, qu'as-tu à dire ?"

"Félicitations, Ken, de tout mon cœur."

"Et maintenant, Betty" - il y avait un nouveau ton dans la voix de Kendall - " Mollie a dit que tu pouvais revenir avec moi. " Le taxi nous étoufferait. Il y a une lune, ma chérie, et une étoile ou deux… »

"Comme si ça comptait!" Betty l'interrompit. «Je suis très, très heureuse. Brace, tu as une famille gentille et sensée. Ils sont d'accord avec moi en tout.

Les semaines passèrent rapidement. Les affaires de Betty les absorbaient tous, même si elle les exhortait en riant à la laisser tranquille.

"C'est déjà assez affreux de se sentir emporté par un déluge", dit-elle en plaisantant, "sans entendre les acclamations des banques".

Mais Mollie Morrell s'est jetée corps et âme dans l'aménagement de la garde-robe, jouant le rôle de grande sœur pour la première et unique fois de sa vie. Elle était plus âgée que Betty, mais la plus jeune avait toujours influencé l'aînée.

Et Lynda est devenue fascinée par le petit bungalow de l'autre côté de la rivière, connu sous le nom de The Refuge.

L'imagination originale a touché son imagination et elle a mis ses autres travaux de côté pendant qu'elle rivalisait avec Betty pour s'exprimer.

«J'ai trouvé à proximité un vieil homme et une femme », dit un jour Betty, «ils avaient peur de devoir aller à l'hospice, bien que tous deux soient capables de faire un peu. Je vais les mettre dans mon bungalow : les deux petites chambres du haut seront à elles. Quand je descendrai pour me retrouver, ce sera un plaisir de voir les deux vieux visages brillants là pour m'accueillir. Ils n'ont pas peur du tout ; Je pense qu'ils savent à quel point ils compteront pour moi. Ils me trouvent plutôt immoral, je sais, mais ça n'a pas d'importance.

Et puis, début octobre, Brace et Betty se sont mariés dans l'église de l'autre côté de la rivière. Les feuilles d'automne rouges et dorées tombaient là où les roses avaient grimpé auparavant ; c'était une journée fraîche et fraîche, pleine de soleil et d'ombre, et le mariage était plutôt du goût du vieux pasteur. L'organiste était à sa place, sa musique choisie avec discernement, il y avait des invités, des fleurs et des costumes discrets.

« Plus qu'il ne faut », pensa le pasteur serein ; mais Lynda manquait à la gentille vieille femme qui était arrivée le jour de son mariage, et à la petite fille en larmes qui avait désiré sa mère.

CHAPITRE XVII

Il y a des espaces dans toutes les vies qui semblent tellement entourés de sécurité et de conditions établies qu'on ne peut concevoir de changement. Ces endroits particuliers peuvent connaître la lumière et l'ombre des événements qui passent, mais il semble qu'ils ne puissent pas, par eux-mêmes, être affectés. Truedale et Lynda avaient donc réfléchi à leur vie à cette époque. Ils étaient extrêmement heureux, ils étaient incroyablement occupés – et cela signifiait qu'ils reconnaissaient tous les deux leurs limites. Ils prenaient chaque journée au fur et à mesure et la laissaient partir à la fin, sachant à moitié conscients qu'elle avait été trop courte.

Puis, un après-midi de fin octobre, Truedale frappa à la porte de l'atelier de Lynda et, à son joyeux « viens », entra, ferma la porte derrière lui et s'assit. Il était très blanc et très sérieux. Lynda le regarda d'un air interrogateur mais ne parla pas.

« J'ai vu le Dr McPherson, dit Conning, c'est lui qui m'a envoyé chercher. Il est parti, tu sais.

« Je ne le savais pas… mais… » Puis Lynda se souvint !

"Lynda, connaissiez-vous le testament de mon oncle avant sa mort?"

"Eh bien, oui, Con."

Quelque chose de froid et de mortel serra le cœur de Lynda. C'était comme si une vague glaciale avait balayé la chaleur et la sécurité devant elle, la laissant consternée et effrayée.

"Oui je savais."

« Voulez-vous me dire… je ne pourrais pas aborder cela avec McPherson, d'une manière ou d'une autre ; il ne voyait pas les choses comme moi, naturellement… Veux-tu me dire ce que serait devenue la… la fortune si je ne t'avais pas épousé ?

La blancheur mortelle du visage de Lynda n'arrêta pas les paroles dures de Truedale ; il ne pensait pas à elle, même à lui-même ; il pensait à l'ironie du sort au sens large.

"L'argent serait venu à moi." Puis, comme pour détourner tout nouveau malentendu. "Et quand je l'ai refusé, cela serait revenu aux œuvres caritatives."

"Je vois. Et tu as fait ça pour moi, Lyn ! Comme vous l'avez peu compris. Maintenant que j'ai cet argent maudit , je ne sais pas quoi en faire, comment m'en débarrasser. Pourtant , c'était ton genre, Lynda, de te sacrifier pour que je puisse avoir ce que tu pensais être mon dû. Tu as toujours fait ça, depuis ton enfance. J'aurais pu savoir qu'aucune autre femme n'aurait pu faire ce que tu as fait, aucune femme comme toi, Lyn, sans un motif puissant ; mais tu ne me connaissais pas vraiment !

Et maintenant, regarder Lynda, c'était comme regarder un visage mort – un visage dont la chaleur et la lumière avaient été arrachées.

« Je… ne sais pas ce que tu… veux dire, Con », dit-elle vaguement.

« Étant toi, Lyn, tu n'aurais pas pu prendre l'argent, toi-même, surtout si tu avais refusé de m'épouser. Une femme de moindre importance l'aurait fait sans scrupule, se sentant justifiée de déjouer une chose aussi cruelle que l'héritage ; mais pas toi! Vous ne voyiez pas d'autre solution, alors vous, vous avec vos idéaux élevés et vos convictions claires, vous avez épousé l'homme que je suis afin de me donner le mien. Oh, Lyn, quel sacrifice ! »

"Arrêt!" Lynda se leva de sa chaise et, d'un large geste, balaya loin d'elle les marques de son métier. Ce faisant, elle semblait se ménager un espace pour respirer et réfléchir.

"Pensez-vous que je suis le genre de fille qui se vendrait pour n'importe quoi, même pour la justice que je pourrais penser être la vôtre ?"

"Vends toi? Dieu merci, entre nous, Lynda, cela n'entre pas en jeu.

« Cela l'aurait été si j'étais la femme que tes mots impliquent. Je n'avais rien à gagner à t'épouser, rien ! Rien… c'est… mais… mais… ce que vous ne pouvez pas voir. Et puis, si soudainement que Truedale n'a pas pu l'arrêter, Lynda a failli s'enfuir de la pièce.

Pendant une heure, Truedale resta assise dans sa boutique vide et attendit. Il n'osa pas la chercher et il comprit enfin qu'elle ne reviendrait pas vers lui. Son état d'esprit était si abject et personnel qu'il ne parvenait pas à comprendre le point de vue de Lynda. Il ne pouvait pas encore voir l'insulte qu'il avait faite, parce qu'il l'avait placée si haut et lui-même si bas. Il ne la voyait que comme la fille et la femme qui, tout au long de sa vie, s'était mise de côté et avait pensé aux autres. Il se voyait à la lumière d'une femme telle qu'il pensait que Lynda le considérerait. Il aurait pu savoir, reconnut-il amèrement, que Lynda ne pouvait pas ignorer, dans sa pure âme de femme, la fin de sa vie antérieure. Il se rappelait comment, le soir de sa confession, elle avait supplié d'être seule – de réfléchir ! Plus tard, son silence... oh ! il l'avait compris maintenant. C'était sa seule sauvegarde. Et cette fois-là, dans les bois, alors qu'il avait cru aveuglément à sa grande joie, comment elle avait solennellement tiré le meilleur parti de l'expérience qui était trop profonde dans les deux cœurs pour être ressuscitée. Quel imbécile il avait été de rêver qu'un pas aussi faux que celui qu'il avait fait autrefois pouvait le conduire à une paix parfaite. En pensant à ces pensées, comment pouvait-il, encore, comprendre le mal qu'il faisait à Lynda ? Eh bien, il était en deuil pour elle, brisant presque son cœur dans son désir de faire quelque chose – n'importe quoi – pour la libérer des résultats de son sacrifice inutile.

À six heures , Truedale descendit, mais la maison était vide. Lynda était partie, emportant avec elle le sentiment d'être chez elle. Il n'attendit pas de voir ce que l'heure du dîner pourrait lui apporter ; il ne pouvait pas se faire confiance à ce moment-là. En effet, après avoir détruit tous les points de repère familiers, il était complètement et désespérément perdu. Il ne pouvait pas imaginer comment il pourrait un jour retrouver le chemin de Lynda, et pourtant ils devraient se rencontrer – réfléchir.

Lynda, après avoir quitté son atelier, n'avait qu'un seul désir : elle voulait Betty plus que toute autre chose. Elle enfila son chapeau et son manteau et se dirigea tête baissée vers l'appartement de son frère, plus loin dans la ville. Elle sentait qu'elle devait y arriver avant l'arrivée de Brace et exposer ses problèmes devant l'esprit et le cœur incroyablement clairs et inébranlables de la petite femme qui, il y a si peu de temps, était entrée dans leur vie. Mais après quelques pâtés de maisons, les pas de Lynda s'arrêtèrent. Si ce n'était que son propre problème – mais quel problème est uniquement le sien ? – elle n'aurait pas besoin d'hésiter ; mais comment pourrait-elle révéler ce qu'il y avait de plus profond et de plus infaillible dans son âme à toute personne vivante – même à Betty à la vision sans hésitation ?

Lynda revint bientôt sur ses pas. La calme nuit d'automne l'apaisait et la protégeait. Elle leva les yeux vers les étoiles et repensa aux vieux mots : « Pourquoi si chaud, petit homme, pourquoi si chaud ? Pourquoi, en effet ? Et puis, dans la pénombre calme – car elle s'était tournée vers les rues secondaires – elle laissa Truedale entrer dans ses pensées, à l'exclusion, pour le moment, de son propre tort amer. Elle se souvenait de son enfance étrange et solitaire, avec si peu de choses qui pourraient l'amener à considérer avec justesse le dernier acte de son oncle. Elle se souvenait de sa fierté et de son combat, de sa réserve et de sa sensibilité presque anormale. Ensuite, l'expérience en montagne ! Comme cela était terriblement profond dans la vie de Truedale ; combien il avait été incapable d'y voir un tort autre que le sien. Lynda l'avait toujours honoré pour cela. Cela lui avait permis de lui faire entièrement confiance. Elle avait respecté sa belle position et ne l'avait jamais brouillée en lui montrant comment elle, en tant que femme, pouvait voir l'erreur de sa part. Non, elle lui avait laissé Nella-Rose car sa noble chevalerie l'avait préservée – elle avait osé faire tout cela parce qu'elle se sentait si en sécurité dans l'amour et la sincérité du présent.

"Et maintenant?"

L'amertume était passée. Le choc l'avait laissée un peu faible et impuissante mais elle ne pensait plus au besoin humain de Betty. Elle rentra chez elle, s'assit devant le feu de la bibliothèque et attendit la lumière. A dix heures, elle parvint à une conclusion. Truedale doit décider de cette chose par lui-même ! Après tout, c'était sa grande opportunité. Elle ne pouvait pas, avec honneur et respect d'elle-même, se jeter sur lui et compliquer ainsi le malentendu. Si sa vie avec lui depuis juin ne l'avait pas convaincu de son amour simple et de sa foi, ses paroles, maintenant, ne le pourraient pas. Il doit la chercher, il doit tout réaliser. Et dans cette décision, Lynda s'est laissée si bloquée et désolée qu'elle a levé les yeux mouillés et a vu : la chaise vide de William Truedale ! Un grand désir pour son vieil ami monta dans son cœur – un désir que même la mort ne lui avait pas enlevé. L'horloge sonna la demi-heure et Lynda se leva et se dirigea sans hésitation vers la porte de la chambre derrière laquelle le vieil homme avait commencé son voyage à la recherche de la paix.

Et juste au moment où elle allait, les yeux aveuglés et le cœur douloureux, s'isoler de la morosité du présent, Truedale entra dans la maison et, depuis le couloir, l'observait. Il croyait qu'elle l'avait entendu entrer, il espérait qu'elle allait se tourner vers lui... mais non ! elle alla directement dans la pièce inutilisée, ferma la porte et… la verrouilla !

Truedale resta cloué sur place. Ce qu'il avait espéré, ce qu'il avait cru, il aurait difficilement pu le dire. Mais, comme un homme, il était le véritable conservateur et, en tournant cette clé, ses traditions et sa position établie se sont effondrées autour de lui.

Lynda et lui étaient mariés et, à moins qu'ils ne décident de rompre ouvertement, ils doivent vivre leur vie. Mais le fait de tourner la clé semblait proclamer à toute la ville une nouvelle donne. Une déclaration d'indépendance qui bafoue la tradition.

Pendant un instant, Truedale fut en colère, perturbé et indigné. Il entra dans la pièce avec des yeux sévères ; il marcha à mi-chemin vers la porte fermée – et verrouillée ; il le considérait comme s'il s'agissait d'un ennemi tangible qu'il pourrait vaincre et, ce faisant, rétablir les anciens idéaux. Puis – et ce fut la grâce salvatrice – Truedale sourit sombrement. « Bien sûr, » marmonna-t-il. "Bien sûr!" et se tourna vers sa chambre sous les combles.

Mais il fallait affronter le lendemain. Il y avait plusieurs choses à régler en plus de la condition résultant du verrouillage de la porte de la chambre de William Truedale .

Conning a lutté contre ce fait presque toute la nuit, sans se rendre compte que Lynda arrivait à la même conclusion dans la pièce calme du dessous.

« Je ne suis pas battue, oncle William », murmura-t-elle en s'agenouillant près du lit. "Si seulement je pouvais voir comment nous rencontrer demain, tout irait bien."

Et puis une sorte de réconfort étrange lui vint. L' humour avec lequel sa vieille amie aurait vu la situation imprégnait la pièce, lui apportant de la force.

«Je sais», confia-t-elle à l'obscurité dans laquelle le vieil homme semblait présent, d'une manière merveilleusement réelle, «je sais que j'aime Conning. Un amour imaginaire ne pourrait pas supporter cela, mais la vraie chose le peut. Et il m'aime ! Je le sais de bout en bout. Son autre amour n'était pas… ce que c'est. Mais il doit le découvrir par lui-même. J'ai toujours été proche quand il avait besoin de moi ; il doit venir à moi maintenant – pour lui encore plus que pour le mien. Je le mérite, n'est-ce pas, oncle William ?

L'amitié compréhensive n'a pas manqué à la jeune fille agenouillée près du lit vide. Cela semblait passer par les rayons du clair de lune et reposer sur elle comme un contact utile.

« Petite mère ! » – et dans son âme Lynda croyait que William Truedale et sa mère s'étaient réunis – « petite mère, tu as fait de ton mieux sans amour ; Je ferai le mien – avec ! Et maintenant je vais me coucher et je vais dormir.

Le lendemain matin, Truedale et Lynda étaient toutes deux si pressées d'attaquer la situation qu'elles faillirent se heurter à la porte de la salle à manger. Ils eurent tous les deux la grâce de rire. Puis ils parlèrent du travail à accomplir pour la matinée.

"J'ai un studio à développer", a déclaré Lynda en passant une tranche de pain grillé à Truedale depuis l'appareil électrique devant elle, "une femme veut un studio, elle pense que ce sera une source d'inspiration. C'est une gentille petite femme du monde qui s'ennuie à mourir. Elle a écrit un article ou deux pour un journal de mode et elle croit s'être découverte. J'aurais aimé savoir quoi mettre à la place. Elle mépriserait les choses réelles et je déteste faire des compromis quand il s'agit de telles choses. Et toi, Con, qu'as-tu à faire ?

Truedale la regarda sérieusement. « Je dois rencontrer l'avocat et McPherson, dit-il, mais puis-je venir… pour discuter, Lyn, après ?

"Je serai dans mon atelier toute la journée, Con, jusqu'à l'heure du dîner ce soir."

La journée a été difficile pour eux deux, mais Lynda, une femme, l'a acceptée et s'est terminée avec moins de signes d'usure que Truedale . Elle était agitée et nerveuse. Elle travailla consciencieusement jusqu'à trois heures et accomplit quelque chose dans la tâche difficile que la femme du monde lui avait confiée ; puis elle se rendit dans sa chambre et, effaçant tout signe de son métier, enfila une jolie robe de maison et retourna à sa boutique. Elle avait l'intention d'apporter à Truedale toute l'aide légitime, mais elle n'a jamais été plus fière ni plus ferme de sa vie. Elle fit entrer les chiens et les chats ;

elle installa la petite table à thé près de l'âtre et alluma juste assez de feu pour atténuer le froid de la pièce tout en la laissant douce et fraîche.

À cinq heures, on frappa à la porte.

"Juste à temps, Con, pour le thé", l'appela-t-elle et l'accueillit.

La trouver si calme, joyeuse et charmante a été un choc pour Truedale . Si elle avait pleuré ou si elle avait montré la moindre trace des souffrances qu'il avait endurées, il l'aurait prise dans ses bras et relégué le malheureux argent au rebut des choses non essentielles. Mais la scène dans laquelle il entra eut pour effet de le glacer et de lui rappeler la pensée désagréable du sacrifice de Lynda.

"As-tu eu une dure journée, Con?"

"Oui."

"Bois le thé, et... laisse-moi voir, tu aimes le pain et le beurre, n'est-ce pas, au lieu des gâteaux ?"

Ils restèrent silencieux un moment pendant qu'ils sirotaient le thé chaud. Puis, levant les yeux, ils se regardèrent soudain.

"Lyn, je ne peux pas me passer de toi!"

Elle rougit profondément. Elle savait qu'il ne voulait pas être égoïste, mais il l'était.

« Seriez-vous même prêt à... accepter mon sacrifice ? » demanda-t-elle si doucement qu'il ne remarqua pas le désir dans le ton – le suppliant d'abdiquer la position qui, pour elle, était intenable.

« N'importe quoi… n'importe quoi, Lynda. La journée sans toi a été un enfer. Nous nous débarrasserons de l'argent d'une manière ou d'une autre. Maintenant que nous savons tous les deux à quel point cela signifie peu, nous allons recommencer et, libérés des conceptions erronées de l'oncle William, Lyn… » Il posa sa tasse et se leva rapidement.

"Attendez!" murmura-t-elle en se recroquevillant dans son fauteuil bas et en le retenant par son sourire de détachement plus que par son mot d'ordre.

«Je… je ne peux pas affronter la vie sans toi», dit Truedale d'une voix rauque, «je n'ai jamais vraiment eu à y réfléchir auparavant. J'ai besoin de toi, je dois t'avoir.

Il s'approcha, mais Lynda secoua la tête.

« Il nous est arrivé quelque chose, Con. Quelque chose d'assez formidable. Il ne faut pas gâcher. »

« Une chose nous préoccupe. Un seul, Lyn.

«Beaucoup de choses le font, Con. Ils se sont rassemblés autour de moi toute la journée. Il y a des choses pires que de se perdre !

"Non!" Truedale a nié avec véhémence.

"Oui. Nous pourrions nous perdre ! Cette chose qui te fait rejeter ce qui s'est passé avant, cette chose qui me fait désirer — oh ! combien j'ai envie, Con, de venir vers toi et d'oublier cette chose, qu'est-ce que c'est ? C'est la chose la plus sacrée que nous connaissions, et si nous ne la gardons pas de manière sacrée , nous la blesserons et la tuerons et alors, peu à peu, Con, nous nous regarderons avec des yeux effrayés – à propos d'un amour mort, mort.

« Lynda, comment… peux-tu ? Comment oses-tu dire ces choses quand tu avoues... Oh ! ma femme!"

« Parce que » – et elle semblait s'éloigner de Truedale à mesure qu'il avançait – « parce que j'ai avoué ! Vous et moi, Con, avons atteint aujourd'hui, par des voies différentes, le problème le plus important et le plus vital. Toute ma vie, j'ai poussé les portes au fur et à mesure de mon arrivée. Parfois, je me contentais de jeter un coup d'œil et de me dépêcher ; parfois, je suis resté et j'ai appris une leçon. Il en sera toujours ainsi pour moi. Je dois savoir. Je pense que vous êtes prêt à ne pas le savoir à moins d'y être forcé.

Truedale grimaça et retourna lentement à sa chaise.

"Eh bien, ma chérie, à moins que tu ne le souhaites autrement, je veux, dans la mesure du possible, commencer à partir d'aujourd'hui et découvrir à quel point nous comptons l'un pour l'autre. Poussons les portes jusqu'à ce que nous soyons sûrs que nous voulons tous les deux vivre dans le même lieu. Si vous trouvez un endroit meilleur, plus sûr pour vous que celui que nous pensions connaître, je ne vous retiendrai jamais par un regard ou un mot, ma chère.

« Et toi… Lyn ? La voix de Truedale trembla.

"Pour moi, je demande le même privilège."

« Vous voulez dire que nous vivons ensemble, mais séparés ? »

« À moins que tu n'en décides autrement, ma chérie. Dans ce cas, nous fermerons cette porte et dirons : au revoir, maintenant.

Sa force, sa tendresse, Truedale sans pilote . Il ressentit à nouveau cet appel qu'elle lui avait inspiré le soir de sa confession. Une fois de plus, il s'est rallié pour la défendre – contre son propre sens impitoyable de l'honneur .

« Par le ciel ! » il pleure. « Ce ne sera pas un au revoir. J'accepterai vos conditions, je les respecterai et j'oserai l'avenir.

« Bien, vieux Con ! Et maintenant, s'il te plaît, chérie, pars. Je pense… je crois
que je vais pleurer… un peu et… » elle leva les yeux en frémissant … « Je ne
dois pas avoir les yeux rouges à l'heure du dîner. Brace et Betty arrivent. Dieu
merci, Con, Betty va nous faire rire.

CHAPITRE XVIII

Ayant convenu de cette période de probation, Lynda et Truedale l'entrèrent avec une détermination caractéristique. Il y avait des moments où Conning croyait avec découragement qu'aucune femme ne pouvait agir comme Lynda si elle aimait un homme. Non, il n'était pas au pouvoir d'une femme de renoncer à tout ce à quoi Lynda renonçait si elle aimait profondément. On ne pouvait pas dire que Lynda soit froide ou indifférente ; elle n'avait jamais été plus douce, plus vraie ; mais elle était incroyablement sereine !

Peut-être était-elle contente, après avoir obtenu ses droits pour lui, de continuer et d'être reconnaissante qu'on lui demande si peu.

Mais un tel raisonnement finit par faire honte à Truedale , et il reconnut qu'il y avait quelque chose de superbe chez une femme qui, tout en aimant toujours un homme, était capable de se retenir de lui jusqu'à ce que lui et elle aient sondé au plus profond de leur nature.

Dans cet état d'esprit, Truedale se consacra aux affaires, et Lynda, avec une puissance nouvelle qui la surprit elle-même, reprit ses propres tâches.

« Et c'est ça *l'amour* », se disait-elle souvent, « c'est la vraie chose. Certaines femmes pensent qu'elles ont de l'amour quand *l'amour les a* . Ce quelque chose de beau et de tangible qui rend ces jours encore sacrés a fait ses preuves. Je peux compter sur lui, m'appuyer lourdement sur lui.

Parfois, elle se demandait ce qu'elle attendait. Souvent , elle craignait, dans ses moments de tristesse, que cela ne dure éternellement — qu'elle accepte cette pauvre contrefaçon pour de vrai — et que toute la gloire lui échappe, ainsi qu'à Truedale .

Mais au mieux, elle savait ce qu'elle attendait : ce qui allait arriver. C'était quelque chose qui, chassant tout le reste, la rapprocherait, elle et Conning, sans réserves ni doutes. Ils *le sauraient !* Il connaîtrait la passion principale de sa vie ; elle, qu'elle pourrait compter tout perdu à moins qu'elle ne rende sa vie complète et ne couronne ainsi la sienne.

L'argent n'a jamais été mentionné. Il se trouvait dans des placements bons et sûrs , en attendant le jour, dit Truedale à McPherson, où on pourrait s'en débarrasser sans déshonneur ni honte.

« Mais, mon Dieu ! n'avez-vous pas d'ambitions personnelles, vous et Lynda ? McPherson avait appris à admirer Conning et Lynda avait toujours été l'une de ses inspirations privées.

"Aucun que Lynda et moi ne puissions fournir nous-mêmes", a répondu Truedale . « Se voir retirer notre travail et la nécessité de notre travail ne serait aucun avantage. »

"Mais n'avez-vous pas un devoir envers l'argent ?"

"Oui, nous l'avons fait, et j'essaie de découvrir de quoi il s'agit."

Et vivre cette vie étrange et anormale, en se demandant souvent pourquoi et en craignant beaucoup, trois, puis quatre ans leur passèrent.

C'est une chose pour deux natures orgueilleuses et sensibles de s'engager dans une voie délibérée, et c'en est une autre de l'abandonner lorsque le besoin supposé est passé. Il n'y avait désormais aucun doute dans le cœur de Truedale quant aux raisons qui poussaient Lynda à l'épouser ; Lynda n'a pas non plus remis en question un seul instant la profonde affection de Truedale pour elle. Pourtant, ils attendaient — tout à fait inconsciemment d'abord, puis avec un entêtement tragique — que quelque chose balaye les obstacles sans pour autant abandonner sa position.

"Il doit me vouloir pour que plus rien ne puisse l'influencer", pensa Lynda.

« Elle doit savoir que mon amour pour elle peut tout supporter, même ça ! » argumenta Conning, et sa position était mieux prise que la sienne, comme elle devait le découvrir un jour.

Au début, il leur semblait suffisant de vivre leur vie dans l'intimité et la confidentialité, de ressentir le lien de dépendance qui les tenait ; mais le nœud était parfois profond et ils souffraient dans un silence stupide mais fier.

Beaucoup de choses se sont produites au cours de ces années qui ont élargi l'horizon pour tous. Le premier enfant de Betty allait et venait, emportant presque avec lui la vie de la jeune mère. Avant l'éventuelle calamité, Brace était consterné, et Conning et Lynda réalisèrent à quel point la jeune fille était une note vraie dans leur vie. Elle semblait leur appartenir dans un sens plus fort que le sang n'aurait pu le faire. Ils ne pouvaient pas imaginer la vie sans sa compagnie ensoleillée. Jamais ils ne devaient oublier la morosité sinistre de l'appartement autrefois joyeux pendant ces jours et ces nuits où la Mort planait à proximité, pesant les chances. Mais Betty s'est rétablie et est revenue avec un regard ardent dans les yeux qui n'avait jamais été là auparavant.

« Vous voyez, confia-t-elle à Lynda, il y aura toujours des moments où je devrai écouter pour savoir si mon bébé appelle. Parfois, Lyn, j'ai l'impression qu'il était juste devant, m'empêchant d'oublier. Cela ne me rend pas triste, ma chérie, c'est vraiment beau qu'il ne m'ait pas vraiment échappé.

"Et est-ce que tu vas au Refuge pour réfléchir, regarder et écouter ?" » a demandé Lynda. Car ils étaient tous inquiets maintenant lorsque Betty se rendit dans la petite maison.

"Pas beaucoup !" Et ici, Betty scintille. «J'y vais pour rencontrer Betty Arnold face à face et lui demander si elle préfère échanger. Et puis je rentre chez moi au trot, presque essoufflé, vers le précieux vieux Brace ; J'ai tellement peur qu'il ne sache pas qu'il est toujours la seule chose importante au monde pour moi.

Ce petit enfant de Betty et Brace les avait tous profondément impressionnés. Il n'avait vécu que trois jours et pendant qu'il restait, l'ombre noire qui pesait sur la mère avait fait paraître le bébé moins important ; mais plus tard, ils se souvinrent tous du joli et doux acarien avec l'étrange et vieux regard dans ses yeux écarquillés. Il avait été beau comme le sont souvent les bébés qui ne vont pas rester. Il ne devait pas avoir d'années pour changer et grandir et la beauté l'accompagnait donc.

"Je pense que le petit gars pensait que nous ne voulions pas de lui", s'étouffa Brace alors qu'il parlait au-dessus du petit corps froid de son premier-né, "alors il est rentré chez lui avant d'oublier le chemin."

"Ne le fais pas, frère!" » plaida Lynda alors qu'elle se tenait avec Truedale à ses côtés. "Vous savez que le chemin du retour aurait pu être plus long et plus difficile, peu à peu."

«J'aurais aimé que Betty et moi puissions aider à rendre les choses plus faciles; du moins, pendant un certain temps. L'éternelle révolte contre une souffrance apparemment inutile résonnait dans les mots.

Et cette nuit-là, Truedale avait embrassé Lynda longuement.

« De telles choses, dit-il en faisant référence aux tristes tâches de la journée, de telles choses rapprochent les gens. »

Après cela, quelque chose de nouveau a palpité dans leur vie – quelque chose qui n'avait jamais eu d'influence auparavant. Si Betty cherchait et écoutait la petite créature qui était partie devant, Lynda écoutait et regardait ce qui avait été un vide dans sa vie auparavant.

Elle a toujours aimé les enfants avec bienveillance et détachement, mais elle ne s'est jamais appropriée les enfants. Mais maintenant, elle ne pouvait pas oublier la sensation de cette petite tête duveteuse qui, pendant environ un jour, se blottit sur sa poitrine tandis que les pieds de la jeune mère glissaient presque au-dessus du bord. Elle se souvint du regard étrange dans les yeux profonds de l'enfant la nuit où il mourut. Le regard solitaire et vieilli qui, au passage, semblait essayer de fixer un objet familier. Et lorsque la faible lumière s'éteignit sur le petit visage et que seul un bébé mort gisait dans ses bras, la maternité fut sortie de son sommeil et, en suivant l'enfant de Betty, devint vitalisée et définitive.

"Je... je pense que je vais adopter un enfant." C'est ce qu'elle avait pensé alors que la petite tête froide gisait encore au creux de son bras. Elle n'a jamais abandonné cette pensée et a seulement hésité avant de l'exprimer à Truedale parce qu'elle craignait qu'il ne puisse pas comprendre et puisse cruellement mal comprendre. La vie était déjà assez dure et assez difficile pour eux deux à ce moment-là, et souvent, rentrant dans la maison tranquille à la fin de la journée, Lynda disait pour réconforter son cœur fragile :

« Oh, eh bien, c'est vraiment comme arriver devant un foyer sur lequel le feu n'est pas encore allumé. Mais Dieu merci ! c'est un foyer propre, non encombré de cendres, il est prêt pour le feu.

Mais l'était-ce ? De plus en plus, à mesure que le temps passait et que Truedale gardait sa foi et marchait près de la sienne – oh ! ils en étaient reconnaissants – mais toujours séparés, se demanda Lynda. Tout cela était si futile, si complètement égoïste et puéril – et pourtant ni l'un ni l'autre ne parlait. Puis, soudain, survint le grand phénomène qui les rassembla et balaya toute la barrière de détritus qu'ils avaient érigée. Comme beaucoup de choses grandes et prodigieuses, cela ressemblait beaucoup à la petite voix douce dans le buisson ardent, à la petite étoile dans la nuit noire.

Truedale avait eu une conversation éclairante avec McPherson dans l'après-midi. Le vieux docteur était vraiment un sentimental au cœur tendre et il lui arrivait de se mettre à nu aux yeux d'un ami digne de confiance. Cette fois, c'était Truedale .

De haut en bas de la plaine, le bureau professionnel McPherson se promenait lorsque Conning a été annoncé.

"Oh! entrez, entrez ! appelé McPherson. « Vous pouvez mieux comprendre cela que certains. J'ai eu une journée diabolique. Une chose confondante après l'autre pour m'enlever l'âme. Et maintenant cette lettre du vieux Jim White !

L'escroquerie a commencé. Cela faisait maintenant des années que Pine Cone n'avait pas touché brusquement sa pensée.

"Qu'est-ce qu'il y a avec White ?" Il a demandé.

"Regarde par la fenêtre!"

Truedale l'a fait, et dans la neige semblable à un mur qui était tombée toute la journée.

« Cela fait des semaines qu'ils font ça dans les montagnes. Des sentiers effacés, des gens se cachaient comme des bêtes, et ce bon vieux gars, White, en a profité pour se casser la jambe. Il est resté là pendant une semaine entière, bon sang ! Deux de ses chiens sont morts – lui-même était presque mort de faim. J'ai réussi à ramper jusqu'à la nourriture tant qu'il y en avait, puis quelqu'un s'est précipité pour que Jim organise une pendaison ou une autre bagatelle et l'a trouvé ! Bon Dieu, Truedale , ce dont ils ont besoin là-bas, ce sont des routes ! routes! Des routes sur lesquelles les gens peuvent voyager les uns vers les autres et devenir humains. De toute façon, c'est tout ce dont le monde a besoin ! » Ici, McPherson s'est arrêté devant Truedale et lui a lancé un regard furieux, comme s'il était sur le point de lui rejeter la responsabilité de la circulation entravée. « Des routes par lesquelles les gens peuvent se rendre les uns aux autres. Voyez-vous, vous cherchez une excuse pour vous débarrasser de votre foutu argent. Pourquoi ne construisez-vous pas de routes ?

"Routes?" Truedale ne savait pas s'il devait rire ou prendre son homme au sérieux.

« Oui, les routes. Je vais voir Jim. Je n'ai pas beaucoup d'argent ; J'ai fait une bonne affaire, mais d'une manière ou d'une autre , je ne semble jamais pouvoir me faire prendre avec la marchandise sur moi. Mais le peu que je possède maintenant va à Jim dans le but de forger un lien entre lui et le Centre. Mais voici un travail pour vous. Vous pouvez comprendre ce besoin. J'ai un garçon à l'hôpital; il a cédé à cause de trop d'études. Essayer de recevoir une éducation tout en mourant de faim et en se passant de sous-vêtements. Vous devriez savoir comment lui trouver un raccourci, Truedale ; vous avez vous-même fait du piratage dans les sous-bois. Si je ne croyais pas que les gens pourraient se rejoindre par les routes, s'il y avait *des* routes, je sortirais et me trancherais la gorge.

Le grand homme, troublé et plein de sympathie comme une femme tendre, s'arrêta dans ses foulées et éjacula :

"Merde, Truedale !" S'il avait été une femme, il se serait fondu en larmes.

Truedale comprit enfin ce qu'il voulait dire. C'était là une chance possible de libérer l'argent accumulé. Pendant deux heures, alors que le soleil descendait vers l'ouest, les hommes discutèrent de plans et de projets.

« Bien sûr, je m'occuperai du garçon à l'hôpital, Dr McPherson. Je connais le raccourci qui mène à lui et il peut probablement me conduire à d'autres, mais je veux (et ici les yeux de Truedale s'assombrirent) je veux que vous emportiez avec vous à Pine Cone des chèques signés en blanc. Je connais la nécessité d'avoir des routes là-bas », n'est-ce pas ? et pendant un instant, ses sourcils se froncèrent alors qu'il réfléchissait à quel point sa propre vie aurait pu être différente, si voyager avait été facile, à l'époque où il était à la merci de la tempête.

«J'aimerais faire quelque chose pour Pine Cone. Faites les routes, bien sûr, mais soutenez les hommes et les femmes qui font l'œuvre de Dieu là-bas avec peu d'aide ou d'argent. Ils connaissent les gens – Jim me les a expliqués. Ils ne sont pas « extrêmement polis », dit Jim, mais ils comprennent les besoins. Je m'en fiche que mon nom soit connu – je suis plutôt pauvre pour un philanthrope – mais je veux faire quelque chose pour commencer, et cela semble une source d'inspiration.

McPherson avait écouté, et peu à peu ses longues foulées devinrent moins nerveuses.

« Jusqu'à aujourd'hui, je n'ai pas souhaité que votre oncle revienne, Truedale , depuis son départ. C'était un homme pauvre et inarticulé, mais j'ai appris à réaliser qu'il avait une vision large.

"Merci, Dr McPherson, mais j'ai souvent souhaité qu'il revienne."

Une fois à l'extérieur de la maison de McPherson, Truedale leva la tête et renifla l'air clair de l'hiver avec un vif plaisir. Un sentiment d'accomplissement l'envahit ; la joie de sentir qu'il avait résolu un problème épineux. Il découvrit qu'il pouvait penser à Pine Cone – et, oui, à Nella-Rose – sans se faire mal. Il allait faire quelque chose pour elle – pour son peuple ! Il allait leur rendre la vie plus facile, plus heureuse, alors il a prié à sa manière silencieuse et sans paroles. Il eut une envie nouvelle et étrange d'aller voir Lynda et de lui dire qu'il était enfin libéré de toute emprise du passé. Il allait faire ce qu'il pouvait et les ancres ne traînaient plus. Il voulait qu'elle l'aide, qu'elle résolve certaines questions du point de vue de la femme. Alors il se dépêcha et entra dans la maison d'un pas léger et enfantin.

Thomas, courbé mais majestueux, mettait la table dans la joyeuse salle à manger. Il y avait des fleurs dans un bol vert foncé, des asters doré pâle.

Longtemps après, Truedale se souvenait de tout comme si tout cela avait été gravé dans son esprit.

"Est-ce que Miss Lynda est là?" » demanda-t-il, car ils s'accrochaient tous aux titres d'autrefois.

« Pas encore, Monsieur Con. Elle sortit en toute hâte vers trois heures. Elle n'a pas dit un mot – et c'est contre sa manière agréable – alors j'ai compris qu'elle avait des affaires qui l'inquiétaient. Elle a passé la journée à l'atelier. Thomas a mis les assiettes en place. C'étaient de la porcelaine blanche , avec de délicats bords dorés. "Hum! hum! Monsieur Con, votre oncle avait l'habitude de dire, lorsqu'il se sentait bavard, que Miss Lynda devrait avoir quelqu'un pour la retenir lorsqu'elle se mettait à courir.

"Je vais la chercher, Thomas!"

Conning s'est rendu à l'atelier et a allumé l'électricité. Une sensation de désolation a vaincu l'ivresse de l'après-midi. Lynda semblait étrangement, sinistrement distante, comme si elle avait entrepris un très, très long voyage.

Il y avait un feu mourant dans l'âtre et la pièce était en ordre à l'exception de la grande table sur laquelle reposait encore le travail sur lequel Lynda s'était occupée avant de quitter la maison.

Truedale s'assit devant lui et s'absorba peu à peu, sans vraiment comprendre le sens de ce qu'il voyait. Il avait souvent étudié et apprécié la manière originale de Lynda de résoudre ses problèmes. Il ne lui suffisait pas de mettre sur papier les dessins développés grâce à son talent ; elle a toujours, comme elle le dit, vécu dans les pièces qu'elle avait conçues. Il y avait ici de vrais meubles – des tentures minuscules, mais parfaites, réelles – de couleur et de forme idéales, et disposées de manière à pouvoir être déplacées afin de pouvoir tester les effets de lumière.

Il n'était pas étonnant que Truedale ait souvent remarqué que le travail de Lynda était si individuel et personnel : elle y insufflait le souffle de la vie avant de le lâcher. Truedale avait toujours été reconnaissante que le mariage n'ait pas enlevé à Lynda sa joie dans son métier. Il aurait détesté savoir qu'il interférait avec un don aussi réel et vital.

Mais cette pièce qu'il regardait maintenant était différente de tout ce qu'il avait jamais vu dans l'atelier. Cela l'intéressait et l'intriguait.

Les spécialités de Lynda étaient les bibliothèques et les salons ; il y avait deux ou trois choses qu'elle n'avait jamais tentées – et celle-là ? Truedale regarda de plus près. Comme c'était joli, comme une salle de jeux d'enfant, et comme c'était fantaisiste ! Il y avait une cheminée dans un coin, devant laquelle se trouvait un écran avec un gobelin des plus inoffensifs avertissant à l'écart, les griffes écartées, les pieds insouciants et chancelants. Les larges banquettes des fenêtres pourraient servir de boîtes à trésors enfantins. Il y avait de délicieuses petites chaises et des tabourets commodément bas ; il y avait un petit lit placé dans un coin sombre sur lequel, sur un bouclier protecteur, se dessinaient des anges aux ailes repliées et aux visages ravis.

"Eh bien, ça doit être une... crèche !" Truedale s'est exclamé à mi-voix ; "et elle a dit qu'elle n'en concevrait jamais un."

De toute évidence, il se rappelait la raison de Lynda. « Si un père et une mère ne peuvent pas concevoir et réaliser les besoins d'une crèche, ils n'en méritent pas une. Je n'ai jamais pu me résoudre à m'y introduire.

"Qu'est-ce que cela signifie?" Truedale se pencha plus près. La table avait été peinte en blanc pour servir de sol à ce décor délicat, et maintenant, alors qu'il regardait , il aperçut des taches – des taches sombres et révélatrices sur la surface brillante.

C'étaient des taches de larmes ; Lynda, qui mettait si joyeusement son cœur et son âme dans les idéaux d'autres foyers, avait pleuré sur la crèche de l'enfant d'une autre femme !

Pour une raison quelconque, Truedale était ce jour-là particulièrement ouvert aux impressions. Alors qu'il était assis avec les emblèmes ressemblant à des jouets devant lui, les choses les plus saintes et les plus fortes de la vie s'emparaient de lui avec une signification terrible. Il sortit sa montre et vit que c'était l'heure du dîner et le silence de la maison prouvait que la maîtresse était encore absente.

« Il n'y a qu'une seule personne vers qui elle s'adresserait », murmura-t-il. "Je vais aller chez Betty et ramener Lynda à la maison."

Il a fait une explication à Thomas qui couvrait la situation.

«J'ai découvert quel était le problème, Thomas», dit-il. « Tout ira bien à notre retour. Mais ne gardez pas le dîner.

Il a pris un taxi pour aller chez Brace. Il était trop désemparé pour s'exposer dans un moyen de transport public. Brace était assis seul mais apparemment content au bout de sa table.

« Un tyran pour toi, vieil homme, » salua-t-il. « Vous n'avez jamais été aussi bienvenu. Je vais vous faire préparer une assiette immédiatement. Quel est le problème? Tu regarde-"

"Ken, où est Betty?"

«Fuis toute seule, Con. J'y suis allé hier. Y va de moins en moins souvent, mais elle a coupé hier.

« Est-ce que… est-ce que Lynda était ici aujourd'hui ?

"Oui. À propos de trois. Quand elle a découvert que Betty était partie, elle n'a pas voulu rester. Asseyez-vous, vieil homme. Vous apprendrez, comme moi, à apprécier davantage Lyn si elle n'est pas toujours là où nous, les hommes, pensons que les femmes devraient être.

Truedale s'est assis en face de Kendall mais a dit qu'il ne prendrait qu'une tasse de café. Quand ce fut fini , il se releva plus régulièrement et dit doucement :

« Je sais que c'est une loi non écrite, Ken, que nous ne devrions pas suivre Betty sans invitation ; mais je dois y aller ce soir.

« C'est dangereux, mon vieux. Je le déconseille. Quoi de neuf?"

«Je dois voir Lyn. Je crois qu'elle est là.

« Plutôt un malentendu de grande ampleur ?

"J'espère, Ken, que Dieu m'aide, ce sera la plus grande *compréhension* que Lynda et moi ayons jamais eue."

Kendall était impressionnée et, par conséquent, silencieuse.

« Je suis sûr que Betty me pardonnera. Bonne nuit."

"Bonne nuit, mon vieux, et... et quoi que ce soit, je pense que tout s'en sortira bien."

Et puis, dans la nuit, Truedale plongea, déterminé à maîtriser la situation absurde que lui et Lynda avaient laissé exister. Il se sentait comme un homme qui avait souffert d'un cauchemar et qui venait de se réveiller et de se débarrasser des effets d'un rêve impie.

CHAPITRE XIX

Lynda, ce jour d'hiver, avait entrepris sa tâche avec une énergie inhabituelle. Elle n'avait jamais réalisé un travail similaire auparavant. À ses débuts, elle avait plutôt méprisé l'incapacité des femmes qui, quoi qu'on puisse dire pour défendre leur ignorance concernant le reste de leur foyer, ne savaient pas comment concevoir et planifier leurs propres crèches. Plus tard, elle avait éliminé ce type de conception parce que très peu de personnes le demandaient et qu'il ne valait pas la peine de consacrer beaucoup de temps à l'étude en vue des rares occasions où les crèches étaient incluses dans les commandes. Mais c'était une exception. Une femme qui avait perdu trois enfants attendait le quatrième et elle était venue voir Lynda avec un appel touchant.

« Vous avez contribué à faire de ma maison un foyer, Mme Truedale , mais j'ai toujours géré la crèche – moi-même avant ; maintenant je ne peux pas. Je veux que tu y mettes de la joie et de l'accueil. Si je devais l' entreprendre , j'échouerais lamentablement et je n'évoluerais que dans la tristesse et la peur. Ce sera différent – après. Mais tu comprends et… tu comprendras ?

Lynda avait compris et s'était mise au travail avec la nouvelle et heureuse vision que le petit bébé de Betty avait rendue possible. Tout s'était bien passé jusqu'à ce que le « coin sommeil » soit atteint, et puis… quelque chose s'est produit. C'est le souvenir d'une des confessions de Betty qui a déclenché la situation. « Lyn », avait-elle dit, juste avant l'arrivée de son bébé, « je m'agenouille près de ce petit berceau qui attend et je prie – comme seules les mères savent prier – et Dieu leur enseigne à nouveau à chaque fois ! Je veux vraiment être digne de la confiance de Dieu.

« Et je… je ne le saurai jamais ! Lynda baissa la tête. « Moi, avec mon amour – avec mon désir d'entendre Dieu parler – je ne dois jamais l'entendre. Pourquoi?"

C'est alors que Lynda a pleuré. Pleuré d'abord d'un sentiment désolé de défaite; puis — et Dieu parle parfois aux femmes agenouillées près des lits d'enfants qui ne sont pas les leurs — elle releva la tête et trembla du flot de joie qui l'envahit. C'était comme un mirage, vu dans le monde d'une autre femme, de son propre héritage béni.

Remplie de cette vision, elle s'était enfuie chez Betty, pour découvrir que Betty avait fui pour son propre compte !

Il n'y a pas eu de moment d'indécision ; bienvenue ou non, Lynda devait rejoindre Betty – et immédiatement !

Elle avait tardé, après avoir tourné son visage vers la rivière. Elle s'est même arrêtée dans un petit salon de thé tranquille et a mangé un repas léger. Puis elle attendit que la foule d'hommes d'affaires ait traversé le ferry pour rentrer chez eux. Il faisait assez sombre lorsqu'elle atteignit l'endroit boisé où, cachée au milieu des arbres, se trouvait la retraite de Betty.

Il y avait de la lumière dans la maison – le salon donnait sur le chemin – et, à travers la fenêtre sans rideaux , Lynda aperçut Betty assise devant le feu avec son petit chien sur ses genoux.

"Oh, Betty," murmura-t-elle en tendant les bras vers la petite silhouette solitaire assise dans la chaise basse et profonde. « Betty ! Betty ! Elle attendit un moment, puis elle tapota légèrement sur la vitre. Le chien sauta au sol, ses oreilles pointues frémirent, mais il n'aboia pas. Betty s'est dirigée vers la porte et s'est tenue dans l'espace chaud et éclairé, les bras tendus. Elle ne connaissait aucune peur, il n'y avait que le doute sur son visage.

"Lyn, c'est toi?"

"Oui! Comment as-tu deviné?"

« Toute la journée, j'ai pensé à toi, je te voulais. Parfois, je peux amener les gens de cette façon.

« Et je t'ai voulu ! Betty, puis-je rester… ce soir ?

«Eh bien, oui, chérie. Restez jusqu'à ce que vous souhaitiez rentrer chez vous. Je me suis ressaisi; Je suis presque prêt à retourner à Brace. Entrez! Pourquoi... qu'est-ce qu'il y a, chérie ? Viens, laisse-moi enlever tes affaires ! Là! Maintenant, allonge-toi sur la chaise et raconte tout à Betty.

"Non non! Betty, je veux m'asseoir à tes pieds. Je veux apprendre tout ce que vous pouvez m'apprendre. Vous n'avez jamais eu les yeux aveuglés, sinon vous sauriez à quel point la lumière fait mal.

"Eh bien. Pose ta tête bénie et fatiguée sur mes genoux. Tu es ma petite fille ce soir, Lyn, et je suis ta… mère.

Pendant un instant, Lynda pleura comme le ferait une enfant qui avait enfin atteint la sécurité. Betty ne réprima ni n'apaisa les gros sanglots : elle attendit. Elle savait que Lynda était sauvée de tout ce qui la troublait. Il ne s'agissait plus que de le raconter maintenant. Et bientôt la tête sombre se leva.

"Betty, c'est Con et moi!"

"Oui chérie."

«Je l'ai aimé toute ma vie; et je crois, je *sais* , qu'il m'aimait ! Les femmes ne se trompent pas sur les choses réelles. »

"Jamais, Lyn, jamais."

« Betty, une fois, alors que je pensais que Con m'avait fait du tort, j'ai voulu venir vers toi – j'ai failli le faire – mais je n'ai pas pu ! Maintenant que je suis sûr de lui avoir fait du tort, il est facile de venir vers toi, tu es si compréhensif ! L'éclat du visage de Lynda surprit Betty. Abandonnez-le, soulagez-le, glorifiez-le jusqu'à ce qu'il paraisse un nouveau visage, un visage bien plus beau.

« Toute ma vie, Betty, je me suis contrôlée, je me suis conquise. J'ai commencé de cette façon et—et j'ai continué. Je n'ai jamais rien fait sans réfléchir et sans peser ; mais maintenant je vais me jeter dans l'amour et la vie et payer tout ce qu'il y a à payer.

"Eh bien, Lyn, chérie, s'il te plaît, va plus lentement." Betty pressa son visage contre sa tête, au niveau de son genou.

"Betty, il y avait un autre amour dans la vie de Con, un qui n'aurait jamais dû être là."

Cela coupa presque le souffle de Betty. Elle était reconnaissante que les yeux de Lynda soient détournés ; mais par une étrange magie, les mots firent naître Truedale dans l'imagination très humaine de Betty.

« Je pense parfois que… ce qui s'est passé… c'était l'exploitation d'un ancien héritage ; Con a surmonté beaucoup de choses, mais cela l'a pris au piège. Il était prêt à laisser cela ruiner tout son avenir. Il n'aurait jamais bronché – il n'aurait jamais su, ni admis s'il l'avait su – ce à quoi il avait renoncé. Mais la chose échappa complètement à son contrôle : la jeune fille épousa un autre homme !

« Quand Con est revenu à lui, il m'a dit : Betty, il m'a dit si simplement, si tragiquement, que j'ai vu à quel point cette expérience avait profondément marqué sa vie, à quel point elle l'avait humilié. Jamais il n'a blâmé quelqu'un d'autre. Je l'aimais pour la façon dont il le considérait; tant d'hommes n'auraient pas pu le faire. Cela a fait la différence pour moi. C'était ce que la chose avait fait à Con qui me permettait de l'aimer davantage !

« Il voulait les meilleures choses de la vie mais ne pensait pas qu'il en valait la peine ! Et moi? Eh bien, je pensais en avoir vu assez pour nous deux, alors je l'ai épousé ! Puis quelque chose s'est produit – peu importe ce que c'était – c'était une chose stupide et laide, mais ça devait être quelque chose. Et Con pensait que je n'avais jamais pardonné le – le premier amour – que je m'étais sacrifié pour lui – en mariage ! Et aucune femme ne pourrait supporter ça.

"Ma pauvre, chère Lyn."

« Tu ne vois pas, Betty, tout cela vient de l'idée idiote que les hommes – certains hommes – se font des femmes. Ils nous ont mis sur un piédestal basculant ; quand nous tombons, ils sont surpris, et quand nous ne le faisons pas, ils ont peur de nous ! Et tout le temps – tu le sais, Betty – nous ne devrions pas du tout être sur des piédestaux ; nous ne – nous *ne* leur appartenons pas ! Nous voulons être proches et avancer ensemble.

«Oui, Lyn; Nous faisons! Nous faisons!"

"Eh bien, après que Con ait mal compris, je l'ai laissé partir en pensant que j'étais... eh bien, le genre de femme qui pouvait se sacrifier. Je pensais qu'il me voudrait pour qu'il le découvre. Et donc nous nous dévorons le cœur depuis des lustres !

« Eh bien, Lyn ! espèce de fille cruelle et stupide.

« Oui – et parce que je savais que tu dirais cela – je pourrais venir vers toi. Vous... ne blâmez pas Con ?

"Blame *le* ! Eh bien, Lyn, un gentleman ne fait pas tomber une femme de son piédestal bestial ; elle descend elle-même, si elle n'est pas idiote.

« Eh bien, Betty, je suis à terre ! Je suis à terre, et je vais ramper jusqu'à Con, si nécessaire, et ensuite... je pense qu'il me relèvera.

"Il ne vous abattra jamais, c'est une chose sûre !"

"Oh! merci, Betty. Merci."

"Mais, Lyn, qu'est-ce qui t'a si soudainement ramené à la raison ?"

« Votre petit bébé, Betty ! »

"Mon bébé!" Les mots venaient dans un souffle dur et haletant.

«Je l'ai tenu dans mes bras quand il est mort, Betty. Je n'avais jamais été proche d'un bébé auparavant – jamais ! Une chose étrange m'est arrivée alors que je le regardais. C'était comme savoir ce que serait une fleur en ne tenant que le bouton. Les yeux du bébé avaient la même expression que j'ai vue dans les yeux de Con – chez Brace ; Je sais maintenant que c'est le regard du monde entier. C'était plein d'émerveillement, plein de questions sur ce que tout cela signifiait. Je suis sûr que cela va et vient, mais on ne répond jamais vraiment – ici, Betty.

"Oh! Lyne. Et j'ai été amère – misérable – parce que je sentais que ce n'était pas juste de prendre mon bébé avant qu'il n'ait fait quelques petits travaux dans le monde ! Et maintenant... eh bien, il a fait une grande chose. Mon petit, petit bébé ! Betty s'accrochait à Lynda, pleurant comme si toute l'agonie avait été balayée pour toujours.

« Parfois » – Lynda se pressa contre Betty – « Parfois, dernièrement, dans les yeux de Con, j'ai vu ce regard ! C'était comme s'il me demandait s'il avait déjà été assez puni ! Et j'ai pensé à moi-même, à ce que Con *me devait* ; ce que *je* voulais; *quand* je devrais l'avoir ! Je me déteste et me méprise à cause de ma petitesse et de ma pruderie ; eh bien, il est mille fois plus beau que moi ! C'est ce que les socles ont fait pour les femmes. Mais maintenant, Betty, je suis déprimé ; et je suis prêt à rester. Je suis-"

"Attends, Lyn, chérie." Betty essuya son visage mouillé et démarra. Elle avait vu une grande silhouette passer par la fenêtre et elle avait l'impression que quelque chose d'énorme était en jeu. « Juste une minute, Lyn. Je dois parler à Mme Waters si vous devez passer la nuit . Elle est vieille, tu sais, et elle se couche tôt.

Lynda était toujours assise par terre − son visage se tournait vers la lueur rouge du feu qui devenait de plus en plus terne. Bientôt, la porte s'ouvrit et ses paroles coulèrent comme s'il n'y avait eu aucune interruption.

« Je vais à Con demain. Je devais d'abord m'en assurer ; mais je sais maintenant, je sais ! Je vais tout lui raconter et lui demander de me laisser marcher à ses côtés. Je vais lui dire à quel point j'ai été seule à la place qu'il m'a mise − à quel point je l'ai détestée ! Et un jour − j'en suis aussi sûr que possible − je pourrai faire quelque chose qui le prouvera.

"Mon chéri!"

Des bras plus forts que ceux de Betty la tenaient près d'elle − avec une force très humaine et compréhensive.

"Tu as fait une grande chose, Lyn!"

"Pas encore, pas encore, Con, chérie."

"Vous m'avez fait comprendre quel tort - un tort amer - je vous ai fait, alors que je pensais que vous pouviez être moins qu'une femme aimante."

« Oh, Con ! Et toi aussi, tu es seul ?

« Doux, j'aurais dû mourir de solitude si quelque chose ne m'avait pas dit que je voyageais toujours vers toi. Cela a rendu cela possible.

"Au lieu de cela" - Lynda a attiré son visage vers le sien - " au lieu de cela, j'ai lutté vers *toi !* " ! Cher, cher Con, ce ne sont pas des hommes et des femmes ; c'est *l'* homme... *la* femme. Tu ne vois pas ? C'est le genre de chose que la vie fait de nous qui compte ; pas les mesures que nous prenons en chemin. Tu… tu le sais, Con ?

"Je le sais, maintenant, du fond de mon âme."

––––––

Betty disait que certaines vies étaient guidées par des lampes de poche, d'autres par une lueur constante. La sienne avait toujours suivi la première méthode. Elle passa d'une illumination à l'autre avec une grande foi, un grand courage et beaucoup de joie. Après la nuit où Lynda lui a fait voir ce que son cher bébé mort avait accompli au cours de son bref séjour, elle s'est levée triomphante de son chagrin. Elle était redevenue son ancienne et brillante personnalité ; elle chantait chez elle, transfigurait Brace par son bonheur et entreprenait ses anciens intérêts et devoirs avec un véritable plaisir.

Mais pour Lynda et Truedale, la lueur constante était nécessaire. Ils n'ont jamais posé de questions, ils n'ont jamais douté, après la nuit où ils revenaient de la petite maison dans les bois. Pour eux deux, le bonheur n'était pas une nouveauté ; c'était une vieille chose précieuse rendue après une sombre période de tests. Les journées étaient trop courtes, et quand la nuit a amené Conning à courir et à siffler vers la porte, Lynda a souri et s'est rendu compte qu'enfin le feu brûlait vivement dans son joli foyer propre. Ils avaient tellement de choses en commun, tellement de choses qui exigeaient qu'ils y parviennent tous les deux.

« Pas de ponts pour nous, ici et là, pour nous rejoindre », pensa Lynda ; "c'est le seul chemin pour nous deux." Puis ses yeux devinrent tendrement sombres alors qu'elle se rappelait comment c'était un petit enfant qui les avait conduits, non pas le leur, mais celui d'un autre.

L'entreprise impliquée dans la mise en circulation de l'argent du vieux William Truedale absorbait Conning à cette époque. Une fois qu'il s'était mis en route, il n'avait pas l'intention de faire demi-tour ; mais il se demandait parfois si un jour viendrait où il pourrait, la conscience tranquille, se sentir assez pauvre pour s'amuser à nouveau, égoïstement.

De McPherson, il entendait constamment parler des travaux réalisés dans les collines du sud. Truedale y constituait en effet une force puissante, bien que silencieuse et insoupçonnée. Comme autrefois il avait été une quantité inconnue, ainsi il est resté ; mais les travaux continuèrent, supervisés par Jim White, qui utilisa avec sagacité et habileté le pouvoir placé entre ses mains.

Les intérêts particuliers de Truedale étaient presque tous éducatifs. Même ici, il se tenait en réserve et plaçait entre des mains plus compétentes le pouvoir qu'elles pouvaient mieux exercer que lui. Pourtant, il était personnellement connu et apprécié par de nombreux jeunes hommes et femmes qui luttaient – comme il avait lutté autrefois – pour ce qui leur était plus cher que tout. Il a toujours su leur laisser leur indépendance et leur estime d'eux-mêmes. Naturellement, tout cela était gratifiant et vital pour Lynda. La réussite était chère à son tempérament, et les succès des autres, en particulier de ses proches, lui étaient plus précieux que les siens. Elle vit Truedale abandonner son ancienne attitude hésitante et déconcertée comme un manteau abandonné. Elle a appris à compter sur sa force calme qui s'est développée au fur et à mesure des exigences qui lui étaient imposées. Elle l'approuvait tellement ! Et cette prise de conscience a fait ressortir le meilleur d'elle.

Un soir de novembre, elle et Con étaient assis dans la bibliothèque, Truedale à son bureau, Lynda se balançant nonchalamment et luxueusement d'avant en arrière , les mains jointes au-dessus de sa tête. Elle avait enfin appris la joie de la détente absolue.

« Il y a une grosse tempête de neige qui s'annonce », dit-elle en souriant doucement. Puis, à propos de rien : "Eh bien, on est mariés depuis quatre ans et plus !"

« Seulement ça, Lyn ? Il me semble que c'est toute ma vie.

« Oh, Con… tant que ça ? »

"Bienheureusement long."

Après une autre pause, Lynda parla joyeusement : « Con, je veux un peu de l'argent de l'oncle William. Beaucoup."

Truedale lui lança un nouveau chéquier. « Maintenant que vous voyez qu'il n'y a aucune condition attachée à cela », dit-il, « puis-je vous demander pourquoi ? Juste de l'intérêt sympathique, vous savez.

"Bien sûr. Eh bien, c'est par ici. Betty et moi sommes fauchés. C'est bien pour vous de construire des routes, de construire des écoles et d'équiper la jeunesse américaine pour qu'elle puisse acquérir tout l'apprentissage qu'elle peut apporter, mais Betty et moi après les bébés. Nous avons été angoissés à propos de la Maison Saxe – Betty est au Conseil – et avant Noël, nous allons déshabiller tous ces pauvres nourrissons standardisés et commencer à faire pousser leurs cheveux coupés.

Truedale rit de bon cœur. "L'intimité avec Betty", dit-il, "a coloré vos pouvoirs descriptifs, Lyn, ma chère."

"Oh, toutes les femmes heureuses parlent la même langue."

"Et tu *es* heureuse, Lyn?"

"Heureux? Oui, heureux, Con !

Ils se sourirent à travers la grande table.

"Betty a dit au commissaire que s'il y avait une bande bleue ou une tête coupée le 24 décembre, elle recommanderait le licenciement du personnel actuel."

"Bon dieu! Est-ce que quelqu'un prend Betty au sérieux ? Je pense qu'une de ces réunions du conseil d'administration aurait un fort air de famille avec un thé de l'après-midi – plutôt frivole.

« Ce n'est pas le cas. Et honnêtement, les gens ont terriblement peur de Betty. Elle les fait rire, mais ils savent qu'elle obtient ce qu'elle veut – et avec une blague, elle fait comprendre ses vérités.

"Il y a quelque chose là-dedans." Truedale avait l'air sérieux. "C'est une super Betty."

" Alors c'est à Betty et moi de décider maintenant", a poursuivi Lynda. "Nous pouvons enlever les petits vêtements défraîchis et délavés, mais nous devons avoir quelque chose à mettre immédiatement, sinon les enfants prendront froid."

"Sûrement."

« Nous pensons que commencer un enfant avec des rayures est presque aussi mauvais que de le finir avec ces rayures. Faire en sorte qu'un enfant se sente différent, c'est sûr qu'il le damnera.

"Et donc vous allez faire de Saxe Home un exemple et lancer le bal."

« Exactement, Con. Et nous allons claquer la porte au nez des plus riches à Noël ce Noël. Les lambies de la Saxe vont avoir un bel arbre à l'ancienne. Ils vont l'habiller eux-mêmes la veille et murmurer dans la cheminée ce qu'ils veulent – et il n'y aura pas de discours le jour de Noël à moins d'un mile de cette maison !

"C'est super. J'aimerais y participer moi-même.

"Tu peux, Con, nous aurons besoin de toi."

« Noël fait toujours penser aux enfants, n'est-ce pas ? Je suppose que Betty est particulièrement enthousiaste, car elle a son bébé depuis environ un jour. Les yeux de Truedale étaient tendres. Le bébé de Betty et la mission accomplie étaient sacrés pour lui et Lynda.

"Betty va adopter un enfant, Con."

"Vraiment?"

"Oui. Elle dit qu'elle ne peut pas supporter Noël sans un Noël. C'est un reproche à–à son fils.»

« Pauvre petit Bet ! »

"Oh! cela me rend si—si humble quand je vois son courage. Elle dit que si elle a elle-même une douzaine d'enfants, cela ne fera aucune différence ; elle doit avoir le représentant de son premier enfant. Elle est sur le point de choisir celui-là : c'est le plus horrible de tous. Elle hésite seulement à voir si quelque chose de pire va se produire. Elle dit qu'elle va prendre un bébé que personne d'autre n'aura – elle va faire le plus grand chose qu'elle peut pour son propre garçon mort. Comme si son bébé pouvait un jour mourir ! Parfois, je pense qu'il est plus vivant que s'il était resté ici et s'était laissé entraîner dans les choses terrestres – comme tant de gens le font !

Conning s'approcha de Lynda et ramena sa tête contre sa poitrine.

"Tu pleures, chérie!" il a dit.

« C'est… c'est Betty. Con, qu'est-ce qui chez elle éclaire le chemin pour nous tous, tout en obscurcissant nos yeux ?

« Elle est très éclairante. C'est une chose importante : adopter un enfant. Qu'en pense Brace ?

«Il adore tout ce que fait Betty. Il dit (Lynda sourit au-dessus d'elle) il dit qu'il aurait aimé que Betty en ait choisi une avec des cheveux un peu moins cramoisis, mais que sans aucun doute il finira par aimer cette teinte plus que toute autre.

"Lyn, as-tu déjà pensé à adopter un enfant?"

« Oh !… parfois. Oui, Con. »

« Eh bien, si jamais vous sentez que vous devriez… que vous voulez… je serai heureux de vous aider. Je vois le risque, la chance, et je pense que j'en voudrais une belle. Mais c'est la période de Noël, et un homme et une femme, s'ils ont le cœur au bon endroit, pensent aux enfants, aux arbres et à tout le reste en cette saison. Pourtant, » et sur ce, Truedale pressa ses lèvres sur les cheveux de Lynda – « Je suis égoïste, tu sembles déjà remplir chaque fente de ma vie.

« Con, c'est une chose bénie à dire à une femme, même si la femme sait que tu ne devrais pas le dire. Et maintenant, je vais te dire autre chose, Con. C'est peut-être stupide et insignifiant, mais j'y ai mis mon cœur depuis que la Maison Saxe m'a fait réfléchir.

« N'importe quoi au monde, Lyn ! Puis-je aider?"

«Je devrais dire que tu pourrais. Vous devrez vous en occuper dans son intégralité. À partir de Noël, je vais avoir un arbre, ici même dans cette pièce, près de la chaise de l'oncle William ! »

"Par jupiter! et pour… pour qui ?

« Eh bien, Con, comme tu manques d'imagination ! Pour vous, pour moi, pour oncle William, pour toute personne – toute personne vraiment honnête, jeune ou vieille – qui a besoin d'un sapin de Noël. D'une manière ou d'une autre, j'ai la ferme conviction que quelqu'un attendra toujours. Ce n'est peut-être pas un bébé les mains vides. Peut-être que vous et moi devrons prendre soin d'une *vieille* âme chère que d'autres ont oubliée. Nous pourrions faire ça pour oncle William, n'est-ce pas, Con ?

"Oui ma chérie."

« Les enfants ne peuvent pas toujours savoir ce qui leur manque, mais les personnes âgées le savent, et mon cœur souffre souvent pour eux, jusqu'à ce que ça fasse vraiment mal.

"Ma chère fille!"

« Ils se ressemblent tellement, Con, les bébés et les très âgés. Ils ont besoin des mêmes choses — des câlins, du jeu, de jolis jouets pour les amuser — jusqu'à ce qu'ils s'endorment.

"Lynda, tu n'es que nerfs et fantaisies. De jolis, mais dangereux. Nous aurons notre arbre, nous l'appellerons celui de l'oncle William. Nous prendrons n'importe qui — tous ceux qui nous seront envoyés — et nous en serons reconnaissants. Et cela me fait penser que nous devons organiser une fête particulièrement vertigineuse au Sanatorium. McPherson et moi en parlions aujourd'hui.

"Con, je me demande combien d'intérêts secrets vous avez et dont je ne connais pas?"

"Pas beaucoup."

"Je me demande!"

Truedale rit, un peu embarrassé. "Eh bien," dit-il en changeant soudainement de sujet, "parler de nervosité me rappelle que lorsque les vacances seront terminées, toi et moi partons en lune de miel. Après cela, nous en aurons un par an. Nous laisserons tout tomber et nous offrirons le luxe divin de flâner. Vous en avez besoin. Tes yeux sont trop grands et ton visage trop pâle. Je ne vois pas ce qui m'a fait souffrir de ne pas l'avoir remarqué auparavant. Mais juste après Noël, ma chérie, je vais m'enfuir avec toi... A quoi penses-tu, Lyn ?

« Oh, seulement le bonheur d'être pris en charge ! C'est étrange, mais je sais maintenant que toute ma vie — avant cela — je regardais les choses à travers les fenêtres fermées. Seul dans ma cellule, je regardais — parfois à travers de magnifiques vitraux, bien sûr — les arbres qui faisaient signe de la main et les gens qui passaient. De temps en temps, quelqu'un s'arrêtait et me parlait, mais toujours avec une barrière entre les deux. Maintenant — je touche les gens — plus rien ne nous sépare. Je suis comme tout le monde ; et ton amour et tes soins, Con, ont ouvert les fenêtres en grand !

« Cela ne suffira jamais, Lyn. De telles fantaisies ! Je devrai peut-être t'emmener *avant* Noël. Truedale parlait légèrement mais son regard était anxieux.

« En attendant, sortons nous promener dans la neige. Il y a assez de vent pour en faire une bagarre. Viens, chérie !

CHAPITRE XX

Deux jours plus tard, Lynda descendit de son atelier par l'escalier de service et traversa la chambre de William Truedale pour se rendre à la bibliothèque. Il n'était que dix heures du matin mais Truedale avait l'habitude, s'il se trouvait dans le quartier , de passer un moment à cette heure-là. S'il le devait aujourd'hui, Lynda voulait s'entretenir avec lui de certains détails concernant le déshabillage des enfants Saxe. Elle était particulièrement légère et joyeuse. Un coup de téléphone de Betty l'avait mise dans l' humeur la plus solaire .

À sa grande surprise, alors qu'elle entrait dans la bibliothèque, elle aperçut une petite femme à l'air très particulier, assise tout droite sur le bord d'une chaise au milieu de la pièce.

C'était une règle absolue que Lynda ne devait pas être dérangée pendant son travail matinal. Thomas se débarrassait généralement des visiteurs sans pitié.

"Bonjour!" Lynda a dit gentiment. "Puis-je faire quelquechose pour vous? Je suis désolé que vous ayez dû attendre.

Elle a conclu qu'il s'agissait d'une personne liée à la Maison Saxe. C'était en grande partie dans son esprit à ce moment-là.

« Je veux voir » – et voici que l'étrange petite silhouette s'est approchée de Lynda et lui a tendu un morceau de papier très sale et froissé sur lequel étaient écrits le nom et l'adresse de Truedale .

"M. Truedale ne rentrera peut-être pas avant le soir », a déclaré Lynda. Et maintenant, elle pensait qu'il devait s'agir d'une des personnes privées et préférées de Con's avec qui elle traiterait avec beaucoup de douceur et de tact. "Je me demande si vous ne me raconterez pas tout cela et soit je le dirai à M. Truedale , soit je fixerai une heure pour que vous le voyiez."

Heureux de toute aide en cette heure d'extrémité, l'étranger dit :

«Je suis… je m'appelle Nella-Rose. Est-ce que tu sais pour moi ?

Vous la connaissez ? Eh bien, après le premier choc stupéfiant, elle semblait être la *seule* chose que Lynda savait – avait jamais connue ! Elle regarda la petite silhouette devant elle pendant ce qui lui sembla une heure. Elle remarqua le visage d'enfant inquiet et pitoyable qui, caché derrière des traits usés et soignés, ressemblait à une jolie fleur. Alors Lynda dit faiblement :

"Oui, je sais pour toi, tout pour toi, Nella-Rose."

Les yeux pitoyables s'éclairèrent. Ce que Nella-Rose avait enduré depuis qu'elle avait quitté ses collines, Dieu seul le comprenait.

« Je suis vraiment content ! Et toi… tu es… »

"Je suis la femme de Conning Truedale ."

D'une manière ou d'une autre, Lynda s'attendait à ce que ce soit un choc dévastateur, mais ce n'était pas le cas. Nella-Rose avait dépassé les réservations ou les nouvelles impressions.

«Je… je le pensais», fut tout ce qu'elle dit.

« Vous devez vous asseoir. Tu as l'air très fatigué." Lynda avait oublié l'éventuelle apparition de Truedale .

«Je *suis* vraiment fatigué. C'est très loin de Pine Cone. Et j'avais tellement— très effrayé, mais les gens ont certainement été gentils et m'ont simplement aidé—à arriver jusqu'ici ! Une vieille dame est venue avec moi à la porte.

"Pourquoi... es-tu venue, Nella-Rose ?" Lynda rapprocha sa propre chaise de celle de l'inconnu et, ce faisant, elle ne pouvait que se demander, maintenant qu'elle était redevenue elle-même, comment exactement Nella-Rose semblait s'intégrer dans la scène. Elle était comme une récidive – comme quelqu'un qui avait déjà joué son rôle – ou la scène et Nella-Rose n'étaient-elles que la matérialisation de quelque chose que Lynda avait toujours attendu, toujours redouté, mais dont elle avait toujours su qu'elle arriverait un jour ? Elle était prête maintenant – terriblement préparée ! Tout dépendait de sa gestion des moments cruciaux. Sa gentillesse ne l'a pas abandonnée, ni sa justice miséricordieuse, mais elle avait l'intention de protéger Truedale de sa vie – la sienne et celle de Nella-Rose, si nécessaire. "Pourquoi... es-tu venu ?" » demanda-t-elle encore, et Nella-Rose, tenant pour acquis que cette femme pâle et étrange savait tout d'elle, savait tout et tout ce qui la concernait, fixa sur son visage ses doux yeux remplis de larmes mais non débordants.

« Je veux… lui dire que j'ai raison, désolé de le détester. Je—je ne le savais pas jusqu'à la mort de Bill Trim. Je veux lui demander de… de me pardonner, et… ensuite je pourrai repartir.

"Qu'est-ce que Bill Trim vous a dit ?" Lynda essayait de toutes ses forces de garder son esprit calme et ses pensées stables. Elle voulait diriger Nella-Rose encore et encore, sans se perdre elle-même.

« Qu'il a brûlé… il n'en avait pas l'intention… il a brûlé la lettre que j'avais envoyée… demandant… »

"Je vois! Vous avez écrit… une lettre, alors ?

"Oui. Il m'a dit, si je le voulais – et je l'ai fait – bon Dieu ! comme je le voulais alors ! Nella-Rose serrait fort ses pauvres petites mains aguerries, et ses petites dents blanches ressortaient à travers les lèvres entrouvertes tandis qu'elle luttait pour retrouver son calme.

« Vous voyez… quand j'ai donné la lettre à Bill Trim, je… je lui ai dit… je devais le faire… que c'était celle de Miss Lois Ann, donc il ne pensait pas que cela importait pour moi ; mais quand il était mourant – il a été blessé sur la grande route qu'ils traversaient dans les collines – il a été amené à nous tous, et Miss Lois Ann et moi avons pris soin de lui, et il a vraiment regretté de la haïr et de ne pas l'avoir dit. à propos de la lettre… et puis… il l'a dit !

"Je vois. Je vois. Et c'est… il y a combien de temps… que vous avez écrit cette lettre ?

Nella-Rose repensa au chemin parcouru par la fatigue, jusqu'à ce moment dans la pièce chaude et ensoleillée.

«C'est avant l' arrivée de la petite Ann que j'ai envoyé la lettre», balbutia-t-elle.

"Petite Ann?" Lynda répéta le nom et quelque chose de terrible surgit en elle – quelque chose qui la tuerait si elle ne le conquérait. Alors elle demanda rapidement, désespérément :

« Votre… votre enfant ? Je vois. Continuez… Nella-Rose.

«J'ai écrit la lettre et je l'ai envoyée. J'étais caché dans la cabane de Miss Lois Ann – c'était l'hiver – et personne ne l'a découvert ! Miss Lois Ann ne voulait pas croire ce que je disais ; elle a dit que lorsque lui et moi nous sommes mariés sous les arbres et que Dieu a compris, ça ne m'a pas fait… n'est-ce pas ! Elle m'a aidé, mais elle le détestait ! Et puis, quand il… n'est pas venu, elle m'a appris à… à haïr, et c'était juste la haine *noire* jusqu'à l'arrivée de Petite Ann. Quand Dieu l'a laissée tomber, il a enlevé la haine.

Lynda était aveuglée par ses larmes. Elle pouvait à peine voir la petite silhouette accroupie dans la chaise basse près du feu.

« Et puis… Miss Lois Ann est allée le dire à mes parents… elle l'a dit à Marg, ma sœur. Marg était mariée à Jed et elle se moquait énormément de moi et de petite Ann. Elle n'a rien voulu dire à Jed et à mon père : elle est venue seule me voir. Elle m'a dit ce que les gens pensaient. Ils pensaient tous que j'étais parti avec Burke Lawson et Marg était désolée de me voir vivant – avec petite Ann. Mais Miss Lois Ann ne l'a pas laissée me piquer avec sa langue : elle l'a chassée. Puis… Burke est arrivé ! Il était loin, il s'était cassé la jambe ; il est venu dès qu'il a pu, et Marg le lui a dit et… et lui a couché petite Ann !

« Et toi… tu n'as jamais parlé ? Vous ne l'avez jamais dit ? Lynda s'était approchée très près – ses paroles étaient à peine au-dessus d'un murmure.

"Non. C'était comme ça. D'abord, l'amour pour lui me tenait fermement la langue ; alors détestez; et après, je n'ai pas pu !

« Mais maintenant, Nella-Rose, *maintenant* ... pourquoi as-tu parlé... maintenant ?

« Je ne l'ai pas encore fait. Pas à eux tous. Il fallait que je vienne ici, chez lui d'abord. Je suppose que tu ne sais rien pour Burke et moi ?

Lynda secoua la tête. Elle avait cru savoir, mais elle avait erré tristement.

« Quand Marg a confié mon problème à Burke , il l'a tout simplement pris ! Au début, je ne comprenais pas. Mais il a pris ma peine – et moi ! Il a emmené petite Ann et moi hors de la cabine de Miss Lois Ann dans la paix et la sécurité. Il a attaché la langue de tout le monde – c'était comme s'il avait chassé tout le mal par son grand et fort amour et m'a libéré, comme s'il était Dieu ! Il n'a rien demandé pendant longtemps, pas jusqu'à ce que j'apprenne à le croire et à lui faire confiance. Puis nous y sommes allés – alors que personne ne le savait – et nous nous sommes mariés. Maintenant, c'est mon homme et il a toujours été le père de petite Ann jusqu'à… jusqu'à… »

Une bûche tomba sur le foyer et les deux femmes sursautèrent avec culpabilité et effroi.

"Continue! continue!" souffla Lynda. "Continue!"

« Jusqu'à l'arrivée des jumeaux – ceux de Burke et les miens ! Puis il comprit la différence – même son amour pour moi ne pouvait pas l'aider – cela gênait ; et tandis que je… j'avais peur, j'ai compris !

"Oh! Oh! Oh!" Lynda couvrit ses yeux douloureux de ses mains froides. Elle n'osait pas regarder Nella-Rose. Ce visage enfantin mais vieux chassait du monde tout sauf la pitié. Truedale elle-même, qu'importe ?

« Il… il ne pouvait pas supporter que Lil ' Ann touche… les bébés. Je pouvais le voir – frissonner ! Et petite Ann, elle est comme une fleur, elle se fane si tu ne l'aimes pas. Elle a eu peur et–et s'est cachée, et il semblait que mon âme allait mourir ; car, ne voyez-vous pas, Burke pense que l'homme de Marg est… est le père, et Marg et Jed mettent le problème sur Burke et ils pensent qu'elle est la sienne ! Et… et cela s'est encore accru depuis que la grande route nous a tous rapprochés. La grande route a apporté aussi bien des ennuis que du bien. Une fois – et ici le visage hagard pâlit – une fois Burke et Jed se sont battus – et un combat dans les collines signifie encore des combats ! C'est à ce moment-là que Bill Trim a été blessé et me l'a dit avant de mourir ; c'était comme ouvrir une tombe ! Je suis presque mort avec Bill Trim, jusqu'à ce que j'étudie lil ' Ann ! Et puis, j'ai vu large et très loin, comme je ne l'avais plus vu depuis, car avant, je détestais. J'ai vu que je devais venir vous dire tout, et que peut-être vous prendriez petite Ann, et alors je pourrais retourner vers mon homme et il y aura la paix quand il saura enfin ! Voulez-vous… oh ! Serez-vous avec moi, gentille dame, quand je… le dirai à votre…

votre... homme ? Nella-Rose se laissa tomber aux pieds de Lynda et suppliait comme une enfant désemparée. « J'ai eu tellement peur. Je ne savais pas que son monde était si plein de bruit et—et c'était vrai pour beaucoup de choses. Et il sera différent et je ne pourrai peut-être pas lui faire comprendre. Mais vous le ferez... *vous* le ferez ! Je dois retourner dans les collines. J'ai dit à Burke que j'allais faire mes preuves à son Dieu en mettant petite Ann avec eux, ce qui serait très gentil avec elle. Il me semblait savoir comment cela allait se passer – et j'osais le dire ; mais maintenant... maintenant je suis puissant... j'ai peur !

Les larmes coulaient des yeux déchirés par la douleur – tombant sur les mains froides et rigides de Lynda – et elles semblaient réchauffer son cœur et éclaircir sa vision.

« Nella-Rose, dit-elle, où est la petite Ann ?

« Petite Ann ? Eh bien, il y a P'tite Ann qui dort sous tes oreillers. Elle avait froid et était très épuisée. Nella-Rose se tourna vers le canapé profond situé sous la large fenêtre de la pièce.

Silencieusement, telles des créatures hantées, les deux femmes se dirigèrent vers le canapé et la mère éloigna l'écran de coussins qui la protégeait. Ce faisant, la petite enfant ouvrit les yeux et chercha un instant sa place dans l'étrangeté. Elle regarda sa mère et lui sourit d'un sourire lent et particulier. Puis elle fixa son regard sur Lynda. C'était un regard vieux, très vieux – mais jeune aussi – suppliant et émerveillé. L'enfant ressemblait tellement à Truedale – si impitoyablement, cruellement – que, pendant un instant, la raison abandonna Lynda et elle se couvrit le visage des deux mains et se balança d'un rire silencieux.

Nella-Rose se penchait sur son enfant comme pour la protéger. « Lil' Ann », murmura-t-elle, « cette dame est une dame très gentille, très gentille ! » Elle sentait qu'elle devait expliquer et justifier.

Après un moment ou deux, Lynda reprit le contrôle de ses nerfs secoués. Elle se retrouva soudain calme et prête à entreprendre la chose la plus dure, la plus périlleuse qui soit jamais arrivée dans sa vie. « Amenez la petite Ann au feu ; » dit-elle, "Je vais commander un déjeuner, et ensuite... nous pourrons décider, Nella-Rose."

Nella-Rose obéit, bêtement. Elle était entièrement sous le contrôle de la seule personne qui, dans cette heure perplexe et pleine d'attention, semblait capable de la guider et de la garder.

Lynda les regarda manger la nourriture apportée par Thomas. Il n'y avait plus aucune crainte que Truedale arrive maintenant. La sécurité nous attendait pendant quelques heures. Lynda elle-même prétextait manger, mais elle détournait à peine les yeux du visage de la petite Ann. Elle voulait que la familiarité remplace le choc. Il fallait qu'elle s'habitue à cette terrible ressemblance, car elle savait, sans aucun doute, qu'elle tiendrait une place dans toute sa vie future.

Quand la dernière goutte de lait gargouilla dans la gorge de la petite fille, quand Nella-Rose repoussa son assiette, quand Thomas eut enlevé le plateau, Lynda parla :

"Et maintenant, Nella-Rose, qu'est-ce que tu vas faire de nous tous ?"

La tête fatiguée de la petite Ann était pressée contre le sein de sa mère. La nourriture, la chaleur berçaient à nouveau ses sens fatigués dans l'oubli. Lynda émit une rapide pensée de gratitude pour le répit momentané alors qu'elle regardait le petit visage sombre disparaître de sa vue directe.

« Nous sommes tous entre vos mains », a-t-elle poursuivi.

« Dans *mes* mains… *les miennes* ?

"Oui. Le vôtre."

« Je… je dois… lui dire… et ensuite rentrer chez moi.

"Vraiment, Nella-Rose?"

"Qu'y a-t-il d'autre pour moi?"

« Vous devez décider. Tu es seul."

« Toi, » les lèvres frémirent , « tu ne veux pas m'accompagner ?

"Je... ne peux pas, Nella-Rose."

"Pourquoi?"

« Parce que » – et de toutes ses forces, Lynda cherchait des mots qui feraient taire la différence entre elle et la femme simple et primitive qui lui était proche – sentait qu'elle *devait* utiliser des idées et des termes qui lui transmettraient ce qu'elle voulait dire et non pas la contrarier, elle et Nella-Rose. à part - parce que, même s'il est mon homme maintenant, il était d'abord le vôtre. Parce que vous étiez le premier, vous devez y aller seul – si vous y allez, vous devez le faire. Ensuite, il décidera.

Nella-Rose en comprit le sens profond au bout d'un moment et retomba en frissonnant. Le courage et l'endurance qui l'avaient portée jusqu'à cette heure l'abandonnèrent. L'aide qui, pendant un temps, avait semblé monter chez Lynda, s'est effondrée. Seule, dérivant elle ne savait où, Nella-Rose attendait.

"Je crains!" répétait-elle encore et encore. « J'ai vraiment peur. Ce n'est pas le même; tout est parti, cette autre vie, et pourtant je ne peux pas le laisser réfléchir !

Les deux femmes se regardèrent sur tout ce qui les séparait — et chacune comprit ! L'âme de Nella-Rose exigeait une justification – une justification – et Lynda savait qu'elle devait l'obtenir si l'on voulait vivre l'avenir de manière pure. Il n'y avait qu'une chose que Lynda devait clarifier à ce moment vital, une vérité qui devait être comprise sans empiéter sur les droits sacrés d'autrui. Nella-Rose devrait sûrement savoir tout ce qu'il y avait à savoir avant de prendre sa décision finale. Lynda parla alors :

« Vous pensez qu'il (elle ne pouvait se résoudre, malgré tout son courage et son sens de la justice, à prononcer le nom de son mari) vous pensez qu'il se souvient de vous comme de quelque chose de moins que vous n'étiez, que vous n'êtes ? Nella-Rose, il ne l'a jamais fait ! Il n'a pas compris, mais il vous a toujours considéré comme sacré. Quel que soit le blâme, il a tout pris. C'était parce qu'il le pouvait ; parce qu'il lui était possible de le faire, que je l'aimais, que je l' honorais . S'il en avait été autrement, aussi fidèlement que Dieu m'entend, je n'aurais pas pu lui confier ma vie. Ce–ce mariage entre vous et lui était aussi sacré pour lui que, je le vois maintenant, il l'était pour vous ; et lui, dans son cœur, s'est toujours souvenu de vous comme d'une chère et morte… épouse !

Après avoir prononcé les mots qui lui ont serré le cœur, Lynda retomba épuisée. Puis elle fit sa première, sa seule revendication pour elle-même.

"C'est lorsque tout était passé et que sa nouvelle vie commençait, sa vie d'homme, que je suis entré. Il, il m'a tout dit."

Nella-Rose se pencha sur son enfant endormi et une vague de compassion envahit sa pensée.

« Je… je dois réfléchir ! murmura-t-elle en fermant ses jolis yeux. Ce qu'elle voyait dans l'espace noir derrière les paupières brûlantes, personne ne pouvait le savoir, mais sa petite vie enchevêtrée devait en faire partie. Elle a dû tout voir : le rêve lumineux et ensoleillé se fondant d'abord dans l'ombre, puis dans la couleur sombre des collines désertes. Burke Lawson a dû se présenter avec audace, dans son altruisme suprême et sa puissance divine, comme son rédempteur – son homme ! Les yeux gris s'ouvrirent soudainement et ils étaient calmes et immobiles.

«Je… je voulais seulement qu'il… se souvienne de moi… comme il l'a fait autrefois», balbutia-t-elle. Elle jetait son dernier regard sur Truedale . « Tant qu'il… il ne me pensait pas… moins ; Je pense que je ne veux pas qu'il me considère telle que je suis maintenant.

« Supposez » – la demande désespérée d'une justice totale envers Nella-Rose a poussé Lynda – « supposez qu'il soit en votre pouvoir et en moi de tout balayer ; supposez que je–je suis parti. Que ferais-tu, Nella-Rose ?

Encore une fois, les yeux se fermèrent. Après un moment:

"Je... je retournerais chez... mon homme !"

« Tu veux dire ça – aussi vrai que Dieu t'entend ? – tu veux dire ça, Nella-Rose ?

"Oui. Mais petite Ann ?

Maintenant qu'elle avait pris la grande décision concernant Truedale , il restait « petite Ann ».

Lynda s'est battue pour maîtriser la chose redoutable qui s'introduisait de force dans sa conscience. Puis quelque chose que Nella-Rose disait attira sa pensée fiévreuse.

«Quand j'étais petit , je rêvais qu'un jour je ferais quelque chose de très grand - peut-être que c'est ça. Je ne veux pas blesser sa vie et... la vôtre ; Je ne pouvais pas blesser mon homme et—et—les bébés qui m'attendaient là-bas. Mais… petite Ann !

Le nom est venu comme un sanglot. Et d'une manière ou d'une autre, Lynda a pensé à Burke Lawson ! Burke, qui avait fait de son mieux et qui n'arrivait toujours pas à garder le contrôle à cause de ... petite Ann ! Le bébé sans défense était... oh ! oui, oui, c'était la responsabilité de Truedale . Si elle, Lynda, devait garder sa vie – son amour sacré – elle aussi doit faire une « grande chose » – peut-être la plus grande qu'une femme soit jamais appelée à faire – pour prouver sa foi.

Pendant un autre moment, elle se débattit ; puis, comme une aveugle, elle étendit les mains et les posa sur l'enfant.

"Nella-Rose, veux-tu *me donner*... ma petite Ann ?"

« Donne-la-à-toi ? » Il y avait de l'angoisse, du doute, mais aussi de l'espoir dans ces mots.

« Je veux... l'enfant ! Elle aura son père – la maison de son père – son amour, si Dieu le veut ! Et moi, Nella-Rose, tout en espérant la miséricorde de Dieu, je ferai mon devoir auprès de la petite Ann.

Et maintenant, Lynda était sur le sol à côté du couple minable, les protégeant du mieux qu'elle pouvait contre la dernière déchirure et le dernier renoncement.

« Est-ce que tu fais ça pour… pour ton homme ? murmura Nella-Rose.

"Oui. Pour mon… homme ! Ils se regardèrent longuement dans les yeux. Puis solennellement, lentement, Nella-Rose lâcha l'enfant.

"Je te donne… petite Ann." Ainsi aurait-elle pu parler si, par ferveur religieuse , elle avait résigné son enfant à mort. "Je—je—te donne petite Ann." Doucement, elle embrassa le visage endormi et déposa son fardeau dans les bras endoloris et tendus qui devaient encore apprendre leur tendre leçon de portance. Ann ouvrit les yeux, ses lèvres tremblèrent et elle se tourna vers sa mère.

« Prends… petite Ann ! » a-t-elle plaidé. Puis Nella-Rose but profondément dans la coupe amère, mais elle sourit et prononça l'un de ces mensonges pour lesquels les anges pleurent avec pardon depuis la création du monde.

"Lil' Ann, la gentille dame va te garder en sécurité et heureux jusqu'à ce que maman arrange les choses directement là-bas avec - avec ton père, dans les collines. Jes ' yo ' montre à la dame à quel point tu peux être douce et jolie jusqu'à ce que maman vienne pour ' yo ' ! Veux -tu '... petite ' Ann ?

"Combien de temps?"

"Un petit moment puissant . "

Toute sa vie, l'enfant avait abandonné, reculé devant ce qu'elle craignait mais ne comprenait pas ; et maintenant, elle acceptait tout cela de la manière ennuyeuse et désespérée dont le font les enfants timides. Elle reçut le baiser de sa mère, lui donna un baiser en retour ; puis elle regarda Lynda d'un air sombre et méfiant . Après cela, elle a semblé complaisante et a obéi, presque bêtement, à tout ce qu'on lui disait de faire.

Lynda emmena Nella-Rose à la gare, veilla à son confort, lui mit une somme d'argent dans la main avec les mots :

« Vous devez le prendre, Nella-Rose, pour me prouver votre confiance ; et il achètera des choses pour les autres bébés. Mais… » – et elle s'approcha alors de Nella-Rose, réalisant pour la première fois que le plus difficile, pour elle, était encore à venir – « comment cela se passera-t-il avec… avec votre homme… quand il saura ?

Nella-Rose leva courageusement les yeux et quelque chose se glissa dans ses yeux – le regard de pouvoir que seule une femme qui reconnaît son emprise sur un homme montre.

« Il le supportera – très reconnaissant – et cela effacera toute la haine envers Jed Martin. C'est lui qui pardonnera, puisque j'ai abandonné petite Ann ; et s'il doute, voici Miss Lois Ann. Elle est extrêmement puissante avec les hommes, quand ce sont les femmes qui comptent.

"C'est très merveilleux!" murmura Lynda. "Plus merveilleux que je ne peux comprendre." Et pourtant, en parlant, elle savait qu'elle *comprenait*. Entre elle et Burke Lawson, un homme qu'elle n'a jamais connu, il y avait un lien commun : une profonde compréhension.

Tard dans l'après-midi, Lynda se rendit en voiture chez Betty avec la petite Ann assise rigidement sur le siège à côté d'elle. L'enfant n'avait pas parlé depuis qu'elle avait vu le train sortir de la gare emportant sa mère. Elle n'avait ni pleuré ni murmuré. Elle avait ensuite vécu, en tenant la main de Lynda, des expériences étonnantes. Elle avait vu ses vêtements miteux abandonnés dans des magasins éblouissants et remplacés par de beaux vêtements. Une fois, elle avait aperçu son petit moi transformé dans un long miroir et ses yeux sombres s'étaient agrandis. C'était tout. Lynda l'avait observée fébrilement. Elle avait espéré qu'avec le changement de vêtements, la ressemblance saisissante diminuerait, mais ce n'est pas le cas. Vêtue des atours du monde de son père, la petite Ann semblait devenir plus entièrement sienne.

« Est-ce que tu t'aimes bien, petite Ann ? Lynda avait demandé quand, enfin, un charmant chapeau avait été posé sur les boucles sombres.

Il n'y eut aucun mot de réponse – seulement un regard large et impuissant – et, pour cacher sa confusion, Lynda se précipita vers Betty.

La femme de chambre qui l'a admise a dit que « Mme. Kendall était à l'étage dans la crèche avec le bébé.

Lynda s'arrêta dans les escaliers et demanda d'un ton vide : « Le bébé ? Quel bébé?"

La femme de ménage était une personne de confiance et proche de Betty.

"Le petit garçon de la maison, Mme Truedale ", répondit-elle, "et déjà la maison est plus gaie."

Lynda ressentit une nette déception. Elle avait espéré que Betty s'occuperait de la petite Ann pendant quelques jours, mais comment pouvait-elle le lui demander maintenant ?

Dans la pièce ensoleillée à l'étage, Betty était assise dans un fauteuil à bascule bas, chantonnant avec un paquet agité dans ses bras.

"Toi, Lyn?" Lynda se tenait sur le pas de la porte ; Betty lui tournait le dos.

"Oui, Betty."

« Viens voir mon garçon roux, mon Bobilink ! Il sera Robert Kendall.

Puis Lynda s'est approchée avec Ann. Betty cessa de se balancer et les confronta de son regard lointain et étrangement pénétrant.

"Quelle belle petite fille", murmura-t-elle.

"Est-ce qu'elle est belle, Betty?"

"Elle est charmante. Viens ici, chérie, et vois mon bébé. Betty tendit une main accueillante vers l'enfant, mais Ann recula et son long silence fut rompu.

"Je déteste naturellement les bébés !" » murmura-t-elle, avec la voix douce et traînante qui la trahissait.

« Lyn, qui est-elle ? Pourquoi… qu'y a-t-il ?

Lynda s'est approchée et ses mots n'ont pas dépassé l'audition tendue de Betty. « Je… je vais… l'adopter. Je… je dois me préparer, Con. J'espérais que tu la garderais quelques jours.

" Bien sûr que je le ferai, Lyn. Je suis prêt, mais Lyn, dis-le-moi !

« Betty, regarde-la ! Elle est sortie du passé de Con. Il ne sait pas, il ne doit pas savoir – pas maintenant ! Elle appartient au… au futur. Pouvez-vous… pouvez-vous comprendre ? Je ne m'en doutais pas jusqu'à aujourd'hui. Il faut que je m'y habitue ! » Puis, farouchement : « Mais je vais le faire, Betty ! La route de Con est ma route ; son devoir, mon devoir ; tout va bien… seulement au début… je dois… calmer mes nerfs !

Sans un mot, Betty se leva et déposa le bébé endormi dans un berceau ; puis elle revint à la chaise basse et ouvrit les bras à la petite Ann avec ce geste divin auquel aucun enfant ne résiste, surtout un enfant solitaire et souffrant.

«Viens ici, petite fille, chez … chez tante Betty», dit-elle.

Fascinée, Ann se dirigea vers l'abri proposé.

"Veux-tu m'embrasser?" » demanda Betty. Le baiser fut donné en silence.

« Veux-tu dire ton nom à tante Betty ?

"Anne."

"Ann quoi?"

" Jes ' petite ' Ann."

Puis Betty leva les yeux vers le visage de Lynda et sourit devant sa souffrance tragique.

« Pauvre vieille Lyn ! dit-elle, « rentre chez toi à Con. Vous avez besoin de lui et Dieu sait qu'il a besoin de vous. Il faudra le grand amour, Lyn, chérie, le grand amour ; mais vous l'avez… vous l'avez !

Sans un mot, Lynda se tourna et laissa Betty avec les enfants.

CHAPITRE XXI

La maternité potentielle peut endurer des souffrances autres que physiques ; et pendant la semaine suivante, Lynda passa par toutes les phases de réajustement spirituel qui lui permirent, avec la certitude bénie du succès, d'accepter ce qu'elle avait entrepris.

Elle ne parla pas immédiatement à Truedale , mais elle se rendit quotidiennement chez Betty et observa avec étonnement le miracle que Betty accomplissait. Elle n'oublia jamais l'heure où, montant doucement les escaliers, elle entendit la petite Ann rire joyeusement et taper dans ses mains.

Betty jouait avec le bébé et racontait une histoire à Ann en même temps. Lynda s'arrêta pour écouter.

« Et maintenant viens ici, petite Ann, et embrasse Bobilink . N'est-il pas odorant et merveilleux ?

"Oui."

"C'est exact. Embrasse-le encore. Et vous avez dit un jour que, naturellement, vous n'aimiez pas les bébés ! Petite Ann, tu es une fumisterie. Et maintenant, dis-moi à quel point tu aimes Bobilink .

"Des tas et des perruques ."

"Maintenant, embrasse-moi, chérie, et approche-toi pour ne pas réveiller Bobbie. Voyons, ça va être l'histoire de la petite fille qui a adopté une... mère ! Hier, Bobbie racontait comment une mère avait adopté un petit garçon. Vous vous souvenez, la mère devait avoir un bébé pour remplir un grand espace vide, alors elle est allée dans une maison où se trouvaient des enfants perdus et a trouvé celui qui convenait et—et—mais c'est l'histoire d'Ann aujourd'hui !

« Il était une fois une petite fille – une petite fille très chère et très bonne – qui savait tout sur une mère et combien une mère était chère ; parce qu'elle en avait un qui était obligé de s'en aller...

"Pour un bon petit moment ?" Ann est intervenue.

«Bien sûr», acquiesça Betty, «un peu de temps; mais la petite fille pensait, en attendant, qu'elle adopterait une mère et ne lui parlerait pas de l'autre, de peur qu'elle ne comprenne, et qu'elle apprendrait à la mère adoptive comment être une vraie mère. Et maintenant, il faut se rappeler tout ce que les petites filles font aux mères adoptives. D'abord-"

À ce moment-là, Lynda entra dans la pièce, mais Betty poursuivit calmement :

« Tout d'abord, que font les petites filles, Ann ? »

"Apprenez-leur à tenir les petites filles."

"Splendide! Et ensuite ?

"Embrasse-les et câline-les tout près."

"Exactement! Suivant?"

«Ils rendent les mères heureuses et les font rire, en étant très bonnes.»

Puis Betty et Ann regardèrent Lynda. L'air vif et extérieur avait donné de la couleur à ses joues et de la vie à ses yeux. Elle était très belle avec ses riches fourrures et son chapeau sombre à plumes.

"Maintenant, petite Ann, trotte et fais la leçon, n'oublie pas!" Betty poussa doucement l'enfant vers Lynda.

Avec un rire, récemment appris et un peu dubitatif, Ann courut vers les bras ouverts.

« Blottissez-vous ! » ordonna Betty.

« J'apprends, petite Ann, » murmura Lynda, « tu es une chère enseignante. Et maintenant, j'ai quelque chose à te dire.

Ann se pencha en arrière et regarda Lynda avec méfiance. Son passé récent avait été tellement rempli d'événements qu'elle était méfiante et surchargée.

"Quoi?" » demanda-t-elle avec plus d'effroi que d'intérêt.

"Ann, je vais t'emmener dans une grande maison qui attend une… petite fille."

L'enfant se tourna vers Betty.

"Je ne veux pas y aller", dit-elle, et sa jolie bouche frémit. Fallait-elle toujours être renvoyée ? – toujours devoir partir quand elle ne voulait pas partir ?

Betty sourit au petit visage inquiet. "Oh! nous nous reverrons tous les jours », a-t-elle réconforté ; « Et en plus, c'est la seule façon de vraiment adopter une mère et de jouer franc jeu. Ce sera un autre endroit très cher pour Bobilink où aller en visite, et le meilleur de tout : il y a un homme parfaitement splendide dans la grande maison… pour un… pour… un père !

À ce propos, une véritable peur apparut dans les yeux d'Ann – une peur qui était à l'origine de tous ses problèmes.

"Non!" elle a pleuré. "Je ne peux pas jouer au père!"

Lynda l'attira étroitement à elle. "Ann, petite Ann, ne dis pas ça!" elle a plaidé avec passion : « Je t'aiderai et ensemble nous réaliserons ce projet. Nous devons, nous devons !

Sa véhémence a calmé l'enfant. Elle posa ses mains de chaque côté du visage de Lynda et hésita timidement : « Je vais… je vais essayer.

"Merci très cher. Et maintenant, je veux vous dire autre chose : nous allons avoir un sapin de Noël.

Cela ne signifiait rien pour la petite enfant des collines, alors elle se contentait de regarder fixement.

"Et tu dois venir aider."

"Tu as quelque chose à lui apprendre, Lyn," interrompit Betty. Elle avait les larmes aux yeux. "Pensez simplement à un bébé comme celui-là qui ne connaît pas les sensations fortes de Noël."

Puis elle se tourna vers Ann : « Vas-y, chérie, dit-elle, et fais un nid pour Bobbie sur le lit de l'autre côté du couloir. Et puis, quand Ann est partie au trot pour exécuter les enchères, Betty a demandé : « Qu'a-t-il dit, Lyn, quand tu le lui as dit ?

« Il a dit qu'il était content, très content. Il a voulu depuis longtemps que je prenne un enfant — quand j'en ai vu un que je voulais. Il relie naturellement Ann à la Maison Saxe ; sa présence à vos côtés a renforcé cette croyance. Je vais en rester là… pendant un moment, Betty.

"Oui. C'est mieux ainsi. Une fois qu'il aura appris à connaître et à aimer l'enfant, réfléchit Betty, la voie sera ouverte. Et oh ! Lyn, Ann est tellement merveilleuse. Elle a un caractère des plus remarquables, si profond et si tendrement vrai pour un tel acarien.

« Supposons, Betty… et supposons que Con remarque la ressemblance ! »

À cela, Betty sourit d'un ton rassurant.

« Il ne le fera pas. Les hommes sont si bêtement humbles. Une jolie petite fille leur échapperait à chaque fois.

« Mais son accent du Sud, Betty. C'est tellement prononcé.

« Ma chère Lyn, ça l'est ! Elle parle parfois comme une petite brune ; mais, à ma connaissance, il y a dix petits sudistes en Saxe, d'âges et de sexes variés, en attente d'adoption.

« Et elle pourrait s'exprimer, Betty. Son silence sur le passé disparaîtra lorsqu'elle aura surmonté sa peur et son désir.

Betty avait l'air plus sérieuse. "J'en doute. Pas un mot n'est sorti de ses lèvres ici, de sa mère ou de son foyer. Cela m'a étonné. C'est la créature la plus inhabituelle et la plus fascinante que j'aie jamais vue, pour son âge. Brace est fou d'elle : il veut que je la garde. Mais, Lyn, si elle brise son étrange silence, ce sera ton grand moment ! Quoi que Con soit ou non – et parfois j'ai envie de le serrer dans mes bras, et encore une fois, de le secouer – c'est l'homme le plus tendre avec les femmes – sans même compter Brace – que j'ai jamais vu. Il ne lui est jamais venu à l'esprit de raisonner à quel point vous l'aimez : il est trop occupé à vous aimer. Mais quand il découvre ça ! Eh bien, Lyn, ça me fait baisser la tête et parler bas.

« Ne le fais pas, Betty ! Ne suggérez plus de socles », a plaidé Lynda.

« Pas de piédestal, Lyn ; pas de piédestal, mais le réel et le splendide *que vous avez* enfin révélé ! Et maintenant, oublie ça, chérie. Voici petite'Ann .

L'enfant entra sur la pointe des pieds, les bras tendus.

"Le nid est tout doux", murmura-t-elle, "et maintenant laisse-moi porter Bobilink vers... vers les rêves endormis."

« Où as-tu appris à porter des bébés ? hasarda Betty, testant le silence. Le petit visage sombre s'assombrit ; le regard de peur se glissa dans les grands yeux.

« Je… je ne sais pas », fut la seule réponse, et Ann se détourna – cette fois vers Lynda !

"Et supposons qu'il ne le sache jamais?" Lynda parlait avec ses lèvres pressées contre les cheveux doux d'Ann : l'enfant était dans ses bras.

"Alors toi et Con aurez quelque chose pour commencer le paradis." Les yeux de Betty étaient mouillés. « Nous avons tous quelque chose dont nous ne parlons pas beaucoup sur terre : nous n'osons pas. Brace et moi avons notre… bébé ! »

Deux jours plus tard, Lynda a ramené Ann chez elle. Ils allèrent d'abord faire du shopping et l'enfant était incroyablement excité. Elle oublia sa retenue et sa timidité dans le délire fascinant de dire ce qu'elle voulait avec la certitude qu'elle l'obtiendrait. Il n'est pas étonnant qu'elle ait été sortie d'elle-même et qu'elle soit apparue au regard étonné de Truedale comme une enfant tout à fait différente de celle que Lynda avait décrite.

La brillante petite chose entra dans le hall avec Lynda, les bras remplis de paquets trop précieux pour être confiés à d'autres mains ; ses yeux dansaient et sa voix vibrait de bonheur.

"Et maintenant je t'appellerai Muvver -Lyn parce que tu es très gentil et c'est ta maison ! C'est une très belle maison.

Truedale avait bien chronométré son retour chez lui. Il était prêt à les saluer dans la bibliothèque. La voix bavarde le charma par sa douceur délicieuse et il s'avança joyeusement à la rencontre de Lynda et du nouveau petit enfant. Ann était en avance ; Lynda recula et, le cœur battant, attendit près de la porte.

Ann avait eu une semaine et plus avec Brace Kendall pour effacer l'impression que Burke Lawson avait imprimée dans son esprit. Mais elle était timide envers les hommes et les pesait soigneusement avant de leur montrer des faveurs . Elle s'arrêta lorsqu'elle aperçut Truedale ; elle a laissé tomber, sans y prêter attention, un colis ; elle le regarda fixement pendant qu'il attendait les mains tendues. Puis lentement, comme attirée contre sa volonté, Ann s'avança et posa ses mains dans les siennes.

" Alors c'est la petite fille qui est venue nous aider à faire Noël ? "

"Oui." Toujours ce regard figé. Cela semblait à Lynda la chose la plus contre nature qu'elle ait jamais vue. Et oh ! comme ils se ressemblaient tous deux, maintenant qu'ils étaient ensemble !

"Tu es la petite Ann et tu vas jouer avec" - Truedale regarda Lynda et l'attira vers lui par l'amour dans ses yeux - " Tu vas jouer avec nous, et tu nous appelleras mère et père, tu vas' n'est-ce pas, petite Ann ? Il entendait remplir pleinement sa part. Il ne refuserait rien, maintenant que Lynda avait décidé de franchir cette étape.

"Oui."

"Et penses-tu que tu pourrais m'embrasser, pour commencer ?"

Bizarrement, l'enfant se mit sur la pointe des pieds – Truedale était à moitié agenouillée devant elle – et lui donna un long baiser.

"Nous allons être de grands amis, hein, petite Ann?" Truedale était contente, Lynda l'a vu. La petite fille faisait une profonde impression.

"Oui." Puis, délibérément : « Dois-je t'apprendre à être père ?

"Qu'est ce qu'elle veut dire?" Truedale regarda Lynda qui expliqua la charmante bêtise de Betty.

"Je vois. Eh bien, oui, Ann, tu dois m'apprendre à être père.

C'est ainsi qu'ils commencèrent leur vie ensemble. Et après quelques jours, Lynda s'aperçut que pendant le séjour de l'enfant auprès de Betty, la croûte de réserve maussade avait disparu : la petite créature était la chose la plus joyeuse et la plus douce qu'on puisse imaginer, une fois qu'elle pouvait s'oublier. Protégée, soignée et considérée, elle se développa à merveille et parut bientôt avoir été avec eux des années au lieu de quelques jours. L'impression était presque surprenante et Lynda et Truedale l'ont remarquée.

"Il y a certaines choses qu'elle fait et qui semblent toujours attendre qu'elle les fasse", a déclaré Conning, "cela la rend très charmante. Elle brosse régulièrement les chiens et les chats, et elle a commencé à ramasser des livres et des papiers dans ma tanière d'une manière très alarmante, mais elle parvient toujours à savoir à quoi ils appartiennent.

"C'est étrange", osa Lynda; "mais elle s'est certainement adaptée, bénissez son cœur!"

Il y avait eu des moments au début où Lynda craignait que Thomas ne se souvienne de l'enfant, mais on ne pouvait guère s'attendre à ce que les vieux yeux reconnaissent, dans la délicate petite fille, le petit étranger rapiécé et sale de l'ennuyeuse visite. À plusieurs reprises , Thomas s'était expliqué et s'était excusé pour l'admission des deux « malheurs », comme il les appelait.

Non, heureusement, tout semblait flou ; et Ann, dans sa nouvelle maison, a apparemment oublié tout ce qui se trouvait derrière elle. Elle n'a même jamais demandé à retourner chez Betty, même si elle accueillait Betty, Brace et Bobbie avec une joie flatteuse chaque fois qu'ils venaient lui rendre visite. Elle apprit à aimer beaucoup Lynda ; elle lui témoignait souvent une douce affection ; mais dans la merveilleuse maison, la sienne, servie et soignée, c'était Conning qui l'attirait le plus. Elle le surveillait et l'attendait à la fin de la journée, et si elle sortait avec Lynda , elle devenait nerveuse et inquiète s'ils étaient retardés à cause de la tombée de la nuit.

«Je veux que mon père me voie attendre», insistait-elle; "J'aime voir sa joie."

"Et moi aussi!" » dirait Lynda, luttant pour surmonter le ressentiment indigne qui prenait parfois le dessus sur elle lorsque l'enfant s'appropriait Conning avec trop de ferveur.

Mais ce trait de Truedale flatté et ravi d'Ann ; souvent, il s'amusait, mais il savait que c'était la seule chose par-dessus tout chez la petite fille qui lui faisait aimer.

"Quelle chérie elle est!" disait-il souvent à Lynda quand ils étaient seuls ensemble. " Est-ce qu'elle est parfois méchante?"

"Oui, souvent... le singe !"

"Je suis heureux de l'entendre. Je déteste un jeune flasque. Est-ce qu'elle parle parfois de son petit passé, Lyn ?

"Jamais."

"N'est-ce pas étrange?"

« Oui, mais je suis content qu'elle ne le fasse pas. Je veux qu'elle oublie. Elle est très heureuse avec nous, mais elle est loin d'être parfaite. « À quelle forme d'insulte a-t-elle tendance, Lyn ? Avec moi, elle ressemble à un agneau au possible.

"Oh! elle a un caractère fougueux et, maintenant que j'y pense, elle le montre généralement en référence à vous.

"Tome?" Truedale sourit.

"Oui. Thomas l'a trouvée en train de noircir tes chaussures l'autre jour. Elle faisait un sacré gâchis et il a essayé de les lui prendre. Elle lui a donné un véritable coup de pinceau vicieux. Ce qu'elle a dit était en fait comique : « Il est à moi ; si je veux enlever la saleté de ses chaussures, je le peux. Il *ne* marchera pas sur la terre – et il est à moi ! »

« Le petit coquin. Et qu'a fait Thomas ?

"Oh! il l'a laissée. Les gens la laissent toujours faire. Je le fais moi-même.

"C'est une enfant fascinante", a déclaré Truedale en riant. Puis, très sincèrement : « Je suis plutôt contente que nous ne connaissions pas ses antécédents, Lyn ; il est plus sûr de la prendre au fur et à mesure que nous la trouvons et de construire sur cette base. Mais je serais prêt à risquer beaucoup pour que la petite Ann revienne avec tant d'amour et de bonté, peu importe à quel point il y a d'autres choses à faire. Et l'amour et la bonté doivent être son passeport pour la vie.

"Oui, Con, et c'est tout ce qui en vaut la peine ."

Mais chaque changement était une période de lutte pour Ann et ceux qui avaient affaire à elle. Elle avait un pouvoir d'attachement passionné aux lieux et aux gens, et le réajustement lui causait douleur et inquiétude.

Quand on envisageait l'école, cela la rendait presque malade. Elle s'accrochait à Truedale et le suppliait de ne pas la faire partir.

"Mais ce n'est que pour la journée, Ann," expliqua-t-il, "et tu auras des enfants avec qui jouer, des petites filles comme toi."

"Non; Non! Je ne veux pas d'enfants, seulement Bobbie ! Je veux seulement mes parents !

Lynda est venue à sa défense.

"Con, nous aurons une gouvernante pendant environ un an."

"Est-il sage, Lyn, de lui céder le passage ?"

"Oui c'est le cas!" Ann entra en trombe ; "C'est sage, je mourrais si je devais y aller."

donc une gouvernante et fit des progrès gratifiants dans son apprentissage. Le trait qui était visible chez l'enfant était qu'elle se développait et s'épanouissait davantage lorsqu'elle n'était pas opposée. Elle s'est fanée mentalement et physiquement lorsqu'elle a été forcée. Elle avait un pouvoir des plus inhabituels pour gagner et retenir l'amour, et sous un extérieur timide et doux se cachaient une passion et une force parfois pathétiques. Même si elle n'était pas une enfant robuste, elle se portait généralement bien et, avec le temps, elle gagnait en vigueur . Une fois, et une seule fois, elle a été gravement malade, et c'était alors qu'elle était avec Truedale et Lynda environ deux ans. Pendant tout ce temps, à leur connaissance, elle n'avait jamais fait référence au passé et tous deux croyaient que, pour elle, il était mort ; mais lorsque la faiblesse et la fièvre relâchèrent ce contrôle peu enfantin, quelque chose se produisit qui alarma Lynda, mais brisa à jamais la mince barrière qui, malgré tous ses efforts, avait existé entre elle et Ann. Elle était assise seule avec l'enfant pendant une période de délire, quand soudain les petites mains chaudes se levèrent passionnément, et le nom « mère » frémit sur les lèvres sèches sur un ton inconnu aux oreilles de Lynda. Elle se pencha.

"Quoi, petite Ann?" elle a chuchoté.

Les grands yeux brûlants semblaient perplexes. Puis : « Emmenez-moi à… au Hollow… chez Miss Lois Ann !

" Chut ! " haleta Lynda, tous les nerfs picotant. « Tu vois, petite Ann, tu ne me connais pas ?

L'enfant parut à moitié comprendre et gémit plaintivement :

"Je suis perdu! Je suis perdu!"

Lynda la prit dans ses bras et l'imagination malade disparut, mais à partir de ce moment il y eut un nouveau lien entre les deux, une dépendance plus profonde.

Il y a eu un jour où ils ont tous senti que la petite Ann leur échappait. Le Dr McPherson était sur le point de perdre espoir autant qu'il s'était jamais permis, extérieurement, de le faire.

« Tu ferais mieux de rester à la maison », dit-il à Conning ; « Les enfants sont de petits métiers capricieux. Les meilleurs d'entre eux lèvent parfois l'ancre quand on s'y attend le moins.

Truedale resta donc à la maison et, errant dans la maison tranquille, s'étonna de l'intensité de sa souffrance alors qu'il envisageait le temps à venir sans l'enfant qui était si récemment entré dans sa vie d' il ne savait d'où. Il attribuait tout cela aux caractéristiques remarquables d'Ann.

Tard dans l'après-midi de cette journée anxieuse, il entra dans la chambre du malade et se pencha au-dessus du lit. Ann ouvrit les yeux et lui sourit faiblement.

« Allumez la lumière, père », murmura-t-elle, et avec un cœur rempli de peur, Truedale appuya sur le bouton électrique. La pièce était déjà baignée de soleil, car elle faisait face à l'ouest ; mais pour Ann, il faisait froid et sombre.

Puis, comme pour préparer la dernière scène pitoyable de son propre départ, elle se tourna vers Lynda : « Faites un tour de mère pour Ann », dit-elle. Lynda souleva tendrement la forme mince du lit et la serra contre elle.

"Je... je t'ai appris à être mère, n'est-ce pas, maman-Lyn ?" elle n'avait jamais appelé Lynda simplement « mère », alors que « père » était tombé naturellement de ses lèvres.

"Oui, oui, petite Ann." Les yeux de Lynda étaient remplis de larmes et à ce moment- là , elle réalisa à quel point l'enfant comptait pour elle. Elle avait fait son devoir, l'avait parfois dépassé, dans sa détermination à ne pas faillir. Elle avait fait plaisir à Ann, prenant souvent parti contre Conning par peur d'être injuste. Mais ah ! il manquait toujours quelque chose ; et maintenant, trop tard, elle sentait que, malgré toute sa lutte, elle n'avait pas été fidèle au vœu qu'elle avait fait à Nella-Rose !

Mais Ann la regardait avec un regard étrange et pénétrant.

"C'est le tour le plus confortable au monde", balbutia-t-elle, "pour les petites filles fatiguées."

"Je—je l'aime!" Lynda a regardé Truedale comme si elle se confessait et, à la fin, cherchait pardon.

" Bien sûr, vous le faites!" il a réconforté, "mais... sois courageuse, Lyn!" Il craignait d'exciter Ann. Puis les yeux fatigués de l'enfant se tournèrent vers lui.

"Maman-Lyn m'aime!" la voix faible était à peine audible ; "Elle le fait, père, elle le fait!"

C'était comme une confirmation, une reconnaissance de quelque chose de beau et de sacré.

«J'avais l'impression», dit ensuite Lynda à Betty, «comme si elle ne le disait pas seulement à Con, mais aussi à Dieu. Je ne l'avais pas mérité, mais cela a compensé toute la dure lutte et a tout balayé avant lui.

Mais Ann n'est pas morte. Lentement, presque avec hésitation, elle se retourna vers eux et apporta avec elle un nouveau pouvoir. Elle a apparemment laissé son apparence de bébé et sa nature dans l'endroit sombre d'où elle s'était échappée. Une fois la santé revenue, elle était la plus joyeuse des enfants joyeux – presque bruyants par moments – à la manière exubérante de l'irrépressible Bobilink de Betty . Et la ressemblance obsédante avec Truedale avait disparu. Pendant un an ou deux, la petite fille maigre et filiforme ne ressemblait à personne d'autre qu'à elle-même, un elfe ; et puis, ce fut comme une révélation, elle est devenue comme Nella-Rose !

Lynda, parfois, était essoufflée lorsqu'elle regardait et se souvenait. Elle n'avait vu la mère qu'une seule fois ; mais cette heure avait gravé dans son âme l'image du visage, de la forme et de l'action. Elle se souvenait également de la description graphique que Conning avait faite de sa première rencontre avec Nella-Rose. Le pouvoir pittoresque et dramatique qui avait marqué la mère d'Ann se développait désormais chez la petite fille. Elle avait presque entièrement perdu la manière persistante de parler – les expressions et les mots du Sud – mais elle était aussi différente des enfants avec lesquels elle se mêlait qu'elle l'avait jamais été.

Lorsqu'elle fut assez forte , elle reprit ses études auprès de la gouvernante et se mit également à la musique. Elle appréciait cela avec la passion qui marquait son attitude envers toute personne ou toute chose qu'elle aimait.

"Oh, ça laisse quelque chose en moi, gratuitement!" a-t-elle confié à Truedale . "Je ne serai plus jamais méchant ou méchant, je n'oserais pas!"

"Pourquoi?" Conning n'était pas un passionné de musique et était intrigué par l'intensité d'Ann.

"Eh bien," répondit-elle en fronçant les sourcils dans l'effort de se faire comprendre, "je... je ne serais pas digne de... de cette belle musique, si j'étais horrible."

Truedale rit et tapota sa jolie tête coupée, sur laquelle se regroupaient les nouvelles petites boucles.

La vie dans la vieille maison était alors bien remplie et riche. Conning était, comme il le disait souvent, respectablement occupé et suffisamment important dans les affaires des hommes pour être content ; il ne jouirait jamais d'un pouvoir personnel.

Lynda, pendant les premières années d'Ann, avait pris un partenaire qui s'occupait des entretiens, des conférences et des contrats ; mais dans la pièce située au-dessus de l'extension, le travail créatif se poursuivait avec un intérêt constant. La petite Ann a vite appris à aimer cet endroit et a installé sa petite chaise à côté du foyer ou de la table. Là, elle a appris les leçons de la considération envers les autres et de la maîtrise de soi.

« Si le jour arrive », a dit Lynda à Betty, « où mon travail interfère avec mon devoir envers Con et Ann, cela disparaîtra ! Mais j'ai de plus en plus tendance à penser que cette ingérence est une question de choix. Je préfère mon métier à... enfin, à d'autres choses.

"Bien sûr," acquiesça Betty; "Les femmes ne devraient pas dorloter éternellement leur progéniture, et lorsqu'elles apprendront à appeler les choses par leur nom et à développer une certaine initiative, elles ne se plaindront plus autant."

Lynda et Truedale avaient malheureusement abandonné l'espoir d'avoir leurs propres enfants. C'était plus difficile pour Lynda que pour Con, mais elle acceptait ce qui semblait être son destin et remerciait à nouveau le ciel pour la petite Ann et le sentiment sûr qu'elle pouvait l'aimer sans réserve.

Et puis, après des années de changement et de réajustement, le garçon de Lynda est né ! Il semblait couronner tout d'une signification sacrée. Ce n'est pas sans grande crainte et doute que Lynda descendit dans l'ombre ; non sans une agonie d'appréhension, Truedale l'accompagna jusqu'à la frontière qu'elle devait franchir seule pour accepter ce que Dieu lui réservait. Ils se rappelèrent avec une anxiété soudaine et aiguë le péril que Betty avait enduré, bien qu'aucun d'eux n'en parlât ; et toujours ils souriaient courageusement quand la plupart de leurs cœurs échouaient.

Puis vinrent les heures noires de souffrance et de doute. Une violente tempête battait dehors et Truedale , l'entendant, se demanda si tous les grands événements de sa vie allaient être accompagnés de ces explosions de la nature. Il parcourut le sol de sa chambre ou se pencha au-dessus du lit de Lynda, et à minuit, alors qu'elle ne le connaissait plus ou ne pouvait plus l'apaiser par son courageux sourire, il s'éloigna misérablement et, sur le sombre palier de l'escalier, rencontra Ann, accroupie blanche. et hagard.

Ses nerfs étaient à bout et il parlait brusquement.

"Pourquoi n'es-tu pas au lit?" Il a demandé.

« Pendant que... maman-Lyn est... là-dedans ? haleta la jeune fille en levant vers lui des yeux de reproche. "Comment pourrais-je?"

"Depuis combien de temps êtes-vous ici?"

"Toujours; toujours!"

«Ann, tu dois aller dans ta chambre immédiatement! Viens, je vais avec toi. Elle se leva et lui prit la main. Il y avait de la peur dans ses yeux.

« Est-ce que maman-Lyn... » hésita-t-elle, et Truedale comprit.

– Bon Dieu !... non ! il a répondu; "pas ça!"

"Je devais... rester près de toi." Ann tremblait en marchant à côté de lui. « Elle t'a donné... à moi ! Elle me l'a donné... pour le garder pour elle !

Truedale s'arrêta net et regarda Ann. Confusément, il saisit le sens du lien qui unissait cet enfant à Lynda – qui les unissait tous à la femme forte et aimante qui la faisait lutter contre la mort, pour sa vie.

"Petite Ann", fut tout ce qu'il put dire, mais il se pencha et embrassa l'enfant solennellement.

À l'aube, Lynda est revenue, emmenant son petit fils avec elle. Dieu avait parlé !

Truedale , assise à côté d'elle, une main sur la tête duveteuse qui avait failli coûter si cher, vit les lèvres maternelles bouger.

« Tu… veux… le bébé ? » Il a demandé.

"Je—je veux la petite Ann." Puis les paupières blanches tombèrent, refoulant les faibles larmes.

"Lyn, la chérie a attendu devant ta porte toute la nuit. J'imagine qu'elle est là maintenant."

"Oui je sais. Je la veux."

"En es-tu capable... tout à l'heure, chérie ?"

"Je... dois avoir la petite Ann."

Alors Ann est venue. Elle était blanche – très impressionnée ; mais elle sourit. Lynda n'ouvrit pas les yeux tout de suite ; elle essayait de retrouver un peu de l'ancienne maîtrise de soi qui avait été si impitoyablement brisée pendant les heures de sa lutte, mais bientôt elle leva les yeux.

«Tu as tenu parole, Ann», dit-elle. Puis : « Vous, vous avez fait une place pour mon bébé. Petite Ann… embrasse ton… frère.

Ils ont nommé le bébé en l'honneur de William Truedale et l'ont appelé Billy, par respect pour ses jolies manières de bébé.

"Il doit être le représentant de l'oncle William", a déclaré Lynda, "comme Bobbie est le représentant du petit garçon mort de Betty."

"Je pense souvent à… l'argent, Lyn." Truedale parla lentement et sérieusement. «Comme je détestais ça; comme j'ai essayé de m'en débarrasser ! Mais lorsqu'il est utilisé à bon escient, il semble assurer sa dignité. J'ai appris à le respecter et je veux que notre garçon le respecte aussi. Je veux le placer sur une base solide et l'intégrer à l'équipement de Billy – une grande confiance pour laquelle il doit être formé.

"Je pense que j'aimerais que sa formation précède autant que possible sa connaissance de l'argent", a répondu Lynda. "J'aimerais qu'il se batte un peu, comme son père l'a fait avant lui."

"Comme son père ne l'a *pas fait* !" Les yeux de Truedale devinrent sombres. « J'ai bien peur, Lyn, d'être construit sur le plan de modélisation – ajouté, construit. Certains gars sont éliminés . Je me pose des questions… à propos du petit Billy.

"D'une manière ou d'une autre" - Lynda eut un petit sourire satisfait - " Je n'ai pas peur pour Billy. " Mais je ne lui retirerais pas la gloire du conflit – non ! pas pour tout l'argent de l'oncle William ! Il doit faire sa part dans le monde et trouver sa place, pas celle que d'autres pourraient choisir pour lui.

"Tu vas être plus sévère avec lui qu'avec Ann, n'est-ce pas, Lyn?" Truedale pensait cela à la légère, mais Lynda avait l'air sérieuse.

"Je pourrai le faire, Con, car Billy a apporté avec lui quelque chose qu'Ann devait trouver."

"Je vois je vois! C'est là qu'une mère entre en force, ma chère.

"Oh! Mais c'est là qu'elle entre avec peur et tremblement, mais avec une terrible compréhension.

Cette « compréhension » des responsabilités de la maternité a fonctionné en avant et en arrière avec Lynda, au grand amusement secret de Truedale . Confiante de son devoir envers son fils, elle a interprété son devoir envers Ann. Tandis que Billy, au visage rouge et aux yeux vagabonds, gargouillait ou hurlait dans son extrême jeunesse, Lynda revenait sur ses pas et réparait avec autorité certains dégâts dans son traitement envers Ann.

«Ann, dit-elle un jour, tu dois aller à l'école.»

"Pourquoi?" Ann a naturellement demandé. C'était une petite élève consciencieuse et extrêmement heureuse de la gouvernante qui venait quotidiennement l'instruire.

« Vous étudiez et apprenez à merveille, Ann, mais vous devez avoir… avoir des enfants dans votre vie. Tu seras pédé.

"J'ai Bobbie, et maintenant Billy."

«Ann, ne discute pas. Quand Billy sera en âge d'aller à l'école, il y va, sans un mot ! J'ai été trop faible avec toi, Ann, tu comprendras peu à peu.

Le nouveau ton a apaisé toute envie d'Ann d'insister davantage ; elle était plutôt impressionnée par cette attitude. Ainsi, d'un air noble et détaché, Miss Ann est allée à l'école. Au début , elle s'est imprégnée de connaissances en protestant, tout comme elle aurait pu manger des aliments qu'elle n'aimait pas mais qu'elle croyait bons pour elle. Puis certains aspects de la nouvelle expérience l'ont attirée et réveillée. Parmi la masse de choses qu'elle aurait dû savoir, elle s'est accrochée à celles qu'elle voulait savoir. Parmi les filles qui partageaient ses heures d'école, elle sélectionnait des esprits sympathiques et les vénérait, tandis que les autres, pour elle, n'existaient pas.

"Elle est tellement intense", soupira Lynda ; « elle courtise simplement la souffrance. Elle leur prodigue tout ce qu'elle aime et pleure comme une personne sans espoir lorsque les choses vont contre elle.

"C'est la petite lutin la plus dramatique." Truedale eut un rire évocateur pendant qu'il parlait : il avait vu Ann dans deux ou trois représentations scolaires. "Je ne devrais pas me demander si elle avait du génie."

Betty avait l'air sérieuse en entendant cela. "J'espère que non!" C'est tout ce qu'elle a dit, et à partir de ce moment- là , elle a regardé Ann avec des yeux maussades ; elle a exhorté Lynda à la garder beaucoup à l'extérieur en compagnie de Bobbie et Billy qui étaient normaux dans une certaine mesure. Ann jouait et appréciait les bébés - elle adorait Billy et lui permettait de la gouverner d'une main légère - mais quand elle le pouvait, elle lisait de la poésie et parlait de choses étranges et imaginatives avec les quelques filles en présence desquelles elle devenait ravie et respectueuse.

Brace était le seul à prendre Ann comme une blague.

« Elle travaille à ses idées idiotes, jeune, » le réconforta-t-il ; "Laissez-la tranquille. Un garçon allait derrière une grange, fumait et se délectait de l'idée qu'il était un diable d'homme. Annie — lui seul l'appelait ainsi — Annie fume son tabac derrière ses petites granges. Elle en aura assez et elle en aura marre. Laissez-la apprendre sa leçon.

"C'est vrai", a admis Betty, "les filles devraient apprendre, tout comme les garçons, mais si jamais je trouve *Bobbie* en train de fumer..."

"Que vas-tu lui faire, Betty?"

"Eh bien, je n'en suis pas sûr, mais je *sais* que j'insisterais pour qu'il vienne de derrière les granges ."

Et cela les a tous amenés à considérer Ann du point de vue de la grange. Si elle voulait le tragique et le sombre, elle devrait l'avoir – au soleil et entourée d'amour. Elle n'était donc plus obligée de dépendre de ces petites filles bizarres qui voltigeaient comme des chauves-souris aveugles au milieu de leur adolescence. Lynda, Betty, Truedale et Brace lui ont lu des horreurs à glacer le sang et l'ont emmenée voir des pièces de théâtre, les meilleures. Et ils se sont livrés à des divertissements sains et banals qui ont immédiatement suscité une réaction et développé un sens de l'humour qui leur a donné à tous la conviction que le pire était passé.

« Elle a oublié tout ce qui découle de sa maladie », a dit un jour Lynda à Betty ; "C'est étrange, mais elle semble être partie de là."

Ensuite, Betty a fait une remarque dont Lynda s'est souvenue par la suite :

« Je ne crois pas qu'elle l'ait fait, Lyn. Je ne m'inquiète pas pour Ann comme toi et Con. Sa pose de Lady Macbeth est tout simplement celle d'une fille ; mais elle a des profondeurs que nous n'avons jamais sondées. Parfois, je pense qu'elle les cache pour prouver sa gratitude et son affection, et parce qu'elle est si impuissante. Elle avait presque cinq ans lorsqu'elle est venue vers toi, Lyn, et je crois qu'elle se souvient des collines et de sa mère !

"Pourquoi, Betty, qu'est-ce qui te fait penser ça?" Lynda était consternée.

« Ce sont ses yeux. Il y a des moments où elle regarde en arrière, très loin en arrière. Elle essaie de s'accrocher à quelque chose qui lui échappe. Aime-la, Lyn, aime-la comme tu ne l'as jamais fait auparavant.

"Si je pensais ça, Betty!" Lynda était consternée. "Oh! Betty, la pauvre chérie ! Je n'arrive pas à croire qu'elle puisse être si forte, si terrible.

« C'est plus ou moins inconscient – de telles choses le sont toujours – mais je pense qu'Ann prouvera un jour ce que je dis. D'une certaine manière, c'est comme le sentiment que j'éprouve pour… pour mon propre bébé, Lyn. Je le vois dans Bobbie ; Je le sens dans la tendresse et la méchanceté de Bobbie. Ann conserve ce qui s'est passé avant dans ce qui l'entoure maintenant. Parfois, cela la laisse perplexe, tout comme Bobbie me laisse perplexe.

À peu près à cette époque – probablement parce qu'il était plus heureux qu'il ne l'avait jamais été, peut-être parce qu'il disposait de plus de temps qu'il pouvait consciencieusement s'approprier qu'il n'en avait eu pendant de nombreuses années bien remplies – Truedale se rendit dans sa chambre sous les combles. se faufiler, avec un désir à moitié coupable, vers son ancienne pièce ! Tant de fois il l'avait ressuscité, puis l'avait mis de côté ; tant d'espoirs et de peurs étaient nés et tués par l'interruption de son travail, qu'il craignait que la force qu'il pouvait avoir autrefois ne disparaisse à jamais.

néanmoins dans sa chambre mansardée, et Lynda ne posa aucune question. Avec une étrange compréhension, Ann gardait cette porte comme un véritable dragon. Lorsque les pas chancelants de Billy suivirent son père, Ann le harcela ; et nombreuses furent les luttes rapides et silencieuses près du portail avant que Billy, rampant, ne soit emporté en donnant des coups de pied avec la main ferme d'Ann étouffant ses cris indignés.

"Qu'est-ce que papa fait là?" » Exigerait Billy une fois conquis.

"Cela ne regarde personne d'autre que papa", insistait Ann sans relâche.

"Je—je veux savoir!" Plaida Billy.

"Attends que papa veuille que tu le saches."

Sous les combles, l'espoir grandissait dans le cœur de Truedale . La pièce ancienne avait certainement cet intérêt humain subtil qui est toujours vital. Il en était sûr. Une fois, il a presque décidé de mettre Ann dans sa confiance. L'enfant avait un tel sens dramatique. Puis il a ri. C'était absurde, bien sûr !

Non! si jamais cela valait quelque chose — si, en mettant de la chair sur les os secs et du sang dans les veines, il pouvait s'en remettre — ce devait être son cadeau à Lynda ! Et la seule chose qui l'encourageait dans son travail, un peu raide après toutes ces années, c'était la certitude que parfois il entendait battre le cœur de cette chose rétrécie et ratatinée ! Et ainsi, il a travaillé avec respect.

CHAPITRE XXII

autrefois suscité le ressentiment malade et amer de Truedale :

« Ton histoire est écrite depuis longtemps.
Ton rôle est de lire et d'interpréter.

Encore et encore, il lisait les mots et réfléchissait à son propre changement d'avis. La jeunesse, aussi maigre et démunie soit-elle, aspire et insiste sur le conflit, sur la perte et le gain personnels. Mais à mesure que le temps nous entraîne dans ses secrets, l'âme acquiert une perspective plus large – Truedale était maintenant sûr que c'était la perspective la plus large. Après avoir combattu – parce que le combat faisait partie de l'histoire écrite – le désir de victoire, de moindre sorte, diminuait, tandis que l'appel supérieur faisait son appel. Faire partie de l'universel ; de revenir sur les marches qui ont conduit à la montée, ou même à la descente, et à avoir la ferme conviction qu'ici, ou ailleurs – ce qui comptait dans la puissante chaîne aux nombreux maillons – l'« interprétation » disait !

Truedale est arrivé à la conclusion que le fatalisme n'était pas une philosophie faible et molle, mais une philosophie destinée à forger des âmes fortes.

Les échecs, même erronés, ne pourraient-ils pas, s'ils n'étaient pas entravés par les limites étroites de l'ici et maintenant, se révéler des éléments miraculeux ?

Ensuite, l'effet sur les autres est entré dans les réflexions de Truedale comme au début. Les « histoires » des autres ! Il pencha alors la tête sur ses mains jointes et pensa à Nella-Rose ! Il pensait à elle comme il l'avait toujours fait – tendrement, gentiment, mais comme n'ayant aucun rôle réel dans sa vraie vie. Elle était comme quelque chose qui avait pris le pouvoir sur une phase errante et débridée de son existence passée. Il ne pouvait pas la rendre réelle dans le sens de la réalité des hommes, des femmes et des affaires qui le façonnaient et le commandaient désormais sévèrement. Elle était – elle serait toujours pour lui – le souvenir de quelque chose de charmant, de cher, mais d'insaisissable. Il ne pouvait plus la situer et la réparer. Elle appartenait à cette période étrange de sa vie où, en train de se retrouver, il s'était lancé aveuglément en avant, sans compter ni attendre la lucidité.

"Qu'est-elle devenue ?" pensa-t-il, assis à l'écart avec son travail secret. Et puis il espérait avec ferveur que ce que Lynda avait suggéré un jour pourrait effectivement être vrai. Il a prié, comme ces hommes prient, pour que l'expérience qui lui avait permis de mieux se comprendre et de mieux comprendre la vie puisse également donner à Nella-Rose un espace plus large et plus libre dans lequel jouer le rôle qu'elle avait choisi.

Il se souvenait de sa connaissance des femmes des collines telles que Jim White les avait décrites – des femmes à qui l'amour, dans son aspect le plus brillant, est refusé. Nella-Rose avait sûrement entrevu une lueur plus radieuse qu'eux. Cela l'avait-il dirigé vers le paradis des bonnes femmes – ou… ?

Et finalement, ce thème a retenu et influencé la pièce – cet effet d'un amour profond sur une nature telle que celle de Nella-Rose, le pouvoir propulseur – l'influence rédemptrice et fortifiante. En fin de compte, Truedale a appelé son œuvre « L'Interprétation ».

Et pendant que cela se passait derrière la porte du grenier, un incident apparemment léger eut pour effet de renforcer la confiance croissante de Truedale dans sa philosophie.

Lui et Lynda se rendirent un jour dans l'atelier d'un sculpteur devenu soudainement célèbre grâce à une figure merveilleuse, mi-humaine, mi-divine, qui avait fait sortir les critiques sophistiqués de leur calme habituel.

L'homme avait fait beaucoup de bon travail auparavant, mais rien de remarquable ; il avait pris ses années de travail avec un courage patient, insistant sur le fait qu'elles n'étaient qu'une préparation. Au début, il était à moitié mort de faim ; il s'était progressivement dirigé vers ce que tout le monde croyait être une stagnation médiocre ; mais il a gardé sa foi et son attitude joyeuse, et puis il a présenté tranquillement la figure remarquable qui exigeait reconnaissance et appréciation.

L'artiste avait vendu son chef-d'œuvre pour une somme qui aurait pu raisonnablement provoquer une certaine émotion dans sa vie – mais ce n'était pas le cas !

« Je suis désolé d'avoir laissé tomber cette chose », confia-t-il à quelques élus ; "Viens m'aider à lui dire au revoir."

Lynda et Conning faisaient partie des élus et, l'après-midi de leur appel, ils se trouvaient seuls avec lui dans le studio.

Tous les autres travaux avaient été rangés ; le personnage, sous le meilleur jour possible, se tenait seul ; et le maître, de la manière la plus impersonnelle, montait la garde avec un toucher respectueux et une voix feutrée.

Si son attitude avait été une pose, cela aurait été ridicule ; mais il était si détaché, si sincère, si absolument humble, qu'il s'élevait au sommet d'une digne simplicité.

"Thornton, d'où as-tu trouvé ton inspiration, ton modèle ?" » demanda Truedale , après que la beauté de la chose lui ait pénétré le cœur.

« Dans la terre battue. De telles choses sont toujours dans l'argile », fut la réponse calme.

Lynda a été profondément émue, non seulement par la statue, mais aussi par son créateur. « Dites-nous, s'il vous plaît, » dit-elle sincèrement, « ce que vous voulez dire. Je pense que cela nous aidera à comprendre.

Thornton eut un rire nerveux. C'était un homme timide et réservé, mais il ne pensait plus qu'à ce qu'il avait été autorisé à représenter.

« Je prends toujours mon plâtre en gros morceaux, commença-t-il avec hésitation , je le presse au hasard, puis je m'assois et je le regarde. Après cela, ce n'est plus qu'une question de choix, de travail et de détermination. Lorsque ceci (il leva ses yeux calmes vers la silhouette) m'est venu à l'esprit dans l'argile, je l'ai vu aussi clairement que je le vois maintenant. Je ne pouvais pas oublier, ou, si je le faisais, je recommençais. Parfois, je l'avoue, j'obtenais des résultats bizarres en travaillant ; Un jour, après trois jours de labeur, un— un diable est apparu. Ce n'était pas mal non plus, j'ai presque décidé de… de le garder ; mais bientôt j'ai de nouveau eu un aperçu de la vision, toujours cachée à proximité. Alors j'ai pincé, lissé et ajouté, et, à la fin, la vision est restée. C'était dans l'argile – tout est, avec moi. Si je ne peux pas le voir là-bas, autant abandonner.

"Thornton, c'est pourquoi tu n'as jamais perdu courage!" S'exclama Truedale .

"Oui, c'est pour ça, vieil homme."

Lynda s'est approchée. «Merci», dit-elle avec une profonde émotion dans la voix, «je comprends; Je pensais que je le ferais si vous expliquiez, et je pense que votre méthode est divine !

Thornton rougit et rit. "Ce n'est pas vraiment ça," répondit-il, "c'est simplement ma voie et je dois la suivre."

C'était à la fin de l'été que Truedale termina la pièce. Lynda et les enfants étaient absents ; la ville était chaude et relativement vide. C'était une époque où aucun manager ne voulait examiner des manuscrits, mais si on le lui imposait, il aurait plus de temps pour les examiner que plus tard.

Profitant de cela, Truedale – anxieux mais étrangement insistant – s'est frayé un chemin devant les hommes engagés pour faire échouer un tel cours et s'est retrouvé en présence d'un manager dont il pouvait avoir confiance.

Après de longues discussions – et la chaleur était terrible – le grand homme promit, afin de se débarrasser de la présence de Truedale , de lire l'histoire. Il n'en avait pas la moindre intention et comptait entamer sa descente jusqu'à l'auteur dès que la personne compétente — en un mot son secrétaire particulier — reviendrait de ses vacances.

Mais ce soir-là, une actrice assez belle et assez capricieuse pour attirer l'attention, s'adressa, malgré la chaleur, au directeur, avec l'épouvantable déclaration qu'elle était fatiguée à mort du rôle qu'on lui avait choisi dans sa pièce et qu'elle n'en voudrait pas. de ça !

"Mais bon Dieu!" s'écria le directeur en s'éventant avec son panama , ils étaient dans un restaurant avec jardin sur le toit , nous sommes en août et vous continuez en octobre.

« Pas en femme dépravée et sensuelle, M. Camden ; Je veux être pour une fois dans ma vie un personnage dont les femmes pourront se souvenir sans rougir. »

« Mais, ma pauvre enfant, c'est là ton splendide art. Vous êtes une—une femme-ange, mais vous pouvez jouer une diablesse comme une créature inspirée. Vous ne voulez pas dire que vous envisagez sérieusement de ruiner *ma* réputation et la vôtre… en… »

« Je veux dire, dit la femme-ange en sirotant son sauterne, que je me fiche de votre réputation ou de la mienne – il fait trop chaud – mais je ne vais pas me lancer dans une autre pièce gluante ! Non; Je vais d'abord me tourner vers le cinéma !

Camden a tordu son col ; il avait l'impression de s'étouffer. "Dieu nous en garde !" C'était tout ce qu'il pouvait gérer.

« Je veux des bois et du grand air ! Je veux qu'un personnage avec une âme petite, tordue et non éveillée soit dérangé et amené à se comporter lui-même. Cela ne me dérange pas d'être un peu méchant, si je peux recevoir une fessée pour respecter le décorum. Mais quand le rideau se baissera sur ma prochaine pièce, Camden, les femmes sortiront de la salle avec une pensée bienveillante pour moi, sans palpiter de désapprobation – de bonnes femmes, je veux dire !

Et puis, parce que Camden était un peu sentimental avec beaucoup de superstitions enchevêtrées dans son maquillage, il sortit de sa poche la pièce de Truedale - elle avait gâché l'ensemble de son manteau toute la soirée - et l'étala. sur la table, débarrassée désormais de tout sauf du café et des cigarettes que la femme-ange – Camden ne fumait pas – fumait luxueusement.

« Voici de la pourriture qu'un type a réussi à me lancer aujourd'hui. Je ne voulais pas l'annuler, mais s'il a un réglage extérieur, j'y jetterai un coup d'œil !

"A-t-il?" demanda l'ange en observant le visage en sueur de Camden.

"Il a! Grande ouverture. Collines – c'est cher à ouvrir.

"Est-ce que c'est pourri ?"

"Euh, écoute ça!" L'œil perçant de Camden se posa sur une ou deux phrases frappantes. « Ce n'est pas le type habituel de méchant, et la fille est plutôt unique. Jusqu'à des tours les yeux fermés. Je me demande comment elle va s'en sortir ? Camden tourna les pages rapidement, négligeant certains des meilleurs travaux de Con, mais obtenant ce qu'il recherchait lui-même.

"Par jupiter! elle ne le fait pas !

"Qu'est-ce que… pousse ces allumettes par ici… qu'est-ce qu'elle ne fait pas ?" demanda l'ange.

« Maudit cet homme pour l'éternité et réclame son privilège sexuel de justice injustifiée ! »

"Est-ce qu'elle se damne, comme une idiote ?" L'ange était intéressé.

"Elle ne fait pas! Elle joue son propre petit rôle par la musique de l'expérience qu'elle a vécue. Ce n'est pas mal, par le seigneur Harry ! Il faut le bricoler et le peindre, mais c'est original. Regardez-le.

de Truedale fut poussée sur la table et la femme-ange s'en empara. Le goût que Camden lui avait donné – comme celui du caviar – aiguisait son appétit. Elle poursuivit sa lecture d'une manière rapide et saccadée qui aurait anéanti les espoirs d'un auteur, mais qui saisit les points forts et les tons graves. Puis la femme a levé les yeux et il y avait de véritables larmes dans ses yeux.

« La petite brique ! » » dit la voix de beauté et de frisson, « le splendide petit atout ! Eh bien, Camden, elle avait ses idéaux – des idéaux de femme réels, frais – et non des idéaux collés sur nous, les femmes, par des hommes, qui les détesteraient pour eux-mêmes ! Elle a simplement ramassé les restes de ses petites affaires endommagées et s'est lancée, sans un gémissement, dans le seul travail dans lequel elle pouvait espérer réussir. Et elle a laissé partir l'homme qui a appris ! Eh bien ! mais c'était une décision importante. Elle aurait pu si facilement brouiller les cartes, mais elle ne l'a pas fait ! Le cher petit chéri rapiécé.

"Oh! Camden, je veux être cette fille aussi longtemps que tu peux le forcer. Après les premières semaines, vous n'aurez plus besoin de soudoyer les gens pour qu'ils viennent : cela s'installera, une fois qu'ils se seront débarrassés des mauvais goûts dans la bouche et auront découvert ce que nous faisons ! Ne compte pas le prix, Camden. C'est une chance pour la vertu civique.

"Voulez-vous plus de cigarettes, ma chérie?"

"Non. J'ai assez fumé.

Camden attira le manuscrit vers lui. « C'est un foutu diamant brut », murmura-t-il.

"Mais toi et moi savons que c'est un diamant, n'est-ce pas, Camby ?"

"Eh bien, ça brille ici et là."

"Et il ne faut pas qu'il soit gâché lors du découpage et du réglage, n'est-ce pas ?" L'ange arborait son expression la plus pieuse et la plus flatteuse. Elle manipulait son homme avec un toucher inspiré.

« Euh ! Et bien non. La chose a besoin d'une main de maître ; cela ne fait aucun doute. Mais bon Dieu ! pensez au coût. Ces trucs extérieurs coûtent comme toute création. Vos robes vous permettront de vous en sortir facilement – vous pouvez économiser sur *ces* fiançailles – mais ayez du cœur et pensez à moi !

« Je… je pense à toi, Camby. Vous savez aussi bien que moi que New York est à votre écoute. Ce que vous dites, ça va ! Appelle-les maintenant pour voir quelque chose qui les assurera que le monde ne va pas au diable, Camden. Dans cette scène (et ici la femme a retiré le manuscrit) quand cette petite reine transporte son cœur lourd mais sanctifié sur le sentier, les hommes et les femmes verseront des larmes qui leur feront du bien, des larmes qui leur feront voir plus clairement le devoir. . Les hommes et – oui, les femmes aussi, Camby – *veulent* être décents, mais ils se sont égarés. Cela les aidera à le trouver ! »

"Nous devons avoir deux hommes forts." Camden n'osait pas regarder le visage suppliant d'en face. Mais quelque chose le faisait déjà accepter.

"Et, par le ciel, je n'en connais qu'un qui ne soit pas pris."

« Il y a un garçon – il n'a joué que des rôles mineurs jusqu'à présent – mais je le veux pour l'homme qui a appris sa leçon. Vous pouvez donner le grand géant des bois à John Harrington – j'ai appris aujourd'hui qu'il dérivait, à jour – mais je veux Timmy Nichols pour l'autre partie.

« Nicolas ? Tonnerre! Il a seulement fini… qu'est-ce qu'il a fait ? Je me souviens de lui, mais je ne me souviens pas de ses rôles.

"C'est ça! C'est ça! Maintenant, je veux qu'il ramène sa part à la maison – avec lui-même !

Camden regarda le jeune visage vif qu'une brève mais brillante carrière n'avait pas gâché.

«Je commence à comprendre», marmonna-t-il.

« Et toi, Camden ? Eh bien, je commence seulement à me comprendre ! »

« Ensemble, vous allez boucher ! » Camden devint soudain enthousiaste.

« N'est-ce pas ? Et il détestait tellement me voir gluant. Personne d'autre que Timmy et ma mère ne s'en souciait ! »

"Nous aurons ce... ce type qui a écrit la pièce... comment s'appelle-t-il ?"

" Trudale ." La femme fit référence au manuscrit.

"Oui. Truedale . Nous l'inviterons à dîner demain. Je vais chercher Harrington et Nichols. Où devrions-nous aller?"

«Il y a un amour pour un endroit dans l'East Side. Ils vous donnent de si bonnes choses à manger et vous laissent tranquille.

« Nous y irons ! »

C'était en novembre que la préparation était terminée et que la pièce de Truedale était annoncée. Son nom n'y figurait pas, donc son peuple n'était pas nerveux et désespéré. Truedale l'était souvent, mais il réussissait à cacher le pire et à souffrir en silence. Il avait survécu à l'angoisse de voir sa progéniture amputée, éventrée et empaillée. Il en était arrivé au point où il pouvait entendre ses expressions les plus sacrées dénoncées comme pourries et supplantées par d'autres qui le rendaient malade mental. Mais à la fin , il reconnut, nerveux comme il l'était, que la chose dont il avait rêvé – la chose qu'il avait essayé de faire – restait intacte. Ses yeux étaient humides lorsque le rideau tomba sur son « Interprétation » lors de la répétition finale.

Puis il tourna son attention vers son drame personnel. Il a choisi sa boîte ; il devait y avoir Lynda et Ann, Brace et Betty, McPherson et lui-même. Betty, Brace et le médecin devaient occuper les trois chaises de devant – non pas à cause d'une humilité excessive de la part de l'auteur, mais parce qu'il y aurait, bien sûr, un grand moment de révélation – un moment où Lynda saurait ! Quand cela arriverait, il vaudrait mieux être là où les yeux curieux ne pourraient pas les voir. Peut-être – Truedale était un peu inquiet à ce sujet – peut-être devrait-il emmener Lynda après le premier acte et avant le début du second, afin de lui donner le temps et l'occasion de retrouver sa splendide sérénité.

Et une fois la pièce terminée – après qu'il sache comment le public l'avait perçu – il devait y avoir un petit souper – ils étaient seuls six – et pendant ce temps, il avouerait, pour le meilleur ou pour le pire. Il se réjouirait de leur joie, si le succès était le sien, ou s'appuierait sur leur sympathie si le destin se révélait méchant.

Truedale a choisi le restaurant, a arrangé les fleurs, puis est devenu si silencieux et pâle que Lynda a déclaré que l'été en ville l'avait pratiquement tué et a insisté pour qu'il prenne des vacances.

« Nous n'avons pas eu notre lune de miel annuelle, Con », plaida-t-elle ;
"prenons-le maintenant."

"Nous allons... nous y allons, Lyn, juste avant Noël."

"Pas beaucoup !" Lynda secoua la tête. "Il faudra nos efforts unis du premier
décembre jusqu'après Noël pour répondre aux demandes de Billy et Ann."

"Mais, Lyn, la saison théâtrale vient de s'ouvrir... et..."

« Ne sois pas idiot, Con. Qu'est-ce qui nous importe ? En plus, nous pouvons
aller dans un endroit où il y a des théâtres. Il fait trop froid pour aller dans la
nature.

"Mais New York est *l'* endroit idéal, Lyn."

«Con, je ne t'ai jamais vu aussi obstiné et frivole. Eh bien, tu es maigre et
pâle, et tu m'inquiètes. Je ne te quitterai plus jamais pendant l'été. Ann était
nerveuse à ce sujet cette année. Elle m'a dit un jour qu'elle ressentait toute la
chaleur dont tu souffrais. Je crois qu'elle l'a fait ! *Maintenant,* vas-tu partir
pendant un mois ?

"Je… je ne peux pas, Lyn."

« Alors pendant deux semaines ? Un?"

« Chérie, après la semaine prochaine, oui ! Pendant une semaine ou dix jours.

« Bon vieux Con ! Toujours aussi raisonnable et… gentille, » Lynda leva son
visage heureux vers le sien…

Mais les choses ne se sont pas produites comme Truedale l'avait prévu – pas
toutes. Il y a eu une brève bagarre, la soirée d'ouverture de la pièce, avec
McPherson. Il ne voyait pas pourquoi il serait obligé de s'asseoir au premier
rang.

"Je suis trop grand et trop gros !" il a protesté ; « C'est comme me mettre en
exposition. En plus, mon tailleur est trop petit pour moi et le devant de ma
chemise est renflé et... et je ne suis pas jolie. Mettez les femmes devant,
Truedale . Qu'est-ce qui te prend, d'ailleurs ?

Conning était désespéré. Pendant un instant, il sembla que le costaud docteur
allait tout vaincre.

"Je déteste les pièces de théâtre, tu sais !" McPherson marmonnait ; «
Pourquoi ne nous as-tu pas amenés à une comédie musicale ou à un
vaudeville ? Seigneur ! mais il fait chaud ici.

Betty, observant le visage exaspéré de Truedale , vint à son secours.

« Quand, lors d'une fête, on vous demande si vous prendrez du thé ou du café, docteur McPherson, dit-elle en tirant sur son énorme bras, vous ne devez pas dire « chocolat », ce n'est pas poli. Si Con veut mélanger les sexes , il en a parfaitement le droit, après s'être ruiné en achetant cette boîte. Asseyez-vous à côté de moi, docteur. Lorsque le public regardera ma nouvelle robe parfaitement magnifique , il oubliera votre réputation et votre devant de chemise.

Alors, marmonnant et fronçant les sourcils, McPherson s'assit à côté de Betty, et Brace, d'humeur d'agneau, se laissa tomber à côté de lui.

« C'est méchant, » McPherson se retourna une fois de plus ; "Je ne crois pas qu'Ann puisse voir quoi que ce soit."

« Oui, je peux, docteur McPherson, si vous restez sur place ! Je veux m'asseoir entre père et maman-Lyn. Quand je vibre, je dois avoir quelqu'un près de moi, à qui m'accrocher.

"Tu devrais être au lit!"

La petite Ann s'appuya contre son épaule. "Ne sois pas grincheux," murmura-t-elle, "Je t'aime le plus, quand tu n'es pas le médecin."

"Euh!" » grogna McPherson, mais il resta « sur place » après cela, jusqu'à ce que le rideau se baisse sur le premier acte. Puis il se tourna vers Truedale . Il avait ri jusqu'à ce que les larmes lui montent aux yeux.

« Est-ce que ce grand bûcheron vous a fait penser à quelqu'un ? Il a demandé.

"Est-ce qu'il *vous a rappelé* quelqu'un?" Truedale revint. Il était faible d'excitation. Lynda, assise à côté de lui, était presque aussi blanche que la robe qu'elle portait – car elle s'était souvenue de la vieille pièce !

« Il ressemble assez au vieux Jim White pour être son jumeau ! Je n'ai pas autant ri depuis un mois. J'ai l'impression d'avoir passé des vacances dans les collines.

Puis le rideau s'est levé sur la grande scène ! Camden n'avait épargné aucune dépense. C'était sa façon de faire. Le public a applaudi en admirant la reproduction réaliste de bois profonds, de sentiers sombres et d'un ciel doré. C'était une scène vide, un moment d'attente !

Dans le premier acte, les personnages avaient été plus ou moins soumis au grand shérif honnête, avec sa connaissance des gens et son interprétation étonnante de la justice. Il avait été si sage, si délicieusement anarchiste, que le véritable motif de la pièce commençait seulement à apparaître. Mais maintenant, dans les bois magnifiques et solitaires, la femme est arrivée ! La petite créature minable et rayonnante avec son énorme problème à résoudre. Grâce à cet acte, elle s'est élevée plus haut, plus clairement ; elle a gagné la sympathie, elle s'est révélée ; et, à la fin, elle lança à son auditoire un appel qui fut couronné de succès au dernier degré.

Bref, elle avait eu le jeu de Truedale sous les feux de la rampe ! Il le savait ; tout le monde le savait. Et quand le point culminant est arrivé et que la décision a été prise – laissant l'homme-qui-avait-appris-sa-leçon ignorer le renoncement divin mais assez fort pour reprendre sa vie avec clairvoyance ; lorsque la petite héroïne leva ses yeux et ses bras vides vers le sentier qui montait vers les bois mystérieux — et vers tout ce qu'elle savait qu'ils contenaient — quelque chose arriva à Truedale ! Il sentit l'agrippement d'une petite main froide sur la sienne. Il regarda autour de lui et dans les yeux écarquillés d'Ann ! L'enfant semblait hypnotisée et, comme touchée par un pouvoir magique, sa ressemblance avec sa mère rayonnait sur son visage. Elle avait du mal à s'exprimer. Cherchant à trouver les mots qui pourraient exprimer ce qu'elle vivait. C'était comme se souvenir indistinctement d'un autre pays et d'une autre scène, dont la langue avait été oubliée. Puis – et seules Lynda et Truedale l'entendirent – la petite Ann dit :

« C'est Nella-Rose ! Père, c'est Nella-Rose !

Betty avait raison. Le choc avait un instant écarté le voile, l'enfant regardait en arrière, en arrière ; elle entendait comment d'autres avaient appelé celui dont elle se souvenait maintenant : le nom plus sacré lui avait échappé !

« Père, c'est Nella-Rose ! »

Truedale continuait de regarder Ann. Comme un homme mourant – ou né soudainement dans la pleine vie – il a progressivement compris ! Tout comme Ann regardait ce moment, Nella-Rose avait également regardé quand, dans la cabine de Truedale , elle tourna les yeux vers la fenêtre et vit son visage !

C'était l'enfant de Nella-Rose, mais pourquoi Lynda… ? Et à cette pensée, une telle vague d'émotion déferla sur Truedale qu'il craignit, aussi fort soit-il, de perdre connaissance. Pendant un moment, il lutta contre la pure sensation physique, mais il garda les yeux fixés sur le petit visage sombre tourné avec confiance vers le sien. Puis il réalisa que les gens bougeaient ; le corps de la maison était presque vide ; McPherson, tout en aidant Betty à enfiler son manteau, commentait la pièce.

"Bon produit!" il admit. « Un peu de muscle là-dedans. Ce n'est pas l'appel habituel au côté le plus laid de la vie. Mais allez, allez, Mme Kendall, arrêtez de pleurer. Après tout, ce n'est qu'une pièce de théâtre.

"Oh! Je sais, » répondit Betty en frémissant , « mais c'est tellement humain, Dr McPherson. Cette chère petite femme m'a presque brisé le cœur ; mais elle l'aurait complètement brisé si elle avait agi différemment. Je ne crois pas que l'auteur l'ait jamais *devinée* ! Quelque part où elle *vivait* et jouait son rôle. Je le sais juste !

Truedale entendit tout cela tandis qu'il regardait l'air tendu disparaître du visage d'Ann. Le passé la libérait, la ramenant au présent sûr et normal. Bientôt, elle rit et dit : « Père, je me sens si bizarre. C'est comme si j'avais... rêvé.

Puis elle se tourna vers Lynda avec un profond soupir de soulagement. "Merci de m'avoir amené, maman-Lyn," dit-elle, "c'était la meilleure pièce que j'ai jamais vue de toute ma vie. Seulement, j'aurais aimé que cette gentille actrice accompagne l'homme qui ne savait pas. Je–je me sens vraiment désolé pour lui. Et pourquoi n'y est-elle pas allée ? Je serais parti aussi vite que n'importe quoi.

La porte s'était fermée entre le passé d'Ann et son avenir ! Truedale se leva, mais il était toujours abasourdi et incertain quant à ce qu'il devait faire ensuite. Puis il entendit Lynda dire, et il semblait presque qu'elle parlait à une distance qu'elle ne pouvait pas franchir : « Petite Ann, amène papa.

Il regarda Lynda et son visage blanc le surprit, mais elle sourit du sourire gentil et vrai qui l'appelait à jouer son rôle.

D'une manière ou d'une autre, le reste du plan s'est déroulé comme si aucun choc cruel ne l'avait précédé. Le dîner était parfait – les invités étaient joyeux – et, quand il parvint à se ressaisir, Truedale – gardant les yeux sur le visage de Lynda – avoua.

Pendant un instant, tout le monde resta silencieux. Surprise, ravissement, discours suspendu. Puis Ann a demandé : « Et tu l'as fait derrière la porte verrouillée, père ?

"Oui, Ann."

"Eh bien, je suis content d'avoir gardé Billy à l'écart!"

"Et Lyn, le saviez-vous?" » dit Betty, son joli visage illuminé.

"Je... j'ai deviné."

Mais les hommes restèrent immobiles après les poignées de main cordiales. McPherson se souvenait de quelque chose que Jim White lui avait dit récemment alors qu'il était avec le shérif dans les collines.

"Doc, ce type que vous avez envoyé ici une fois - cette guerre lui a coûté beaucoup de choses - nous n'avons pas tous compris . "

Et Brace pensait à la nuit, il y a très, très longtemps, où Conning a jeté quelques lettres sur les charbons ardents et a gémi !

CHAPITRE XXIII

Ils étaient enfin chez eux, dans la maison tranquille du vieux William Truedale . Conning est monté à l'étage avec Ann. Généralement , Lynda l'accompagnait pour lui souhaiter une bonne nuit avant qu'ils ne se penchent sur le berceau de Billy, à côté de leur propre lit. Mais maintenant, Lynda ne les rejoignait pas et Ann, les yeux étoilés, bavardait sur la pièce et sur sa joie face à la réussite de son père. Elle était très pittoresque et drôle. Elle courut derrière un paravent, laissa tomber sa jolie robe et sortit, tel un ange en robe blanche, dans sa longue robe, ses courtes boucles brunes tombant comme un bel encadrement autour de son visage grave et doux.

Truedale , assise près de la lampe à abat-jour, la regardait comme si, dans son véritable caractère, elle se révélait.

"Petite Ann," dit-il d'une voix rauque, "viens, laisse-moi te tenir pendant que nous attendons maman-Lyn."

Ann jouit avec joie et se blottit contre sa poitrine.

« Dire que c'est mon papa qui a fait cette magnifique pièce ! » murmura-t-elle en se blottissant plus près. "Je peux le dire aux filles et être si fière." Puis elle bâilla doucement.

"Maman-Lyn, je suppose, a dû aller murmurer le secret à Billy", a-t-elle poursuivi, trouvant comme d'habitude une excuse au lieu d'une réprimande. « Billy a raté la gloire de sa vie parce qu'il est si jeune ! »

Un autre : un bâillement plus long. Puis la tête resta immobile et Truedale vit qu'elle dormait. Avec révérence, il l'embrassa. Puis il l'amena jusqu'au petit lit derrière le paravent blanc, avec ses grands anges aux yeux maussades. Alors qu'il la déposait , elle leva les yeux d'un air rêveur :

"Je suis une assez grande fille à porter", murmura-t-elle, "mais mon papa est fort et… et génial !"

Encore Truedale l'embrassa, puis alla sans bruit retrouver Lynda.

Il est allé dans leur chambre, mais Lynda n'était pas là. Billy, rose et les gros bras levés au-dessus de sa jolie tête blonde, dormait, inconscient de ce qui se passait à proximité . Truedale alla le regarder avec envie.

"Mon garçon!" il murmurait encore et encore ; "mon garçon." Mais il n'embrassa pas Billy pour le moment.

Il n'y avait désormais aucun doute dans l'esprit de Truedale quant à l'endroit où il trouverait Lynda. Il descendit tranquillement les escaliers et entra dans la bibliothèque sombre. Le feu était éteint dans l'âtre. Les cendres grises ne donnaient aucun signe de vie. Le tic-tac de l'horloge était cruellement bruyant

; et là, à côté de la chaise basse et vide, Lynda était agenouillée, sa robe blanche tombant autour d'elle en plis immobiles.

Truedale , sans préméditation, traversa la pièce et, assis sur la chaise de son oncle – la chaise vide depuis longtemps – leva le visage de Lynda et le tint dans sa main.

"Lyn," dit-il en fixant ses yeux sombres et troublés sur les siens, "Lyn, qui est le père d'Ann?"

Lynda n'avait pas pleuré ; ses yeux étaient secs et... fidèles !

"Toi, Con," dit-elle doucement.

Au cours des dernières années, Lynda s'était-elle jamais permise d'imaginer comment Conning tiendrait cette heure qu'elle n'aurait pas pu demander plus que ce qu'il lui donnait maintenant. Il était prêt, elle le voyait, à assumer tout ce qui lui incombait. Son visage blanchit ; sa bouche se contracta alors que la vérité de ce qu'il entendait s'enfonçait dans son âme ; mais son regard ne quittait jamais celui qui était levé vers le sien.

« Pouvez-vous... me raconter tout cela, Lyn ? » Il a demandé.

Lynda hésita un instant. Malentendu, Truedale a ajouté :

« Peut-être préféreriez-vous ne pas le faire ce soir ! Je peux attendre. Je te fais absolument confiance. Je suis sûr que vous avez agi avec sagesse.

"Oh! Con, ce n'était pas moi, pas moi. C'était Nella-Rose qui avait agi avec sagesse. Je lui ai tout laissé ! C'est elle qui a décidé. J'ai toujours voulu, au moins pendant des années, que vous sachiez ; mais Nella-Rose souhaitait que vous ne le fassiez pas. Et maintenant, c'est la petite Ann qui a rendu cela possible.

Et puis Lynda le lui a dit. Il avait abandonné son emprise sur elle et s'était assis, les mains fermement serrées, regardant les cendres sur le foyer. Lynda se pressa contre lui, observant... observant l'effet de chaque mot.

« Et, Con, au début, quand j'ai su, chaque fibre de mon être t'a réclamé ! Je voulais la repousser, elle et... et Ann, mais je ne pouvais pas ! Ensuite, j'ai essayé d'agir pour toi. J'ai vu que puisque Nella-Rose avait été la première dans votre vie, elle devait avoir tout ce qui lui appartenait ; Je savais que tu le ferais ainsi. Quand j'ai pu me résoudre à me tenir à l'écart, je nous ai tous confiés à sa garde. Elle était très effrayée, très pitoyable, mais elle a fermé les yeux et j'ai su qu'elle voyait la vérité – la grande vérité qui veillait sur toutes nos vies et qu'il fallait traiter honnêtement – sinon elle écraserait tout. Je pouvais voir, alors que je regardais son visage calme, qu'elle sentait son chemin vers le retour. Puis elle comprit ce que tout cela signifiait. Hors de la lutte – du doute – son grand et splendide mari s'est imposé – son homme !

Il l'avait sauvée alors qu'elle était désespérément perdue. Ce qui le menaçait maintenant devait disparaître ! Son rêve d'enfance s'est évanoui et la réalité sûre de ce qu'il représentait est restée. Puis elle ouvrit les yeux et prit sa grande décision. Puisque vous ne l'aviez jamais déshonorée dans votre pensée, elle ne voudrait pas que vous la connaissiez telle qu'elle était alors ! Mais… il restait la petite Ann ! Oh! Mais je n'ai jamais su, jusqu'à l'arrivée de Billy, ce que signifiait le sacrifice de Nella-Rose ! Je pensais que oui, mais après, je l'ai su ! Il faut descendre dans la Vallée pour trouver le sens de la maternité. J'avais fait, ou essayé de faire, mon devoir auparavant, mais Billy m'a appris à aimer Ann et à comprendre… le reste !

Il y eut un moment de silence. Parmi les cendres blanches apparaissait une petite étincelle rouge. Il brillait et palpitait ; il s'efforçait de trouver de quoi vivre.

"Et, Lyn, après son retour dans les collines, comment ça s'est passé avec elle ?"

« Elle a tout mis, sauf votre nom, sur l'âme de son homme. Il n'a jamais exigé davantage. Son amour était assez grand – assez divin – pour l'accepter. Oh! Mais pendant toutes les années où j'ai essayé de faire ma part, le mari de Nella-Rose m'a aidée à le faire ! Nella-Rose n'a jamais regardé en arrière, vers Ann et moi. Après avoir déposé l'enfant sur l'autel, elle… eut confiance.

"Oui, ce serait sa façon de faire." La voix de Truedale se brisa un peu.

« Mais, Con, je suis resté en contact avec elle par l'intermédiaire de cette merveilleuse vieille femme : Lois Ann. Je... oh ! Con, j'ai rendu la vie plus facile, plus lumineuse pour eux tous ; tout comme–comme vous l'auriez fait. Lois Ann m'a raconté le bonheur de la petite cabane, des enfants... ils sont trois...

Une pause brusque fit tourner Truedale et regarder Lynda.

"Et maintenant?" Il a demandé.

"Con, Nella-Rose est décédée l'année dernière!"

Le silence dans la pièce se resserrait ; même le tic-tac de l'horloge passait inaperçu. L'étincelle dans l'âtre était devenue une flamme ; il avait trouvé de quoi se nourrir. Comme un espoir radieux, il s'élevait, s'effaçait, puis bondissait plus haut parmi les cendres blanches.

« Elle est allée, Con, comme une enfant fatiguée de son jeu. Elle était avec Lois Ann ; c'était la fièvre des collines, et la connaissance de la souffrance ou du renoncement lui fut épargnée. Elle répétait sans cesse qu'elle voyait de belles choses ; elle était heureuse – heureuse jusqu'à la dernière minute. Ses enfants et son mari sont partis vivre dans l'ancienne maison de Nella-Rose. Lois Ann dit qu'ils sauvent tout le monde ! C'est tout, Con… tout.

Puis Truedale , les yeux sombres mais intrépides, se pencha et attira Lynda jusqu'à ce que, agenouillée devant lui, les mains sur ses épaules, ils se fassent face.

« Et c'est ainsi que les femmes sauvent les hommes ! il a dit.

"C'est ainsi qu'ils essaient de se sauver eux-mêmes", a répondu Lynda.

« Oh, Con, Con, quand nos hommes apprendront-ils que c'est la seule vie, le seul grand amour que nous, les femmes, voulons ? – la pleine connaissance et… la responsabilité ?

"Mon chéri!" Truedale embrassa la bouche tendre. Puis, la rapprochant, il demanda :

« Vous souvenez-vous de ce jour dans le studio de Thornton et de ses paroles ? En repensant à ma vie, je n'arrive pas à comprendre – je ne comprendrai peut-être jamais – ce que le Créateur voulait dire, mais je sais que tout était dans l'argile ! »

Lynda s'éloigna, ses mains le tenant toujours. Son sourire courageux adoucissait son visage pâle.

"Oh! la chère, chère argile ! elle a chuchoté. « L'argile pressée et moulée , comme je l'aime. Je ne comprends pas non plus, Con, mais ceci, je le sais : le Maître n'a jamais perdu la vision dans l'argile.

LA FIN